文化生态保护区的母语方言保护

以闽南话保护为例

周秀玉 著

图书在版编目（CIP）数据

文化生态保护区的母语方言保护：以闽南话保护为例 / 周秀玉著. -- 厦门：厦门大学出版社，2023.5
ISBN 978-7-5615-8774-4

Ⅰ.①文… Ⅱ.①周… Ⅲ.①闽南话-方言研究 Ⅳ.①H177.2

中国国家版本馆CIP数据核字(2022)第188584号

责任编辑　王鹭鹏
美术编辑　李夏凌
技术编辑　朱　楷

出版发行　厦门大学出版社
社　　址　厦门市软件园二期望海路39号
邮政编码　361008
总　　机　0592-2181111　0592-2181406(传真)
营销中心　0592-2184458　0592-2181365
网　　址　http://www.xmupress.com
邮　　箱　xmup@xmupress.com
印　　刷　厦门集大印刷有限公司

开本　720 mm×1 000 mm　1/16
印张　17.75
插页　12
字数　250千字
版次　2023年5月第1版
印次　2023年5月第1次印刷
定价　85.00元

本书如有印装质量问题请直接寄承印厂调换

厦门大学出版社
微信二维码

厦门大学出版社
微博二维码

作者简介

周秀玉,厦门人,研究馆员。现任职于厦门市文化馆、厦门市非物质文化遗产保护中心。承担并执笔完成福建省文化和旅游厅2018年重点课题"闽南文化生态保护区母语——闽南方言保护"和2020年课题"闽南话讲古"的调查报告。参与2022年"宁德市畲族文化保护总体规划"课题研究及撰写。撰写论文50多篇,其中20多篇在国家级、省级征文比赛中获奖,10多篇论文发表于国家级大型文化类核心期刊和省级核心期刊。创作小戏、故事、童谣、歌词作品等10多篇。著有《讲古的历史发展与艺术传承》,参与编撰《厦门市非物质文化遗产图典》《厦门市公民文化手册》《闽南新童谣》《厦门非物质文化遗产发展报告(2022年)》等。

内容简介

本书以闽南文化生态保护区为例，以大量生动的例证较详细地论述了闽南方言与闽南文化相互依存的紧密关系，提出要做好闽南文化生态保护区的保护工作，首先要做好母语方言——闽南话的保护与传承，通过在厦门、泉州、漳州等地的田野调查、访问，查阅与研究有关资料，指出闽南方言正加速走向弱势的危机现状，提出应抓紧抢救、保护、传承闽南方言与闽南文化。本书填补了全国文化生态保护区保护工作领域的某些空白点，具有较高的学术价值。

2021年8月，采访厦门大学人文学院朱水涌教授

2021年11月，采访中国闽台缘博物馆原馆长、福建社会科学院杨彦杰研究员

2021年9月，采访厦门市台湾艺术研究院院长、一级编剧曾学文

2022年8月，采访福建省闽南文化研究会副会长、漳州市闽南文化研究会涂志伟会长

2021年9月,采访一级演员,国家级非物质文化遗产代表性项目"高甲戏"国家级代表性传承人,第二十一届梅花奖获得者,厦门市金莲陞高甲剧团团长吴晶晶

2022年5月,采访一级演员、国家级非物质文化遗产代表性项目歌仔戏省级代表性传承人、第九届中国艺术节表演奖获得者、厦门歌仔戏研习中心副主任庄海蓉

2022年7月,采访泉州市民族民间文化保护工作研究会陈日升会长

2022年5月,采访厦门市思明区人力资源和社会保障局郑勇明副局长

2022年4月，在厦门市海沧区海沧街道后井村采访（陈伟凯摄影）。参加人员有海沧街道办事处副主任、沧江征地副总指挥张江涛（右四），海沧区农业农村局原主任科员周亚春（右二），后井村党委书记、村主任周呈发（左四），村党委委员梁碰龙（右三），衙里党支部委员、网格长周金凤（左三），村委会副主任周志君（左二），海沧征地拆迁服务有限公司叶一奇（左一）

2022年4月，在厦门市海沧区海沧街道后井村调研（陈伟凯摄影）。参与调研的有海沧街道办事处副主任、沧江征地副总指挥张江涛（右四），海沧区农业农村局原主任科员周亚春（左一），后井村党委书记、村主任周呈发（左四），村党委委员梁碰龙（右三），衙里党支部委员、网格长周金凤（右一），村委会副主任周志君（右二），海沧征地拆迁服务有限公司李全发（左三）、叶一奇（左二）

2022年11月,在厦门海沧延奎实验小学调研。厦门大学周长楫教授(二排左六)、笔者(二排左五)、周建梅老师(二排右五)和部分同学合影(杜紫红摄影)

2022年6月,在厦门市禾盛幼儿园调研。湖里区闽南童谣区级代表性传承人汪怡红园长正在上闽南童谣课(蒋燕妮摄影)

2019年9月,在厦门市前埔南区小学调研。左一为学生简明敏,右一为学生付子轩(洪秀摄影)

2019年9月,在厦门市前埔南区小学调研,图为参与调研的洪秀老师(刘琳晖摄影)

2022年10月,周长楫教授(后排右二)、笔者(后排右一)到厦门市故宫小学调研闽南话使用情况,和时任校长的何雅琳(后排左二)及部分同学合影(林海丽摄影)

2019年10月,在厦门市集美区杏东小学调研。协助调研的张翠红老师正在向学生说明相关情况(周琦鑫摄影)

2019年10月,在厦门市集美区杏东小学调研(周琦鑫摄影)

2019年10月,在厦门市集美区杏东小学调研,与学生合影(周琦鑫摄影)

2019年3月,在泉州市实验小学调研,二排右七为周长辑教授,二排右六为副校长倪著铭,二排左七为笔者,二排左六为谢金华老师(周琦鑫摄影)

2020年9月,在漳州市通北中心小学调研,二排左一为校长林锦霞,二排右一为郑敏老师(漳州市通北中心小学供图)

2019年3月,在泉州市丰泽区实验小学调研合影(周琦鑫摄影)

2019年3月,在泉州市丰泽区实验小学调研,王玉萍书记参与调研

2019年10月，采访漳州市图书馆蔡宇飞馆长

2021年11月，采访泉州闽南讲古市级代表性传承人高菲菲

2020年11月,采访国家级非物质文化遗产代表性项目闽南传统民居营造技艺国家级代表性传承人陈和永,图为陈和永正在修建燕尾脊

2021年9月,采访国家级非物质文化遗产代表性项目闽南传统民居营造技艺省级代表性传承人、剪瓷雕市级代表性传承人陈劲奋,图为陈劲奋正在彩绘

2021年9月,采访厦门出入境边检总站东渡站干警、一级警长陈雅惠(吴菲摄影)

2022年5月,采访厦门市筼筜湖市民湖长、白鹭洲公园市民园长陈亚进

2016年11月,在厦门市文化馆讲课,主题为"闽南文化生态保护区的闽南话保护"

2022年1月,采访社会人士,左一为李悦忠师傅,左二为邱万章师傅,左三为退伍军人李建和,右四为海沧区退休教师黄秀华,右三为海沧区闽南文化研究会副会长李碧莲,右二为海沧区退休教师梁金鼻,右一为退伍军人朱福春

2022年11月,在厦门海沧延奎实验小学调研,采访校长杜紫红(周建梅摄影)

2021年7月,采访社会人士,左为保险公司高级业务经理周燕玲,右为特级美发师、高级美容师余丽云(周琦鑫摄影)

2019年10月，采访泉州市文广新局原社文科科长谢万智

2022年9月，采访泉州天后宫文物保护所刘育民副所长

2022年5月,笔者(中)在厦门海投物业有限公司采访厦门海投物业有限公司项目主任柯志毅(左)、工作人员李华祥(右)(周琦鑫摄影)

2022年7月,与社会人士座谈(周琦鑫摄影)。参与座谈的有泥水师傅夫妻邱向清(左三)和谢新红(左二)、笔者(左一)、青年个体户厦门人林亚鹏(右三)、青年个体户漳州人曾继聪(右二)、中年个体户永定人钟强(右一)

2022年9月,笔者(三排右一)到厦门市集美区宁宝小学调研,与协助调研的闽南童谣省级代表性传承人林玲副校长(二排左一)及部分参与调研同学合影(周琦鑫摄影)

2022年7月,在厦门广播电视集团采访厦门闽南之声广播副总监陈宏

2022年9月,笔者采访厦门书香阳光文化传播有限公司总经理陈雅勤(右)和退伍军人李昌裕(左)

2022年9月,采访厦门市集美区宁宝小学副校长、闽南童谣省级代表性传承人林玲

序

回想二十余年前,我在厦门生活时很喜欢在大街小巷漫游。走在中山路乳白色骑楼下无雨淋日晒之忧,看店家在长廊下泡着铁观音,听一会儿闽南歌《爱拼才会赢》,走进黄则和花生汤店要一碗沙茶(爹)面、一份蚵仔煎,或赶到大同路去吃正宗的鸭肉粥或同安封肉,然后花一块钱坐轮渡上鼓浪屿。海风偶尔拍响番仔楼上未关严实的百叶窗,随之落下的还有声调婉转的歌仔调。怒放的三角梅将半边身子贴附在日光岩上,连遮天蔽日的榕树荫也减弱不了它半点颜色。深巷中时有钢琴声在回荡,周末夜晚从三一堂里传出唱诗班与鼓风琴的和鸣声。退潮时在椰树旁随意坐在一块礁石上,将双脚埋入温热的沙滩里,抬眼便能看清楚对岸的厦门市井,远处是南普陀寺高耸的塔尖和胡里山炮台翠绿的林冠,更远处便是天风吹荡着的无边大海……

我曾是一个来自闽南文化圈之外的移民,前后在厦门生活了十余年,其间既体会到文化差异给予移民的陌生感,也感受到在异乡文化刺激下获得的感官惊奇和感性喜悦!当然,这仅仅是接受闽南文化的很粗浅的阶段,还谈不上与本地人"共享"闽南文化,毕竟"文化"是社会成员共享的一整套体系,包含社会生活和行为规范的知识。其中,尤其是语言最容易对外来移民形成交往屏障,因为语言不仅仅是日常表达的工具,还是地方戏曲、曲艺、音乐舞蹈、讲古、传说、童谣、信仰等的重要载体。外人听不懂闽南话,这众多的非物质文化遗产就不容易被他们识别,也就难以实现跨区域共享。相较之下,像建筑、手工艺、传统美术等非物质文化遗产因为存在另一套造型艺术语言可解读,所以接受起来更容易。饮食的传播几乎不存在语言上的任何阻力,喜欢还是不喜欢全凭个人偏好。

闽南人自有闽南人的"活法",总体看闽南人是活得特别滋润的一群人,光是为了吃,烹饪手段就达三十余种,好些工艺像谴[kian^5]、烰[bu^2]、煠[sah^8]、煏[biak^7]等等,我这个外乡人之前闻所未闻。闽南人还讲义气,懂生活,喜欢喝茶,喜欢"拜拜"。梁漱溟说,文化就是人类生活的样法。胡适也说,文化是文明所形成的生活的方式。拉尔夫·林顿把文化扩展到任何社会的全部生活方式,不仅仅指那些被社会认可的高雅的、艺术化的生活方式,也包括吃饭、喝酒、街头黑话、购物、开车等很世俗的生活内容。所以他认为,人人都是文化人。闽南文化的传承要靠所有闽南人的文化自觉性。要想对外讲清闽南文化的特征,有一条捷径就是罗列其主要的非物质文化遗产项目,这样闽南人的语言习惯、生活起居、擅长技艺和语言艺用等方面的特征就一目了然了。

据周秀玉不完全统计,全世界说闽南方言的人口,应在7 000万人左右。考虑到闽南话是跨地区、跨省、跨国,遍布世界的汉语方言,如果把说闽南话的群体作为一个文化共同体,那么这个群体的文化力量非同小可。尽管分散在世界各地的各闽南语群体因环境不同,可能建筑样式、所用器物、美术表现、服装服饰等也各有不同,但只要语言不变,乡音未改,相聚到一起就无隔阂,说明语言对于一个群体的文化结构起到决定性的作用。正如文化人类学家克莱德·克鲁克洪指出的那样,当把各个文化特征联系起来看它们实际的功能时,就形成特定时代、特定社会组群的文化结构;不同文化特征之间有轻重之分别,那些出现频次较高的、表现强度突出的文化特征就是重点,反之,离核心远的文化特征容易在社会变迁中发生适应性改变。

改革开放带来资金潮和人潮,外来移民的增多客观上"稀释"了说闽南话的主体人群的分量。社会交流语言的改变如同向湖水投入一枚石子,它所推动的文化变迁就如一圈圈涟漪一样,逐步推动地方戏曲、音乐舞蹈、习俗、民间文学等一系列非物质文化遗产走向边缘化。城市化的进程也加快了厦、漳、泉三地从礼俗社会向法理社会的过渡。在礼俗社会中,人们之间关系紧密,彼此关心,有着强烈而牢固的群体意识,对于本乡本土有强烈的家园意识。在法理社会中,人要面对来自天南海北的人,人与人之间存在天然的竞争关系,合作是建立在契约基础上的。这一过渡实际上是从一个具有鲜明农耕文明特征的社会向重科技的工业化、重商业的都市化迈进,由重视传统价值向重视现世利益原则的变迁。在社会开放度越来越高,人员流动和文化交流越来越频繁的时代里,文化差异性在磨平,其结果可能导致千城一面,日后再难于都市民众的日常生活里看见"乡愁"了。

中华人民共和国文化和旅游部在闽南地区设立首个国家级文化生态保护区,就是基于整体性保护方式,协调非物质文化遗产、物质文化遗产和自然遗产三项遗产保护工作,使保护区内的非物质文化遗产焕发生机活力,从而保持地方文化特色。政府在面对文化变迁时可以有所作为,每个文化保护区的建设都事先有总体建设规划,先期都制定了具体的保护目标,为了达成目标又有制度保障、人才保障和资金保障等等。闽南文化生态保护区建立十余年来先行先试,已积累下许多成功经验,特别是抓住了语言这个关联许多非物质文化遗产项目生死存亡的"核心"要素开展了重点保护工作,如歌仔戏、高甲戏、南音剧团经常性地到我国台湾地区以及新加坡、马来西亚、菲律宾等地演出;编写了闽南话教材和闽南童谣;皮影戏、布袋戏、傀儡戏走进社区;讲古进入课堂;推动闽南方言水平考试;在公共交通中使用闽南话和普通话双语播报等。

周秀玉是厦门资深的非物质文化遗产保护工作者,正要出版的《论文化生态保护区的母语方言保护——以闽南话保护为例》一书是她积十余年一线工作经验和扎实的学术研究成果写就,是一本具有开拓性、前瞻性的著作,是闽南文化生态保护区建设取得的重要成果,值得称赞!保护好闽南话,在一定程度上就给众多的非物质文化遗产项目夯实了根基。书中提炼出的这一方面经验可以被其他国家级或省级文化生态保护区借鉴。

邱春林

2022年6月6日于北京

(序者系中国艺术研究院二级研究员、博士生导师)

自 序

《文化生态保护区的母语方言保护——以闽南话保护为例》一书,即将由厦门大学出版社出版。这是2018年笔者提出、主持并完成的福建省文化和旅游厅重点课题"闽南文化生态保护区母语——闽南方言保护"的书面成果。

2007年6月,原文化部设立全国首个国家级文化生态保护实验区——闽南文化生态保护实验区。2019年12月,闽南文化生态保护实验区通过验收,正式入选首批国家级文化生态保护区。闽南文化既是独特的地域文化,也是中华文化在闽南地区的具体表现。建设闽南文化生态保护区,对于保护、传承和发展闽南文化,维护文化多样性,弘扬中华民族精神,具有重要意义。文化是民族凝聚力和创造力的重要源泉,是综合国力竞争的重要因素。建设闽南文化生态保护区,对于继承闽南文化的优秀传统,激活闽南文化创造力,发挥闽南文化在现代化建设中的重要作用,促进闽南地区经济建设、政治建设、文化建设、社会建设以及生态文明建设全面协调可持续发展,具有重要意义。闽南地区与台湾地区、海外闽南籍华侨华人关系密切,具有对台湾同胞与海外闽南籍华侨华人交往的独特优势。闽南文化对加强与台湾同胞、海外闽南籍华侨华人的文化交流,促进民族文化认同,增强中华民族凝聚力,推进祖国和平统一大业,具有重要作用。

笔者2004年就在厦门市文化馆专职从事非物质文化遗产保护工作,2007年又增加了闽南文化生态保护实验区的工作。笔者从长期工作与深入基层所积累的实践经验中体会到:闽南方言与闽南文化有着密切的关系,要做好闽南文化生态保护实验区的工作,必须要同时做好闽南方言的保护工作,否则,闽南文化生态的保护工作就不能做好,至少不能取得好的效果。

实践出真知。于是,笔者在做好本职工作的同时,多年来又先后自费到新加坡及香港、广州等方言强势之地调研,还到上海和杭州查阅有关资料,再利用业余时间和节假日,阅读与查考大量的相关图书、文献资料,深入闽南厦、泉、漳三地进行调查,访问有关专家、学者、文化工作者、社会人士等,收集材料,经过认真思考研究,以闽南方言与闽南文化的关系为切入口,写出了本著。

早在二十世纪中期,许多语言学家已就语言与文化的密切不可分割的关系作了精辟的论述,这对我们有很大的启示。

本著首先选择了闽南方言八个方面的词语来论述闽南方言与闽南文化的密切关系。以闽南地区一些带有独特地域印记的地名揭示闽南地理与历史的文化内容,以"粿""茶配"等词语为例探究闽南饮食文化的特点,以"土楼""红砖大厝""番仔楼"等词语挖掘闽南建筑文化的独特内容,以"郊""侨批"等词语考察闽南商贸文化的特殊内涵,以"天公""妈祖""好兄弟"等词语说明闽南民间信仰文化的渊源与其独特魅力,以"南音""梨园戏""歌仔戏"等词语一窥闽南民间文学艺术深厚的文化底蕴,以"度晬""送定""出山"等词语来察看闽南婚丧等礼俗的文化源流,以及从"围炉""博饼"等词语看闽南岁时节庆礼俗丰富有趣的文化特点。以上虽然只是选择几个方面的部分闽南方言词语并剖析它们与闽南文化相关的内容,但我们已能从中看出闽南方言与闽南文化之间的密切关系,从而进一步认识到要做好闽南文化生态保护区的工作,一定不能忽视做好闽南方言生态的保护工作的重要性。这是笔者想要强调的一个重点。

本著中还有不少篇幅涉及笔者近几年来深入厦、泉、漳三地,在部分学校和社会层面,面向青少年等各年龄段居民,通过抽查问卷或其他方法对闽南方言及其生存现状与大众对闽南方言文化的认知进行调查,得出当今闽南地区闽南方言及其文化生态正处于日益衰退乃至消失的危险境况的结论,并大声疾呼保护和抢救闽南方言及其文化的重要性与急迫性。与此同时,基于高度的使命感与责任感,笔者根据自己多年从事闽南文化生态保护工作的认识和经验,认真地提出如何在做好闽南文化生态保护区工作中同步做好闽南方言生态保护的措施与建议,供政府和有关部门的领导与从事此项工作的广大同行参考。这也是笔者想要突出说明的一个重点。

衷心希望这本书的出版,能够让更多从事闽南文化生态保护区工作的同志和广大群众,踊跃地投入闽南文化生态与闽南方言保护的工作之中,努力学习,大胆实践,认真研究,群策群力,共同建设好闽南文化生态保护区,为保护、传承和发展闽南文化,发挥闽南文化在现代化建设中的重要作用,弘扬中华民族精神,促进民族文化认同,增强中华民族凝聚力,推进祖国和平统一大业,做出积极的贡献!同时,也希望母语方言的保护在全国众多文化生态保护区的工作中的重要性能够引起大家的重视与关注。

本著为2021年度福建省非物质文化遗产保护与传承专项资金项目。借此机会,要感谢福建省文化和旅游厅、福建省非物质文化遗产保护中心的资助,感谢福建省闽台宗祠文化研究会的支持。同时,还要衷心感谢在笔者进行课题研究与写作的过程中,始终给予笔者热情鼓励、大力支持的各位领导、老师、专家、朋友;还要感谢厦门大学出版社领导黄茂林所付出的辛勤劳动。笔者知道自己在学术研究上是个初出茅庐的小兵,在各方面还不成熟,书中错漏在所难免,诚恳希望各位前辈、广大读者不吝批评指正,笔者当不胜感激!

正文前的彩插,凡是没说明供图人员的,都由采访对象供图,就不一一说明。附录收录部分采访对象的简要介绍,采访对象大多日常研究闽南话和使用闽南话,读者可以具体阅读了解。

目 录

引 论 ··· 1

第一章 闽南方言的价值与地位 ·· 4
第一节 闽南方言是古汉语的活化石 ··· 4
第二节 闽南方言的音系 ··· 9
第三节 闽南方言是汉语诸方言中词汇最丰富的 ······························· 12
第四节 闽南方言流行地域广,使用人数多,具有世界性 ··· 16
第五节 闽南文化具有典型特色 ·· 19

第二章 闽南方言与闽南文化的关系 ·· 35
第一节 从地名看地理、历史的文化内容 ·· 35
第二节 从"粿""茶配"等词语窥探饮食文化 ································· 48
第三节 从"土楼""红砖大厝""番仔楼"等词语探究
建筑文化 ·· 56
第四节 从"郊""侨批"等词语看商贸文化 ································· 64
第五节 从"天公""妈祖""好兄弟"等词语看民间信仰 ··· 68
第六节 从"南音""梨园戏""歌仔戏"等词语看闽南
民间文化 ·· 75
第七节 从"度晬""送定""出山"等词语看婚丧喜庆礼俗 ··· 84
第八节 从"围炉""博饼"等词语看岁时节庆礼俗 ······················· 90

第三章　闽南方言现状的调查与分析 …………………… 99
  第一节　闽南地区的语言生活 …………………………… 99
  第二节　闽南方言在青少年学生中的使用现状调查…… 108
  第三节　闽南方言衰退的原因分析……………………… 201

第四章　切实保护好闽南文化生态保护区的闽南方言…… 209
  第一节　提高认识，凝聚共识，增强保护闽南方言的
　　　　　自觉、自信与责任感 ……………………………… 209
  第二节　加强领导，制定法规，是做好闽南文化生态
　　　　　保护的根本保证………………………………… 214
  第三节　从娃娃抓起，力推闽南方言与文化进校园，
　　　　　是保护传承闽南文化的重要举措………………… 220
  第四节　大力营造全社会参与保护闽南方言及其文化的
　　　　　生态环境………………………………………… 237
  第五节　做好闽南地区非物质文化遗产的保护工作…… 250
  第六节　加强闽南方言与文化的研究工作……………… 256
  第七节　加大闽南方言及其文化对外交流合作力度，
　　　　　助推闽南文化生态保护………………………… 260
  第八节　加大资金的筹集力度和经费投入……………… 262

参考文献 ………………………………………………………… 266

附　录 …………………………………………………………… 268

引 论

2007年6月9日,中国首届文化遗产日颁奖仪式在北京举行。文化部正式批准设立闽南文化生态保护实验区,这是全国第一个国家级文化生态保护实验区。仪式上,文化部为闽南文化生态保护实验区授牌。闽南文化生态保护实验区包括福建的泉州、漳州、厦门三地,这三地是台胞和海外闽南籍华侨华人主要的祖籍地,也是闽南文化的发祥地和保存地。闽南文化生态保护实验区的设立标志着闽南文化遗产保护进入以闽南文化为主的区域的、整体的、活态的保护新阶段,为探索闽南文化遗产的保护和发展、继承与创新开辟了崭新的道路。

《中华人民共和国非物质文化遗产法》指出,"非物质文化遗产,是指各族人民世代相传并视为其文化遗产组成部分的各种传统文化表现形式,以及与传统文化表现形式相关的实物和场所。包括:(一)传统口头文学以及作为其载体的语言;(二)传统美术、书法、音乐、舞蹈、戏剧、曲艺和杂技;(三)传统技艺、医药和历法;(四)传统礼仪、节庆等民俗;(五)传统体育和游艺;(六)其他非物质文化遗产"。

语言是文化的一部分,它不仅是文化现象,也是文化信息的载体和容器,更是文化传播的工具。民族因其文化的不同而使用不同的语言,语言蕴含着民族特有的传统文化、思维方式、社会心理、风情、价值取向、社会观念等。语言是文化的表现形式，文化是语言的内容。语言离不开文化，文化不能脱离语言，语言和文化是相互依赖的共同体。语言更是重要的社会资源，不同语言并存，为增进文化交流、构建人类命运共同体创造了绝佳的条件。

闽南方言是闽南地区人们重要的交际工具，也是闽南文化的载体和容器。它承载着闽南人特有的传统文化、思维方式、社会心理、区域风情、价值取向和社会观念等。为了做好闽南文化生态保护区工作，福建省人民政府特于2014年向闽南文化生态保护区的厦门、泉州、漳州三地政府转发《闽南文化生态保护区总体规划》。① 不言而喻，闽南文化建立在闽南方言基础之上，离开闽南方言，闽南文化生态保护就将成为空话。做好闽南文化生态整体性的保护，实施《闽南文化生态保护区总体规划》，首先要做好闽南方言生态的保护工作。这对继承闽南文化的优秀传统，激活闽南文化的创造力，发挥闽南文化在现代化建设中的重要作用，促进闽南地区的政治建设、经济建设、文化建设、社会建设以及生态文明建设全面协调可持续发展，具有重要意义。闽南文化的保护，是自上而下全方位的复杂工程。闽南方言是闽南、闽台、闽侨重要的社会资源和闽南文化的载体，闽南方言与闽南文化有着不可分割的依存关系。简而言之，闽南文化发展离不开闽南方言，没有闽南方言，就没有闽南文化。这个问题，长期以来，并不是多数人都了解和清楚的，这个问题，过去也鲜有比较详细的调查研究和论述。

笔者多年来专注于这一问题的研究。通过查考文献，访谈

---

① 福建日报.福建省政府部署推进闽南文化生态保护实验区建设[N/OL].(2014-05-23)[2020-05-23].https://www.gov.cn/xinwen/2014-05/23/content_2685580.htm.

有关专家学者、社会人士及非物质文化遗产代表性项目名录的保护单位、传承人等,深入厦门、泉州、漳州三地进行田野调查,提出并完成福建省文化和旅游厅重点课题"闽南文化生态保护区母语——闽南方言保护",撰写了《闽南文化生态保护区母语——闽南方言保护调查报告》一文,在此基础之上进一步丰富拓展,最后形成本书。本书的出版填补了福建省在闽南方言保护方面研究的空白,可为有关部门在今后开展闽南文化生态保护区工作提供参考。本书也将为全国在开展文化生态保护区建设过程中的语言环境保护工作提供有益借鉴。

第一章　闽南方言的价值与地位

第一节　闽南方言是古汉语的活化石

闽南方言是怎么形成的？先秦的闽地，是百越的一支——闽越族的居住地。秦统一中国后，秦王朝并未派兵或派官员来管辖闽地，而是封闽越族无诸为王来管辖闽地。只有到汉代，因闽越向外扩张，汉武帝才派兵入闽，"诏军吏皆将其民徙处江淮间"，"立冶县，属会稽"，管理闽地。这是北方汉人第一次入闽。东汉末年，魏、蜀、吴三国鼎立。崛起于江东的孙吴，为开拓疆域，扩充实力，巩固政权，以抗衡魏、蜀，从建安元年（196 年）至太平二年（257 年），先后五次发兵闽地，并于永安三年（260 年）在闽地设立建安郡，辖建安（今建瓯）、南平、将乐、建平（今建阳）、东平（今松溪）、昭武（今邵武）、吴兴（今浦城）、侯官（今福州）和东安（今南安）九县。西晋太康三年（282 年），建安郡分为建安郡和晋安郡二郡。晋安郡辖地主要在闽地沿海，包括原丰州（今福州）、宛平（无考）、同安、侯官、罗江、晋安（南安）、温麻（霞浦）以及新罗（今闽西长汀）。入闽汉人与本地闽越族遗民不断融合，以汉语与汉文化为主体的地域文化逐渐形成。这是闽南民系及其方言与文化的孕育期。永嘉年间（307—313年），北中国发生"八王之乱"，北方大批贵族、官僚、地主及其宗族、附庸、军队、奴仆以及平民百姓南逃，史称"永嘉南迁"，史籍载"晋永嘉二年，中原板荡，衣冠始入闽者八族，林、陈、黄、郑、詹、邱、何、胡是也"，其中，许多移民到泉州一带扎根。于是南朝梁天监年间，晋安郡又分出南安郡，辖地包括今木兰溪流域的兴化（今莆仙地区）、晋江流域的泉州地区以及九龙江流域的漳州地区。这一时期，闽南民系及其方言与文化大致形成。闽南民系所持方言带有的上古汉语语音、词汇，在今天闽南话里留下许多印记。比如，语音方面，普通话读[f]声母的字，有不少在今闽南话的口语音里仍读[b-]或[p-]声母，如"飞[be¹]""富[bu⁵]""饭[bng⁶]""分[bun¹]""缚[bak⁸]""佛[but⁸]""浮[pu²]""芳[pang¹]""缝[pang⁶]""扶[poo²]""覆[pak⁷]"；普通话读[zh-,ch-]声母的字，有不少在今闽南话的口语音里仍读[d-]或[t-]声母，如"猪[di¹]""陈[dan²]""宙[diu⁶]""镇[din⁵]""中[diong¹]""直[dit⁸]""程[ting²]""耻[ti³]""丑[tiu³]""蛏[tan¹]""读[tak⁸]"；普通话读[h]或[x]声母的字，有不少在今闽南话的口语音里仍读[g-]或[k-]声母，如"猴[gao²]""厚[gao⁶]""糊[goo²]""汗[guaN⁶]""悬[guaiN²]""许[koo³]""行[giaN²]"。又如"我"读[ggua³]，"寄"读[gia⁵]，"跛"读[bai³]，其韵母的韵腹（主要元音）[-a]仍保留着上古音的痕迹。词语方面，第二、第三人称代词，普通话叫"你"和"他"，闽南话则分别叫做"女（汝）[li³]"与"伊[i¹]"，这就是上古汉语的遗留。《诗经·郑风·萚兮》："叔兮伯兮，倡予和女。"《书·舜典》："汝陟帝位。"这两语例中的"女"和"汝"就是"你"的意思。《世说新语·方正》中"江家我顾伊，庚家伊顾我，不能复与谢裒儿婚"的"伊"就是第三人称"他"。又如闽南方言把"男人"称作[da⁶boo¹]，其汉字就是"丈夫"这两个字。《说文》记载:"男,丈夫也。从田从力。"《国语·越语》载"生丈夫,二壶酒,一犬;生女子,二壶酒,一豚"。这两例就是书证。又如,闽南话把"人"叫[lang²],其本字就是"农"。《六书故》里说道:"吴人谓人农。"这是说上古吴国把"人"叫作"农",闽南方言吸收了吴人的说法。把"叶子"叫[hioh⁸],其本字就是"箬"。《说文》:"箬,楚谓竹皮曰箬。"再如闽南方言把洗米水叫作[pun¹],它的汉字就是"潘"。《广韵》:"潘,普官切。淅米水。"《左传·哀公十四年》:"使疾,而遗之潘沐。"这两例也是例证。还有,普通话"孵"这个词,闽南话叫[bu⁶],其本字是"伏"字。《庄子·庚桑楚》这样写道:"越鸡不能伏鹄卵。"宋代字典《集韵》的宥韵里记载:"伏,扶富切。菢卵也。""扶富切"指读音,这个读音折合闽南话的说话音就念[bu⁶];"菢卵也"就是孵出小鸡的意思。再有,普通话的"晚",闽南话叫作[uaN⁵],其本字是"晏"。《礼记·内则》就有"孺子早寝晏起"这么一句话,是说某人是早睡晚起的。宋代《广韵》也说:"晏,乌涧切……又晚也。"再比如,"凉、冷"在闽南话叫[cin⁵],它的汉字就是"清"。《集韵》:"清,七政切。说文冷寒也。"其书证可引《礼记·曲礼上》:"凡为人子之礼,冬温而夏清。"这类例子,举不胜举。

北方汉人第二次较大规模入闽是在公元七世纪。据《漳州府志》记载,唐高宗总章二年(669年),泉潮间蛮獠啸乱,朝廷派遣河南光州固始人陈政总岭南军事,偏将一百二十三员从焉,至绥安(今漳州以南的漳浦云霄一带),后其子元光继续领兵征战,终平定叛乱,便受命世镇漳州,并于垂拱二年(686年)建立漳州府。今天不少漳州闽南人都把陈元光称为开基祖,其源于此。这批进入闽南地区的汉人带来中古七世纪北方中原的汉语及其文化,他们带来的汉语即以《切韵》音系为代表的中古汉语的语音体系,这个体系基本上就是今天闽南方言的文读音系统,其对闽南话及其文化的发展也产生很大的影响。《切韵》的音类及音值,有许多跟闽南方言文读音所反映的音类和音值相当接近,所以今天闽南人用闽南方言的文读音来诵读唐诗,押韵的和谐程度比普通话和汉语其他方言高。例如唐代诗人孟浩然的五言律诗《过故人庄》:

故人具鸡黍,goo⁵ lin² gu⁶ ge¹ su³,
邀我至田家。iao¹ ngoo³ zi⁵ dian² ga¹.
绿树村边合,liok⁸ su⁶ cun¹ bian¹ hap⁸,
青山郭外斜。cing¹ san¹ gok⁷ ggue⁶ sia².
开轩面场圃,kai¹ hian¹ bbian⁶ diong² poo³,
把酒话桑麻。ba³ ziu³ hua⁶ song¹ ma².
待到重阳日,dai⁶ do⁵ diong² iong² lit⁸,
还来就菊花。huan² lai² ziu⁶ giok⁷ hua¹.

这首诗的韵脚字"家、斜、麻、花"在闽南方言里是押韵的,而在普通话或汉语的许多方言中"斜"字的主要元音与"家、麻、花"不合而不能押韵。

尤其是闽南方言保留唐音三套入声韵尾的入声字,使我们今天在用闽南方言文读音吟诵唐宋诗词时,其平仄格律也与古诗词相一致。请看唐代伟大诗人李白的格律诗《送友人》①:

青山横北郭,cing¹ san¹ hing² bok⁷ gok⁷,
白水绕东城。bik⁸ sui³ liao³ dong¹ sing².
此地一为别,cu³ de⁶ it⁷ ui² biat⁸,
孤蓬万里征。goo¹ pong² bban⁶ li³ zing¹.

---

① 周长楫.古诗词闽南话诵读解说300首[M].厦门:鹭江出版社,2019.

浮云游子意，hu(hiu)² un² iu² zu³ i⁵，
落日故人情。lok⁸ lit⁸ goo³ lin² zing²．
挥手自兹去，hui¹ siu³ zu⁶ zu¹ ku⁵，
萧萧班马鸣。siao¹ siao¹ ban¹ ma³ bbing²．

这首诗中"北、郭、白、一、别、落、日"在唐代都是入声字，属于古仄声字。今普通话已经没有入声声调，所以这些字也就分别变为普通话的阴平字（一、郭）、阳平字（白、别）、上声字（北）和去声字（落、日）。阴平和阳平，都是平声，因此用普通话读这首诗，"一、郭、白、别"就不是仄声字了。《送友人》这首诗里，按平仄格律的要求，第一句最后一个字和第三句最后一个字，一定要用仄声字，而普通话里"郭、别"是平声字，用普通话读显然就不合格律。用方言读，"郭、别"是入声，是仄声字，这完全符合诗的平仄格律要求。①

唐末宋代，陆续有中原汉人南下入闽至闽南，促进闽南方言逐步走向成熟。宋元泉州刺桐港的兴起及其所开辟的海上丝绸之路，继后明代漳州海澄月港的兴起及其推动的海外贸易和人口迁徙，使闽南方言及其文化接受了海洋文化和外来文化的影响并吸收了它们的某些成分，这样就使闽南方言带有以汉语为主体但又具闽越族、海洋、外来文化某些特质的多元特点。虽然闽南方言及其文化的历史不及吴方言、楚方言及其文化来得悠久，但就保留古音古语成分来说，它比较多，这与闽南方言所处的地理历史环境等因素有很大关系，因而其发展变化小而又缓慢。也正是这样，闽南方言被誉为"古汉语的活化石"。

---

① 周长楫.古诗词闽南话诵读解说300首[M].厦门:鹭江出版社,2019.

第二节 闽南方言的音系

闽南方言的字音一般由声母、韵母和声调这三个要素组成。以闽南方言的代表厦门音为例。厦门音系的声母有 17 个,常用韵母有 78 个,声调有 7 个。其声韵调系统规模,在汉语诸方言中是排名第一的。

音节是听觉能感受到的最自然的语音单位。通常一个汉字就是一个音节。它由声母、韵母和声调构成。汉语各个方言的声母、韵母和声调不相同,因而所组成的可以用于交际的音节也不同。表 1-1 来自周长楫的《闽南方言与文化》一书,列示了闽南方言与汉语其他方言音节数方面的不同①。

表 1-1 闽南方言与汉语其他方言音节数比较表

单位:个

音节	普通话	湘方言	赣方言	客家话	吴方言	粤方言	福州话	闽南方言
	1 293	1 162	1 166	1 687	1 078	1 835	1 801	2 249

从表 1-1 可以看出,闽南方言的音节数比普通话和汉语其他方言要多得多。

再则,闽南方言有大量文白异读现象。普通话也有文白异读现象,如"角"字,文读音读[jue²],如角色;白读音读[jiao³],如角落。汉语诸方言中也有数量不等的文白读现象。有人据国家语委公布的 3 500 个常用汉字进行统计,普通话有文白读的字仅占常用汉字的 1% 左右,在闽南方言中则达 40% 以上,也就

---

① 周长楫.闽南方言与文化[M].北京:中国国际广播出版社,2014.

是说，在闽南方言中，每100个汉字就有40多个的汉字有文白读音的现象。闽南方言文白读音不仅数量大，而且类型纷繁复杂，这在汉语诸方言里也是仅见的。具体可参见周长楫、欧阳忆耘《厦门方言研究》[①]一书对厦门话文白异读现象的分析。一般来说，在一个词语里，文白读音的搭配是相对固定的，有些是两可的，如"力量"既可读 lik^8 liong^6，也可读 lat^8 liong^6。"戴"有〈文〉dai^5［爱戴］,〈白〉de^5［姓戴］、di^5［戴帽仔］三个读音，不同读音表示的意义不同。但有些词语因为文白读音搭配的不同，意义也不同。最有趣是"大家"一词了。这个词的"大"有〈文〉dai^6，〈白〉dua^6、da^6 三个读音，"家"有〈文〉ga^1、〈白〉ge^1 两个读音。在"大家"一词里，就有六种搭配的形式，其中有四种搭配形式是可以进行交际的。如"大家"读 dai^6 ga^1，表示方家、专家，如说"书法大家""国学大家"；"大家"读 dai^6 ge^1，表示众人的意思，如说"大家安静"；"大家"读 dua^6 ge^1，表示家庭人口多，是人口多的大家庭，如说"阮兜是大家"（我们家是人口多的大家庭）。上述"大家"的三种意思，闽南方言必须用不同的读音来表示，但在普通话中却只需要 da^4 jia^1 一个读音。"大家"在闽南方言的文白搭配的读音中还有一个读音叫 da^6 ge^1，指婆婆，如说"伊是我的大家"（她是我婆婆）。"大家"表示婆婆的意思，是古汉语在闽南方言的保留。《晋书·列女传·孟昶妻周氏》："君父母在堂，欲建非常之谋，岂妇人所谏！事之不成，当于奚官中奉养大家，义无归志也。"普通话的"大家"就没有婆婆的意思。因文白读音搭配的不同而产生不同意义的词条还可以举出不少例子。

---

① 周长楫,欧阳忆耘.厦门方言研究[M].福州:福建人民出版社,1998.

表 1-2 文白读音搭配的不同而产生不同意义的词条

词条	读音（一）	读音（二）
丈夫	（文）+（文）diong^6 hu^1	（白）+（白）da^6 boo^1
空气	（文）+（文）kong^1 ki^5	（白）+（白）kang^1 kui^5
数目	（文）+（文）soo^5 bbok^8	（白）+（白）siao^5 bbak^8（账目）
老师	（文）+（文）lo^3 su^1	（白）+（白）lao^6 sai^1（老师傅）
行动	（文）+（文）hing^2 dong^6	（白）+（白）giaN^2 dang^6（走动）
水气	（白）+（文）zui^3 ki^5	（文）+（白）sui^3 kui^5（漂亮）
鼓吹	（文）+（文）goo^3 cui^1	（文）+（白）goo^3 ce^1（喇叭）
破格	（文）+（白）po^5 geh^7	（白）+（白）pua^5 geh^7（言行不得体）
冤家	（文）+（文）uan^1 ga^1	（文）+（白）uan^1 ge^1（吵架）
孤独	（文）+（文）goo^1 dok^8	（文）+（白）goo^1 dak^8（孤僻）

　　闽南方言的文白读音可以各自成为系统。闽南方言的文白读音是闽南方言不同历史时期语音层次积淀在共时平面上的集中表现，它为闽南方言和汉语语音的发展变化保留了有重要价值的语言材料。同时，庞大的音系也为闽南文化特别是闽南口传文学、戏曲文艺以及日常口语的交际，提供了丰富的材料。例如，普通话的韵部有十三辙（十三个大韵部）和十八韵（新诗韵）。闽南方言由于韵母多，文白异读量大，可以分为二十二个宽韵部和四十五个严韵部。这就使得其韵文作品更具有韵律美。

第三节　闽南方言是汉语诸方言中词汇最丰富的

闽南方言词汇主要有四个来源。一是古词语。这里所说的古词语，是指在普通话和汉语其他方言已不说或少说，而在闽南方言里却仍然保留着，而且在闽南方言口语中使用活跃的词。如洗米水叫"潘"[pun¹]，用米做的年糕叫"粿"[ge³]，粥叫做"糜"[bbe²]，冷、凉叫"凊"[cin⁵]，瘦叫"瘖"[san³]，藏叫"囥"[kng⁵]，跑叫"走"[zao³]，躲叫"䁛"[bbih⁷]，等等。这些古词语有不少组词能力很强，表示的内容丰富多彩。二是普通话大部分词语，闽南方言都可以吸取进来，只要换成闽南方言的读音就是闽南方言词语了。这部分词为数不少，占闽南方言词汇的一半以上。如沙滩、空气、飞机、身体、感冒、勤劳、勇敢、疲劳、商量、作弄、帮助等等。三是方言地区自创的方言词语，如闪爁[siNh⁷na⁵][闪电]、胛脊[ga¹ziah⁷][脊背]、弓蕉[ging¹zio¹][香蕉]、拍拼[pah⁷biaN⁵][拼搏]、破病[pua⁵biN⁶][生病]、古锥[goo³zui¹][婴儿幼孩漂亮、可爱]、骨力[gut⁷lat⁸][勤劳，努力]等等。《闽南方言大词典》收录了方言特有词将近两万条，其数量之多，在汉语诸方言中也是很突出的。特别是由于闽南东部沿海地区受到海洋文化的影响，创造出不少与海洋有关系的词语。如螃蟹类的分类就很细，根据大小、形状和特点的不同有"蟳[zim²]""蠘[cih⁸]""蟳蛙[boo¹ua¹]""毛蟹[moo²hue⁶]"等多种不同叫法。四是吸收外来语，主要是马来语、英语和日语。由于早期闽南地区有大量移民迁徙到南洋群岛各国，特别是印度尼西亚、马来西亚和新加坡，当地居民说马来语，闽南移民长期与当地马来族百姓接触,将马来语一些词语吸收进闽南方言中,然后由当地的闽南籍华侨华人传播回闽南地区来。如雪文[sat⁷bbun²][肥皂]、巴拄[ba¹du³][皮鞋]、洞葛[dong⁶gat⁷][洋拐杖]、镭[lui¹][钱]、马打[ma³da²][警察]、谢哥(米)[sia⁶go¹bbi³][泰国米]、江冬[gang¹dang¹][马铃薯]、亚铅[a¹ian²][锌铁板]、巴刹[ba¹sat⁷][市场]、牙络[gga²lo¹][吵架]、交寅[gao¹in²][结婚]、浪帮[long⁶bang¹][在别人家寄食,并替人家干活]、阿甲[a¹gah(ggah)⁷][估计]、吗干[ma⁶gan³][吃]、榴莲[liu²lian²][一种热带水果]、五脚记[ggoo⁶ka¹gi⁵][遮雨防晒的人行道]、加薄(棉)[ga¹buah⁸mi²][木棉]等等。有人统计,马来语词吸收到闽南方言里常用的有五十至六十条。同样,当地马来语也在当地人跟闽南籍华侨华人的接触交流中吸收了一些闽南方言的词语,如木虱[bbat⁸sat⁷][臭虫]、清采[cin⁵cai³][随便]、查某[za¹bboo³][女人]、面布[bbin⁶boo⁵][毛巾]、菜脯[cai⁵boo³][腌制的萝卜干]、总铺[zong³poo⁵][厨师]、孽[ggiat⁸][调皮,顽皮]、港脚[gang³ka¹][码头]、讲古[gong³goo³][说书,讲故事]、面线[mi²suaN⁵][线面]、薄饼[boh⁸biaN³][春饼]、头家[tao²ge¹][老板,雇主]、拢总[long³zong³][通通,全部]、出力[cut⁷lat⁸][努力]。有人统计,闽南方言进入马来语里的词语至少有三百条。这是两种语言、两种文化相互交流与融合的结果。由于新加坡、马来西亚的地理、历史条件特殊,那里的闽南方言吸收的英语词语比闽南地区多。闽南地区吸收英语词进入闽南方言词汇的现象出现在清末五口通商后。如奥屎[ao⁵sai³][犯规,龌龊]、马擎[ma³gin⁵][缝纫机]、芝居力[zi¹gu¹lat⁸][巧克力]、巴士[ba¹su¹][公共汽车]、的时[dik⁷si²][出租车]、嘛头[bbak⁸tao²][商标]。由于日本在台湾地区实行殖民统治达半个世纪,台湾闽南方言吸收了不少日语词,有人统计有近两百条,但对闽南地区闽南方言较有影响的日语词并不多,常见的如便当［bian¹dong¹］［快餐盒］、便所［bian¹soo³］［厕所］、合万［gap⁷bban⁶］［保险柜］。由于闽南方言词汇的来源广，各个渠道的词汇形成庞大的词汇库，其中同义词也非常丰富。例如，表示美丽、漂亮的词语，至少就有来自普通话的美［bbi³］、美丽［bbi³le⁶］、漂亮［piao¹liang⁶］和闽南方言特有词的水［sui³］、缘投［ian²dao²］、飘撇［piao¹piat⁷］、古锥［goo³zui¹］、嬌［tik⁷］等八个同义词。最典型的是有关吃和烹饪的同义词。"吃"的同义词起码有近三十个：食［ziah⁸］、欱［hap⁷］、牵［kan¹］、搲［hut⁷］、配［pe⁵］、摔［sut⁷］、歃［sap⁷］、尝［zng²］、糁［sam³］、啖［dam¹］、哺［boo⁶］、吞［tun¹］、含［gam²］、啉［lim¹］、嗍［suh（soh）⁷］、唱［zip⁷］、歁［ceh⁷］、嗓［sang³］、吮［cng³］、舐［zi⁶］、甞［zng⁶］、喫［kue⁵］、叭［be¹］、味［bi⁶］、捋［luah⁷］、沐［bbok⁸］、吸［kip⁷］、孝（孝孤）［hao⁵goo¹］、辞生［si²siN¹］。

闽南方言的俗语（包括惯用语、成语、谚语和歇后语）也是闽南方言词汇宝库里的重要组成部分。周长楫教授的《闽南方言俗语大词典》收录了一万多条闽南方言特有的俗语①。惯用语如：枵饱吵［iao¹ba³ca³］［比喻无理取闹，纠缠不休］、暝拍日［mi²pah⁷lit⁸］［比喻夜以继日，形容苦干］、歹剃头［pai³tih⁷tao²］［比喻棘手难办，不容易对付的事或人］、三人三［saN¹lang²saN¹］［比喻只有事关的双方和证人在场目睹和见证某事，因而事后不得反悔或翻案］、担输赢［dam¹su¹iaN²］［比喻有承受成败或荣辱尤其是挫折、失败的心理准备］、槌损铁［tui²gong⁵tih⁷］［有两个意思：一是比喻争吵不休，二是形容旗鼓相当］、照纪纲［ziao⁵gi（ki）³gang¹］［要按照法律制度、规矩和程式等来处事和生活］、食碰饼［ziah⁸pong⁵biaN³］［比喻受到指责或批评］等等。

---

① 周长楫.闽南方言俗语大词典［M］.福州：福建人民出版社，2015.

成语如：火龙火马[he³ling²he³bbe³][形容性情急躁,急不可耐]、风声谤影[hong¹siaN¹bong⁵iaN³][比喻夸大其词或虚张声势或造谣生事,借以吓人]、枵寒清掉[iao¹guaN²cin⁵dio⁶][形容饥寒交迫]、惊心凛命[giaN¹sim¹lun³mia⁶][形容胆战心惊或惊恐万状]、勘头勘面[kam⁵tao²kam⁵bbin⁶][比喻糊里糊涂,看不清情势或不识相]、掠无头总[liah⁸bbo²tao²zang³][比喻抓不到头绪或事物的要领]、大牛惜力[dua⁶ggu²sioh⁷lat⁸][有两个意思：其一,比喻虽有能力才干却留有一手,不愿意尽力而为；其二,比喻保存实力]、头目知重[tao²bbak⁸zai¹dang⁶][比喻识时务,明厉害]、老马展鬃[lao⁶bbe³dian³zang¹][比喻老当益壮,劲头不减当年]等。

谚语如：爱花连盆惜[ai⁵hue¹lian²pun⁵sioh⁷][指因爱花而爱惜花盆。义近"爱屋及乌"]；押鸡怀成伏[ah⁷gue¹m⁶ziaN²bu⁶][与"强扭的瓜不甜"义近]；无米兼闰月[bbo²bbi³giam¹lun⁶ggeh⁸][与"雪上加霜"义近]；𣍐泅嫌溪狭[bbue⁶siu²hiam²kue¹ueh⁸][比喻自己没本事又不自责,而是怨天尤人,推给各种不成理由的客观因素]；会算𣍐除,粜米换番薯[e⁶sng³bbue⁶du², tio⁵bbi³uaN⁶han¹zu²][比喻做事考虑不周或没计算好,会干出亏本或可笑的蠢事来]；一人主张,怀值两人思量[zit⁸lang²zu³diuN¹, m⁶dat⁸nng⁶lang²su¹niu²][提倡集思广益,要相信群众和集体的智慧比个人高明]；食果子,拜树头[ziah⁸ge³zi³, bai⁵ciu⁶tao²][与"饮水思源"义近]；五支掌头仔无平长[ggoo⁶gi¹zng³tao²a³bbo²biN²dng²][比喻事物不可能绝对平均或相同]；破柴看柴痕[pua⁵ca²kuaN⁵ca²hun²][比喻做事要能抓住事物的关键所在,才能事半功倍,取得最佳效果]；有量则有福[u⁶liong⁶ziah⁷u⁶hok⁷][与"有容乃大"义近。说明能宽容、包容他人或有度量的人是幸福的人]；有状元学生,无状元先生[u⁶ziong⁶gguan²hak⁸sing¹, bbo²ziong⁶gguan²sian¹siN¹][比喻青出于蓝胜于蓝。后来者居上]等。

歇后语如：囡仔[gin³na³]学唱歌——无谱[bbo²poo³]。

"无谱"指离谱,言行不合公众认可的准则。共青盲[ga⁶ciN¹mi²]问路——无采工[bbo²cai³gang¹]。"无采工"指无效或白费功夫。跷痀抛车辚[kiao¹gu¹pa¹cia¹lin¹]——着力[dioh⁸lat⁸]无好看。"着力无好看"指吃力不讨好。坐船遮雨伞——无天无地。"无天无地"指无法无天。菜脯[boo³]搵[un⁵]豆油——干了[gan¹liao³]中的"干了"指没用,徒劳,又说"菜脯[boo³]搵[un⁵]豆油——加工[ge¹gang¹]"。

这些言简意赅、生动活泼、通俗幽默的俗语是闽南地区人民长期生活智慧的结晶,反映了闽南地域的物质文化和精神文化的内涵,如风俗习惯,处世哲学和对工作、学习、交友、婚姻、家庭生活、人际关系的态度,体现了人们丰富的思想感情,包含传统文化的精髓,具有耐人寻味的哲理和丰富的文化底蕴。

第四节　闽南方言流行地域广,使用人数多,具有世界性

闽南方言的形成和流播,最早发生在以泉州话为中心的闽南地区。随着历史的发展变化,中心逐渐转移,现在的中心是以厦门话为代表的闽南地区。现在闽南地区说闽南方言的县(市、区)是厦门地区的思明区、湖里区、海沧区、集美区、同安区和翔安区等六个区,据全国第七次人口普查(以下均同)数据,厦门常住人口5 163 970人[①];泉州地区的鲤城区、丰泽区、洛江区、泉港区、晋江市、石狮市、南安市和惠安县、安溪县、永春县、德化县、

---

① 厦门市统计局.厦门市第七次全国人口普查公报[EB/OL].(2021-05-21)[2021-05-23].http://tjj.xm.gov.cn/tjzl/ndgb/202105/t20210527_2554550.htm.

金门县等十二个县(市、区),常住人口 8 782 285 人(不包含金门县)①;漳州地区的芗城区、龙文区、龙海市和长泰县、南靖县、平和县、漳浦县、华安县、云霄县、东山县、诏安县等十一个县(市、区),常住人口 5 054 328 人②。这三个地区说闽南方言的人数约在19 000 583。早期闽南人就有渡海到台湾生活的,明清时期更有大量闽南人移居台湾地区。2020 年台湾地区有约 2 356 万人口,其中闽南籍的人口约占全台湾人口的 75%,台湾地区说闽南方言的有台北市、新北市、高雄市、台中市、台南市、基隆市、桃园市、宜兰市、彰化县、南投县、云林县、嘉义市、嘉义县、屏东县、台东县、花莲县、新竹市、新竹县、苗栗县、澎湖县。其实,在台湾地区,说客家话的人以及大陆外省籍人大多数也会说闽南方言。就连少数民族也会听、说闽南方言。估计台湾地区说闽南方言的人数约 1 500 万人。

龙岩市的新罗区大部分和漳平市也有 50 万人说闽南方言。此外,散布在福建其他地区的一些县(市、区)或乡镇也有说闽南方言的方言岛,如宁德市蕉城区飞鸾乡碗窑、三都镇礁头以及福鼎市的沙埕、前岐、白琳、惯山、叠石等 13 个乡镇十几万人说闽南方言。霞浦县的水门、牙城、三沙等乡镇和海岛共 22 个村约 4 万人,福州市辖的福清市渔溪、一都、镜洋、上迳、音西等八个乡镇以及三明市尤溪县坂面乡,福州市闽侯县祥谦乡东西台村、连江县敖江乡的部分村中也有 5 万多人,南平市延平区夏道镇大洲村、顺昌县城关镇、大干乡、埔上乡、富文乡以及浦城县盘亭

---

① 泉州市统计局.泉州市第七次全国人口普查公报[EB/OL].(2021-05-24)[2021-06-23].http://tjj.quanzhou.gov.cn/zwgk/zfxxgk/fdzdgknr/tjxx/tjgb/202105/t20210524_2562659.htm.

② 漳州市统计局.漳州市第七次全国人口普查公报[EB/OL].(2021-05-25)[2021-06-23].https://www.zhangzhou.gov.cn/cms/html/zzsrmzf/2021-05-25/1322224958.html.

乡的部分村,武夷山市中天心村,建阳市麻沙镇竹洲村等也有5万多人,莆田市南日岛某些村约3万人,三明市沙县青州镇、高桥乡、富口乡等乡镇,永安市西洋乡、三元区、梅列区以及大田县的桃园等乡镇约有5万多人,都说闽南方言。

  宋代开始,闽南地区就有百姓不断通过陆路向潮州地区迁移。现在潮州地区的汕头市、潮州市、揭阳市和澄海、南澳、饶平、揭西、潮阳、普宁、惠来、汕尾、陆丰、海丰等县区有1 700万以上的人口属于闽南方言潮汕片。明清时代,福建闽南地区也有移民分别从陆路和海路来到广东西南部雷州半岛地区。今粤西雷州半岛的海康、徐闻和遂溪3个县市与湛江、茂名市郊的部分地区以及廉江、电白、吴川、阳江等县市的部分地区,有100万以上的人口说闽南方言。还有一些移民到达海南省。今海南省的海口市、琼山市、澄迈县、定安县、文昌市、琼海市、万宁市、陵水县、三亚市、乐东县、白沙县的牙叉等几个城镇,保亭县的县城等几个城镇,琼中县的营根镇等几个地方,五指山市几个城镇、东方市、昌江县以及崖县等有近200万人说闽南方言。明清时期闽南地区也有移民沿海到浙江东南部地区的,今浙江瑞安市平阳坑镇,文成县双桂等乡镇,平阳县龙尾等乡镇,泰顺县彭溪等乡镇,洞头、苍南、玉环等县部分地区以及舟山群岛的普陀、嵊泗县的一部分地区共有200多万人也说闽南方言。明末清初,闽南地区也有移民来到江西赣东北地区的。今上饶市信州区以及上饶县、广丰县、玉山县、铅山县、横峰县、德兴市、弋阳县等8个县(市、区)的60多个乡镇的200多个村落,也有约20万人说闽南方言。

  此外,像江苏宜兴、溧阳等县的少数地方,广西中南部的桂平、北流等县的少数地方以及四川成都地区的一些地方都有说闽南方言的方言岛。

  由于历史上闽南地区的移民曾多次向海外,特别是南洋群岛诸国迁徙,今马来西亚、新加坡、印度尼西亚、泰国、菲律宾、文莱、越南、老挝、柬埔寨、缅甸等国的华人地区,有不少人说闽南方言。后来这些海外闽籍华人又不断地向世界各地迁徙,遂使闽南方言在今天的欧洲、北美洲、南美洲、非洲、大洋洲等地的许多国家与地区都留下足迹。有人说,海外说闽南方言的人不少于1 700万人。

这样,全世界说闽南方言的人口,应多于7 000万人。可以说,闽南方言不仅流传的范围大、地区多,而且人数也很多。闽南方言是汉语里的强势方言,是跨地区、跨省、跨国,具有世界性的汉语方言。

据报载,二十世纪七十年代后期,美国曾向太空发射了名叫"旅行者二号"的宇宙飞船。这个宇宙飞船携带了一张可保持十亿年之久的镀金唱片,唱片汇集着六十种经过挑选的地球上最富代表性的民族语言的问候语,其中就有以厦门话为代表的闽南方言。世界上的语言和方言数以千计,宇宙飞船只选其中的六十种上天翱翔,而且,按语言和方言使用的范围与人口排名次,闽南方言排在前二十名。可见,闽南方言占有不可忽视的地位并具有相当大的影响力。

第五节　闽南文化具有典型特色

闽南方言不仅是闽南方言地区人们重要的交际工具,也是闽南文化的载体。闽南方言的历史就是闽南文化的历史。从汉魏开始,历经南北朝,再到唐宋时期,北方中原地区南渡入闽的汉人,带来北方中原地区不同历史时期的汉语及其文化,跟闽南地区原住民融合,吸取了原住民语言的某些成分以及航海工具的制作、海洋捕捞、海洋物产等文化因素,更由于海洋地理环境的影响,使闽南文化在中原古老文化的基础上又增添了新的部分,即海洋文化因素。由于中原文化的强势影响,闽南方言与文化仍以汉语及其文化为主体。泉州港开辟后,南朝时印度高僧两次乘船来泉州,海外贸易得到了发展,泉州成为福建的造船中心之一。唐宋时期泉州港成为南方重要大港口,更使海外贸易得到进一步的发展,不但使闽南地区与海外诸国的贸易往来与人员交流的范围和规模日益扩大,而且也培育了闽南人民"大舟有深利,沧海无浅波"的冒险拼搏精神,造就了闽南地区朴素的海洋意识,使其对外来文化采取包容的态度。更由于朱熹理学的形成和传播,大批文化名人、进士的涌现,促使闽南地区文教兴盛,获得"海滨邹鲁"的赞誉。

明清时期,大批闽南人向内陆、台湾地区和海外移居。晚清厦门被辟为通商口岸,厦门鼓浪屿成为"公共租界",闽南地区开始接触西方现代文化艺术,促使闽南文化与华侨文化、外来文化的交流进一步发展,以中华文化为主流的闽南文化增添了多重文化色彩。这样,闽南文化不仅具有以中华文化为主导的特性,还具有融合闽越文化、海洋文化和外来文化等多元文化的地域文化特征。在固守中华主流文化核心价值的同时,闽南文化渐具耕读与商贸、安分守己与开放兼容、重礼尚义与务实逐利、崇文重教与冒险开拓、传统守成与发展创新、爱国爱乡与放眼世界等诸元素相辅相成的复杂人文性格。

闽南文化坚守中华主流文化,又坚持特有价值观念,拥有多元文化相辅相成的内在动力,不断发展创新。这样,世代相袭的宗族文化、多种多样的民间信仰文化、个性鲜明的民间艺术文化以及和平合作共赢的精神,爱拼会赢、开放创新等优秀品质,使闽南文化具有历史积淀丰厚、地域特色突出的特征。

有人把闽南文化分为四大类型。

第一种类型是物质文化。包括生产技术文化、美食文化、服饰文化、建筑文化、民间工艺文化、中草药与诊治文化、名胜古迹文化等。

第二种类型是制度文化。包括家族文化、婚丧礼俗文化、岁时节日文化、社交禁忌文化、民间信仰文化、商贸文化等。

第三种类型是文学艺术文化。包括民间口传文学、戏剧曲艺、舞蹈、音乐、美术、体育、游艺等。

第四种类型是学术思想文化。

非物质文化遗产和物质文化遗产是闽南文化主要的表现形式。

截至2022年1月1日,福建共有8个项目入选联合国教科文组织非物质文化遗产名录(名册),入选国家级非物质文化遗产代表性项目名录145项、省级非物质文化遗产代表性项目名录530项。其中闽南的厦门、泉州、漳州共入选联合国教科文组织非物质文化遗产名录(名册)6项,占全省75%;入选国家级非物质文化遗产代表性项目名录67项,约占全省46.2%;入选省级非物质文化遗产名录代表性项目201项,约占全省37.9%。详见闽南地区世界级、国家级、省级非物质文化遗产代表性项目名录统计表(表1-3至表1-5)。

表1-3　闽南地区入选联合国教科文组织非物质文化遗产代表性项目名录(名册)

序号	类别	项目名称	批次	申报地区
1	传统美术	中国剪纸	人类非物质文化遗产代表作名录	福建省—宁德市 福建省—漳州市
2	传统音乐	南音	人类非物质文化遗产代表作名录	福建省—泉州市 福建省—厦门市
3	传统技艺	中国传统木结构建筑营造技艺	人类非物质文化遗产代表作名录	福建省—泉州市

续表

序号	类别	项目名称	批次	申报地区
4	传统技艺	中国水密隔舱福船制造技艺	急需保护的非物质文化遗产名录	福建省—宁德市 福建省—泉州市
5	传统戏剧	福建木偶戏后继人才培养计划	非物质文化遗产优秀实践名册	福建省—泉州市 福建省—漳州市
6	民俗	送王船——有关人与海洋可持续联系的仪式及相关实践	人类非物质文化遗产代表作名录	福建省—厦门市

表1-4　闽南地区入选国家级（国务院公布）非物质文化遗产代表性项目名录

序号	类别	项目名称	批次	申报地区
1	传统音乐	南音	第一批	福建省—厦门市
2	传统戏剧	高甲戏	第一批	福建省—厦门市
3	传统戏剧	歌仔戏	第一批	福建省—厦门市
4	曲艺	答嘴鼓	第一批	福建省—厦门市
5	传统技艺	厦门漆线雕技艺	第一批	福建省—厦门市
6	民间文学	童谣（闽南童谣）	第二批	福建省—厦门市
7	曲艺	讲古	第二批	福建省—厦门市—思明区
8	民俗	中秋节（中秋博饼）	第二批	福建省—厦门市
9	民俗	民间信俗（保生大帝信俗）	第二批	福建省—厦门市—海沧区
10	民俗	民间信俗（闽台送王船）	第三批	福建省—厦门市
11	民俗	抬阁（海沧蜈蚣阁）	第三批	福建省—厦门市—海沧区
12	传统技艺	闽南传统民居营造技艺	第四批	福建省—厦门市—湖里区
13	传统美术	厦门珠绣	第五批	福建省—厦门市
14	传统美术	惠安石雕（影雕）	第五批	福建省—厦门市—湖里区
15	民俗	民间信俗（延平郡王信俗）	第五批	福建省—厦门市—思明区
16	传统音乐	南音	第一批	福建省—泉州市
17	传统音乐	泉州北管	第一批	福建省—泉州市
18	传统舞蹈	泉州拍胸舞	第一批	福建省—泉州市

续表

序号	类别	项目名称	批次	申报地区
19	传统戏剧	梨园戏	第一批	福建省－泉州市
20	传统戏剧	高甲戏	第一批	福建省－泉州市
21	传统戏剧	木偶戏(晋江布袋木偶戏)	第一批	福建省－泉州市－晋江市
22	传统戏剧	木偶戏(泉州提线木偶戏)	第一批	福建省－泉州市
23	传统美术	惠安石雕	第一批	福建省－泉州市－惠安县
24	传统美术	灯彩(泉州花灯)	第一批	福建省－泉州市
25	传统技艺	德化瓷烧制技艺	第一批	福建省－泉州市－德化县
26	民俗	惠安女服饰	第一批	福建省－泉州市－惠安县
27	传统戏剧	打城戏	第二批	福建省－泉州市
28	传统戏剧	高甲戏(柯派)	第二批	福建省－泉州市－晋江市
29	传统体育、游艺与杂技	五祖拳	第二批	福建省－泉州市
30	传统美术	剪纸[泉州(李尧宝)刻纸]	第二批	福建省－泉州市
31	传统美术	木偶头雕刻(江加走木偶头雕刻)	第二批	福建省－泉州市
32	传统技艺	水密隔舱福船制造技艺	第二批	福建省－泉州市－晋江市
33	传统技艺	乌龙茶制作技艺(铁观音制作技艺)	第二批	福建省－泉州市－安溪县
34	传统技艺	闽南传统民居营造技艺	第二批	福建省－泉州市－惠安县
35	传统技艺	闽南传统民居营造技艺	第二批	福建省－泉州市－南安市
36	传统技艺	闽南传统民居营造技艺	第二批	福建省－泉州市－鲤城区
37	传统医药	中医养生(灵源万应茶)	第二批	福建省－泉州市－晋江市
38	民俗	端午节(安海嗦啰嗹习俗)	第二批	福建省－泉州市－晋江市
39	民俗	元宵节(闽台东石灯俗)	第二批	福建省－泉州市－晋江市
40	民俗	元宵节(泉州闹元宵习俗)	第二批	福建省－泉州市
41	民俗	灯会(南安英都拔拔灯)	第二批	福建省－泉州市－南安市
42	民俗	蟳埔女习俗	第二批	福建省－泉州市－丰泽区

续表

序号	类别	项目名称	批次	申报地区
43	传统美术	永春纸织画	第三批	福建省－泉州市－永春县
44	民俗	端午节（石狮端午闽台对渡习俗）	第三批	福建省－泉州市－石狮市
45	民俗	民间信俗（清水祖师信）	第三批	福建省－泉州市－安溪县
46	民间文学	陈三五娘传说	第四批	福建省－泉州市－洛江区
47	传统美术	竹编（安溪竹藤编）	第四批	福建省－泉州市－安溪县
48	传统技艺	水密隔舱福船制造技艺	第四批	福建省－泉州市－泉港区
49	传统体育、游艺与杂技	泉州刣狮	第五批	福建省－泉州市－石狮市
50	传统美术	木雕（泉州木雕）	第五批	福建省－泉州市
51	传统戏剧	歌仔戏	第一批	福建省－漳州市
52	传统戏剧	木偶戏（漳州布袋木偶戏）	第一批	福建省－漳州市
53	曲艺	锦歌	第一批	福建省－漳州市
54	曲艺	歌册（东山歌册）	第一批	福建省－漳州市－东山县
55	传统美术	漳州木版年画	第一批	福建省－漳州市
56	传统美术	漳州木偶头雕刻	第一批	福建省－漳州市
57	传统舞蹈	高山族拉手舞	第二批	福建省－漳州市－华安县
58	传统美术	剪纸（漳浦剪纸）	第二批	福建省－漳州市－漳浦县
59	传统技艺	民族乐器制作技艺（漳州蔡福美传统制鼓技艺）	第二批	福建省－漳州市
60	传统技艺	印泥制作技艺（漳州八宝印泥）	第二批	福建省－漳州市
61	民俗	民间信俗（保生大帝信俗）	第二批	福建省－漳州市－龙海市
62	传统舞蹈	傩舞（浦南古傩）	第三批	福建省－漳州市
63	传统戏剧	潮剧	第三批	福建省－漳州市－云霄县
64	传统技艺	客家土楼营造技艺	第三批	福建省－漳州市－华安县
65	传统技艺	客家土楼营造技艺	第三批	福建省－漳州市－南靖县

续表

序号	类别	项目名称	批次	申报地区
66	传统医药	中医传统制剂方法（漳州片仔癀制作技艺）	第三批	福建省－漳州市
67	民俗	民间信俗（三平祖师信俗）	第四批	福建省－漳州市－平和县

表 1-5　闽南地区入选省级（福建省人民政府公布）非物质文化遗产代表性项目名录

序号	类别	项目名称	批次	申报地区
1	传统音乐	*南音	第一批	福建省－厦门市
2	传统戏剧	*高甲戏	第一批	福建省－泉州市 福建省－厦门市
3	传统戏剧	*歌仔戏	第一批	福建省－厦门市 福建省－漳州市
4	曲艺	*答嘴鼓	第一批	福建省－厦门市
5	传统技艺	*厦门漆线雕技艺	第一批	福建省－厦门市
6	民俗	*中秋节（中秋博饼）	第一批	福建省－厦门市
7	民俗	*民间信俗（闽台送王船）	第一批	福建省－厦门市
8	民俗	*民间信俗（保生大帝信俗）	第一批	福建省－漳州市－龙海市 福建省－厦门市
9	民间文学	*童谣（闽南童谣）	第二批	福建省－厦门市
10	传统音乐	莲花褒歌	第二批	福建省－厦门市
11	传统舞蹈	厦门翔安拍胸舞	第二批	福建省－厦门市
12	传统舞蹈	厦门同安车鼓弄	第二批	福建省－厦门市
13	传统戏剧	闽南皮影戏	第二批	福建省－厦门市
14	曲艺	*讲古	第二批	福建省－厦门市－思明区
15	曲艺	厦门歌仔说唱	第二批	福建省－厦门市
16	传统体育、游艺与杂技	厦金宋江阵	第二批	福建省－厦门市
17	传统体育、游艺与杂技	新垵五祖拳	第二批	福建省－厦门市

续表

序号	类别	项目名称	批次	申报地区
18	传统技艺	＊珠绣（厦门珠绣）	第二批	福建省—厦门市
19	民俗	厦门疍民习俗	第二批	福建省—厦门市
20	民俗	＊抬阁（海沧蜈蚣阁）	第二批	福建省—厦门市—海沧区
21	民俗	闽台风狮爷信俗	第三批	福建省—厦门市
22	传统美术	翔安农民画	第四批	福建省—厦门市
23	传统美术	＊石雕（影雕）	第四批	福建省—厦门市—湖里区
24	传统技艺	＊闽南传统民居营造技艺	第四批	福建省—厦门市—湖里区
25	传统技艺	珠光青瓷烧制技艺（同安汀溪）	第四批	福建省—厦门市
26	民俗	＊民间信俗（延平郡王信俗）	第四批	福建省—厦门市—思明区
27	民俗	大使公信俗（灌口）	第四批	福建省—厦门市
28	民俗	福德信俗（仙岳山）	第四批	福建省—厦门市
29	传统音乐	闽派古琴（省琴协、厦门）	第五批	福建省直 福建省—厦门市
30	传统音乐	古埙	第五批	福建省—厦门市
31	传统体育、游艺与杂技	集美端午龙舟赛	第五批	福建省—厦门市
32	传统美术	锡雕（同安锡雕）	第五批	福建省—厦门市
33	传统技艺	厦门酱油古法酿造技艺	第五批	福建省—厦门市
34	传统技艺	薄饼制作技艺（厦门同安）	第五批	福建省—厦门市
35	传统技艺	＊传统香制作技艺（福建香制作技艺）	第五批	福建省—厦门市 福建省—泉州市
36	传统技艺	素菜制作技艺（厦门南普陀）	第五批	福建省—厦门市
37	传统医药	中医正骨疗法［何天佐传统中医药正骨疗法（厦门）、余氏骨伤疗法］	第五批	福建省—厦门市 福建省—龙岩市

续表

序号	类别	项目名称	批次	申报地区
38	民俗	祭祖习俗（同安装瓯祭祖习俗）	第五批	福建省—厦门市
39	民俗	王爷信俗（厦门）	第五批	福建省—厦门市
40	民俗	王审知信俗（福州、厦门）	第五批	福建省—福州市 福建省—厦门市
41	传统舞蹈	跳鼓舞（厦门）	第六批	福建省—厦门市
42	传统戏剧	福建布袋木偶戏（厦门）	第六批	福建省—厦门市
43	传统美术	福建农民画（同安、漳平）	第六批	福建省—厦门市 福建省—龙岩市
44	传统技艺	大笼甜粿传统制作技艺	第六批	福建省—厦门市
45	传统技艺	澳头蠔干粥传统制作技艺	第六批	福建省—厦门市
46	传统技艺	厦门漆宝斋漆艺	第六批	福建省—厦门市
47	民俗	清水祖师信俗（厦金香山庙会）	第六批	福建省—厦门市
48	民俗	有应公信俗	第六批	福建省—厦门市
49	传统音乐	＊泉州北管、福建北管（泉州闽南什音）	第一批	福建省—泉州市
50	传统音乐	＊南音	第一批	福建省—泉州市
51	传统舞蹈	泉州踢球舞	第一批	福建省—泉州市
52	传统舞蹈	＊泉州拍胸舞	第一批	福建省—泉州市
53	传统戏剧	＊打城戏	第一批	福建省—泉州市
54	传统戏剧	＊木偶戏（晋江布袋木偶）	第一批	福建省—泉州市—晋江市
55	传统戏剧	＊木偶戏（泉州提线木偶戏）	第一批	福建省—泉州市
56	传统戏剧	＊梨园戏	第一批	福建省—泉州市
57	传统美术	＊剪纸［泉州（李尧宝）刻纸］	第一批	福建省—泉州市
58	传统美术	＊灯彩（泉州花灯）	第一批	福建省—泉州市

续表

序号	类别	项目名称	批次	申报地区
59	传统美术	*惠安石雕	第一批	福建省—泉州市—惠安县
60	传统美术	*永春纸织画	第一批	福建省—泉州市—永春县
61	传统技艺	安溪蓝印花布	第一批	福建省—泉州市
62	传统技艺	*德化瓷烧制技艺	第一批	福建省—泉州市—德化县
63	民俗	*灯会(南安英都拔拔灯)	第一批	福建省—泉州市—南安市
64	民俗	*端午节(石狮端午闽台对渡习俗)	第一批	福建省—泉州市—石狮市
65	民俗	*惠安女服饰	第一批	福建省—泉州市—惠安县
66	民俗	*蟳埔女习俗	第一批	福建省—泉州市—丰泽区
67	民间文学	*陈三五娘传说	第二批	福建省—泉州市—洛江区
68	传统音乐	泉州笼吹	第二批	福建省—泉州市
69	传统音乐	晋江深沪褒歌	第二批	福建省—泉州市
70	传统舞蹈	泉州鲤城火鼎公火鼎婆	第二批	福建省—泉州市
71	传统戏剧	惠安南派布袋戏	第二批	福建省—泉州市
72	传统戏剧	*高甲戏(柯派)	第二批	福建省—泉州市—晋江市
73	传统体育、游艺与杂技	*泉州刣狮	第五批	福建省—泉州市—石狮市
74	传统体育、游艺与杂技	*五祖拳	第二批	福建省—泉州市
75	传统美术	*木雕(泉州木雕)	第二批	福建省—泉州市—惠安县
76	传统美术	*木偶头雕刻(江加走木偶头雕刻)	第二批	福建省—泉州市
77	传统美术	泉州妆糕人制作技艺	第二批	福建省—泉州市
78	传统技艺	泉州传统竹编工艺	第二批	福建省—泉州市
79	传统技艺	*闽南传统民居营造技艺、泉州传统建筑营造技艺(泉州传统民居营造技艺)	第二批	福建省—泉州市

续表

序号	类别	项目名称	批次	申报地区
80	传统技艺	泉州十音铜锣锻制技艺	第二批	福建省－泉州市
81	传统技艺	*乌龙茶制作技艺（铁观音制作技艺）	第二批	福建省－泉州市－安溪县
82	传统技艺	*水密隔舱福船制造技艺	第二批	福建省－宁德市－蕉城区 福建省－泉州市
83	传统医药	*中医养生（灵源万应茶）	第二批	福建省－泉州市－晋江市
84	民俗	*端午节（安海嗦啰嗹习俗）	第二批	福建省－泉州市－晋江市
85	民俗	*元宵节（闽台东石灯俗）	第二批	福建省－泉州市－晋江市
86	民俗	*元宵节（泉州闹元宵习俗）	第二批	福建省－泉州市
87	民俗	泉州祭祖民俗	第二批	福建省－泉州市
88	民间文学	灯谜（晋江市）	第三批	福建省－泉州市
89	民间文学	灯谜（石狮市）	第三批	福建省－泉州市
90	传统音乐	德化山歌	第三批	福建省－泉州市
91	传统舞蹈	泉州跳鼓舞	第三批	福建省－泉州市
92	曲艺	闽南讲古	第三批	福建省－泉州市
93	传统体育、游艺与杂技	南安蛇脱壳古阵法	第三批	福建省－泉州市
94	传统技艺	*水密隔舱福船制造技艺	第三批	福建省－泉州市－泉港区
95	传统技艺	永春顺德堂老醋酿制作技艺	第三批	福建省－泉州市
96	传统技艺	永春漆篮制作技艺	第三批	福建省－泉州市
97	传统技艺	源和堂蜜饯制作技艺	第三批	福建省－泉州市
98	传统技艺	泉州春生堂酿酒技艺	第三批	福建省－泉州市
99	传统技艺	泉州锡雕技艺	第三批	福建省－泉州市
100	传统技艺	泉州金苍绣技艺	第三批	福建省－泉州市

续表

序号	类别	项目名称	批次	申报地区
101	传统技艺	安溪县成珍桔红糕制作技艺	第三批	福建省－泉州市
102	传统医药	泉州老范志神粬	第三批	福建省－泉州市
103	民俗	＊民间信俗（清水祖师信俗）	第三批	福建省－泉州市－安溪县
104	民间文学	姑嫂塔传说	第四批	福建省－泉州市
105	民间文学	洛阳桥传说	第四批	福建省－泉州市
106	传统体育、游艺与杂技	俞家棍	第四批	福建省－泉州市
107	传统美术	＊竹编（安溪竹藤编）	第四批	福建省－泉州市－安溪县
108	传统美术	＊木雕（泉州木雕）	第四批	福建省－泉州市－晋江市
109	传统技艺	福建乌龙茶制作技艺（北苑茶、清源山茶、永春佛手茶）	第四批	福建省－南平市 福建省－泉州市
110	传统技艺	漆线雕（泉州）	第四批	福建省－泉州市
111	民俗	关帝信俗（安溪）	第四批	福建省－泉州市
112	民俗	保生大帝信俗（泉州）	第四批	福建省－泉州市
113	民俗	妈祖信俗（泉州、漳浦）	第四批	福建省－泉州市 福建省－漳州市
114	民俗	广泽尊王信俗（南安）	第四批	福建省－泉州市
115	民俗	关岳信俗（泉州）	第四批	福建省－泉州市
116	民俗	德化窑坊公信俗	第四批	福建省－泉州市
117	民间文学	李五传说	第五批	福建省－泉州市
118	民间文学	南少林传说（泉州）	第五批	福建省－泉州市
119	传统音乐	道教音乐（泉州）	第五批	福建省－泉州市
120	传统美术	＊木雕（泉州木雕）	第五批	福建省－泉州市－台商投资区
121	传统技艺	安海庐山国佛雕技艺	第五批	福建省－泉州市

续表

序号	类别	项目名称	批次	申报地区
122	传统技艺	武夷清源茶饼制造技艺	第五批	福建省－泉州市
123	传统技艺	红茶制作技艺（涂岭红红茶制作技艺、正山小种红茶制作技艺）	第五批	福建省－泉州市 福建省－南平市
124	传统技艺	衙口花生制作技艺	第五批	福建省－泉州市
125	传统技艺	南音乐器制作技艺（泉州）	第五批	福建省－泉州市
126	传统医药	针灸（泉州留章杰针灸）	第五批	福建省－泉州市
127	民俗	田公元帅信俗（南安）	第五批	福建省－泉州市
128	民俗	保生大帝信俗（泉州）	第五批	福建省－泉州市
129	传统音乐	泉州大鼓吹	第六批	福建省－泉州市
130	传统体育、游艺与杂技	泉州妆阁	第六批	福建省－泉州市
131	传统体育、游艺与杂技	泉州刣狮	第二批	福建省－泉州市－石狮市、鲤城区、南安市（新增）
132	传统美术	泉州彩扎	第六批	福建省－泉州市
133	传统美术	惠安石雕	第六批	福建省－泉州市－台商投资区
134	传统技艺	泉州漆器髹饰技艺	第六批	福建省－泉州市
135	传统技艺	泉州佛像雕塑技艺	第六批	福建省－泉州市
136	传统医药	泉州养生香制作技艺	第六批	福建省－泉州市
137	传统医药	泉州正骨疗法（廖氏）	第六批	福建省－泉州市
138	民俗	通远王信俗	第六批	福建省－泉州市
139	传统音乐	南靖四平锣鼓乐	第一批	福建省－漳州市
140	传统音乐	福建客家山歌（漳州南靖田螺坑客家山歌、龙岩永定客家山歌）	第一批	福建省－漳州市 福建省－龙岩市
141	传统舞蹈	*傩舞（浦南古傩）	第一批	福建省－漳州市
142	传统戏剧	南靖竹马戏	第一批	福建省－漳州市

续表

序号	类别	项目名称	批次	申报地区
143	传统戏剧	诏安铁枝戏	第一批	福建省—漳州市
144	传统戏剧	*木偶戏(漳州布袋木偶戏)	第一批	福建省—漳州市
145	曲艺	*锦歌	第一批	福建省—漳州市
146	曲艺	*歌册(东山歌册)	第一批	福建省—漳州市—东山县
147	传统美术	*漳州木偶头雕刻	第一批	福建省—漳州市
148	传统美术	*剪纸(漳浦剪纸)	第一批	福建省—漳州市
149	传统美术	*漳州木版年画	第一批	福建省—漳州市
150	传统技艺	华安玉雕	第一批	福建省—漳州市
151	民俗	云霄开漳圣王巡安民俗	第一批	福建省—漳州市
152	民俗	东山关帝信俗	第一批	福建省—漳州市
153	传统音乐	东山南音	第二批	福建省—漳州市
154	传统舞蹈	*高山族拉手舞	第二批	福建省—漳州市—华安县
155	曲艺	漳州南词	第二批	福建省—漳州市
156	传统技艺	东山剪瓷雕工艺	第二批	福建省—漳州市
157	传统技艺	东山黄金漆画技艺	第二批	福建省—漳州市
158	传统技艺	*印泥制作技艺(漳州八宝印泥)	第二批	福建省—漳州市
159	传统技艺	*民族乐器制作技艺(漳州蔡福美传统制鼓技艺)	第二批	福建省—漳州市
160	传统医药	东山宋金枣传统制作工艺	第二批	福建省—漳州市
161	民俗	闽台玉二妈信仰民俗	第二批	福建省—漳州市
162	民俗	岩溪珪塘祭祀民俗	第二批	福建省—漳州市
163	传统音乐	福建畲族民歌(华安畲家民歌)	第三批	福建省—漳州市
164	传统音乐	漳州哪吒鼓乐	第三批	福建省—漳州市
165	传统舞蹈	漳台大鼓凉伞舞	第三批	福建省—漳州市

续表

序号	类别	项目名称	批次	申报地区
166	传统戏剧	铁枝木偶戏（东山县）	第三批	福建省—漳州市
167	传统戏剧	*潮剧、潮剧（东山县）	第三批	福建省—漳州市
168	传统技艺	东山海柳雕技艺	第三批	福建省—漳州市
169	传统技艺	诏安黄金兴（咸金枣、宋陈咸橄榄、梅灵丹）传统制作技艺	第三批	福建省—漳州市
170	传统技艺	漳窑（米黄色瓷）传统制作技艺	第三批	福建省—漳州市
171	传统技艺	漳绣技艺	第三批	福建省—漳州市
172	传统技艺	仙草制作技艺	第三批	福建省—漳州市
173	传统技艺	东山肖米（烧卖）制作技艺	第三批	福建省—漳州市
174	传统技艺	东山金木雕技艺	第三批	福建省—漳州市
175	传统技艺	*客家土楼营造技艺	第三批	福建省—漳州市
176	传统技艺	东山海船钉造技术	第三批	福建省—漳州市
177	传统医药	*中医传统制剂方法（漳州片仔癀制作技艺）	第三批	福建省—漳州市
178	民俗	闽台乞龟民俗	第三批	福建省—漳州市
179	民俗	*民间信俗（三平祖师信俗）	第三批	福建省—漳州市—平和县
180	民间文学	灯谜（漳州）	第四批	福建省—漳州市
181	传统体育、游艺与杂技	漳州太祖拳青龙阵	第四批	福建省—漳州市
182	传统美术	彩扎（诏安彩扎技艺）	第四批	福建省—漳州市
183	传统技艺	长泰明姜制作技艺	第四批	福建省—漳州市
184	传统技艺	漳州水仙花雕刻技艺	第四批	福建省—漳州市
185	传统技艺	剪瓷雕工艺（诏安）	第四批	福建省—漳州市
186	民俗	山重赛大猪祈丰年	第四批	福建省—漳州市
187	传统音乐	龙船歌（云霄）	第五批	福建省—漳州市

续表

序号	类别	项目名称	批次	申报地区
188	传统戏剧	竹马戏（漳浦）	第五批	福建省－漳州市
189	传统技艺	漳州窑瓷器烧制技艺（素三彩烧制技艺）	第五批	福建省－漳州市
190	传统技艺	古琴制作技艺（长泰）	第五批	福建省－漳州市
191	民俗	闽台抢孤习俗（龙海）	第五批	福建省－漳州市
192	传统音乐	闽南大鼓吹、小八音	第六批	福建省－漳州市
193	传统体育、游艺与杂技	何阳拳	第六批	福建省－漳州市
194	传统技艺	闽南传统民居营造技艺（漳州）	第六批	福建省－漳州市
195	传统技艺	白水贡糖制作技艺	第六批	福建省－漳州市
196	传统技艺	酱油酿造技艺（长泰）	第六批	福建省－漳州市
197	传统技艺	漳州传统乌龙茶精制工艺	第六批	福建省－漳州市
198	传统技艺	平和龙艺扎制技艺	第六批	福建省－漳州市
199	传统技艺	长泰竹编技艺	第六批	福建省－漳州市
200	传统技艺	漳台大广弦制作技艺	第六批	福建省－漳州市
201	民俗	漳州疍民习俗	第六批	福建省－漳州市

注：带＊项目同为国家级非物质文化遗产代表性项目。

第二章 闽南方言与闽南文化的关系

人类语言和人类文化是同步发生的。人类文化指族群的地理、历史、风土人情、传统习俗、生产生活方式、宗教信仰、文学艺术、规范、律法、制度、思维方式、价值观念、审美情趣等等。文化内容的形成和发展以语言为基础，有了语言，人类就有了文化。语言蕴含文化，文化的丰富也得益于语言的发展，语言不能离开文化而存在。闽南方言与闽南文化密不可分，相互依赖。文化的内容可以通过方言词语的记载表现出来。下面通过闽南方言的词语记载窥探闽南文化的内容。限于篇幅，只能选择若干词语来说明闽南文化有关内容的含义及特点。

第一节　从地名看地理、历史的文化内容

地名是历史的产物。历史悠久的地名，具有特殊的地理文化内涵和乡土文化内涵，是历史的活化石，有些已被列入地名文化遗产保护名录。

闽南许多地名带有独特的地域印记，我们可从地名了解闽南地区地理历史的文化内容。

厝 闽南方言读 cu⁵。厝是闽南地名中出现频率最高的字。"厝"是屋子、房子的意思,引申为家。许多地方用"厝"做地名,常在"厝"前加上姓氏,如陈厝、林厝、袁厝、吕厝、黄厝、何厝、周厝、赖厝、郑厝、蔡厝。这是早期移民聚族而居的文化特点在地名上留下的印记。也有在"厝"前加上方向位置的词的,如东厝、西厝、南厝、北厝、顶厝、上错、下厝、内[lai⁶]厝、外厝、前厝、后厝、中厝。"厝"前还可加上特征词,如竹篙厝、红瓦厝、田厝、五块[de⁵]厝、圆角厝、竹林厝、砖仔厝。有人统计,闽南地区用"厝"做地名的地方约有五百处。闽南移民向外迁徙,念念不忘地把有"厝"的地名带上,以表示对故里的怀念。台湾地区至今还有不少带"厝"的地名,如陈厝、孙厝、颜厝、林厝、泉州厝、同安厝、诏安厝、平和厝、北溪厝、棋盘厝;潮汕地区有林厝、蔡厝、黄厝、新厝;浙南地区有陈厝、温厝、萧厝、朱厝、大厝基。

寮 闽南方言读音 liao²,通常指简易的棚子、临时搭建的小屋舍,多用茅草、木板搭盖,也有用瓦片砌成,不一定有围墙。多冠以表示地形、方位、姓氏、特征、用途等的字词。有人统计,在闽南地区用"寮"做地名的地方约两百处,如漳平市的牛寮顶、路寮,漳州市的船寮、草寮街,华安县的和尚寮、白鹤寮,南靖县的田寮坑、拍铁寮,龙海市的鸭母寮、内寮,诏安县的麻寮、军寮,泉州的茶寮、后寮,南安市的顶寮、山寮,厦门市的竹寮巷、寮仔后、夹舨寮。厦门的夹舨寮,靠近第八市场。"夹舨[gap⁷ban³]"就是船,"寮"指简易的厂坊。据考证,古代造船厂遗址在此。台湾也有许多带"寮"的地名,如后寮、蚝寮、田寮、枋寮、欧寮、溪尾寮、漳州寮、林厝寮、同安寮、鸭母寮。

墘 闽南方言读音 giN²,意思是边缘的部分。多跟表示方位、溪、路、海、浦、港、沟等的字词结合,也有冠以表特征的词的。如前墘、后墘、海墘、田墘、溪墘、大路墘、大沟墘、河墘、埔墘。厦门市厦港片区有一条街叫"南溪仔墘街",早年这里曾经有一条源于南普陀山南麓的小溪,现在已不复存在,这个地名就记录了地貌变化痕迹。台湾带"墘"的地名也有许多,如大溪墘、港仔墘、河墘、埔墘、东路墘、潭仔墘。

坪　闽南方言读音 piaN²。多指小平地或有轻微斜度的平地。多冠以表示方位、事物特征的词。如小坪、大坪、南坪、后坪、东湖坪、牛坪、虎坪、加东(马铃薯的外来语)坪、油柑坪等等。台湾也有大坪、东坪、下坪、藤坪等。

埕　闽南方言读音为 diaN²。"庭"的同音借字,指院外露天的小平地或场子。多冠以表示姓氏、方位、职业名称的词。如丁厝埕、许厝埕、前厝埕、后厝埕、小西埕、八卦埕、大埕头、秦衙埕、关刀埕、新路埕、许厝埕、伯府埕、洪衙埕、庄厝埕、拜内埕。厦门大同路有麦仔埕,因为该处曾作晒麦场。厦门第六中学后方有打[pah⁷]索埕,早年该处是打绳场地。还有一处叫钱炉灰[ciN² loo² hu¹]埕,"钱炉灰"是冥金粉。据传早期这里是冥金粉买卖的市场,后兼收购破铜烂铁。

坑　闽南方言读音为 kiN¹。在闽南地区,凡谷地凹地之处都可叫"坑"。用"坑"做地名,多表明此地的地形地貌、方位处所,也可冠以姓氏及实物的名称。如坪坑、凹坑、布坑、高坑、董坑、黄坑、石枋坑、大水坑、门口坑、田坑、苏坑、陈坑、南坑、郭坑、枫树坑、梅树坑、虎坑、内坑、前坑、后坑等等。台湾带"坑"的地名也不少,如后坑、东坑、陈厝坑、打铁坑、番仔坑。

洋　闽南方言读音为 iuN²。指像海一样有较大一片的平地,多冠以方向、位置和事物特征的字词。如东洋、西洋、平洋、上洋、下洋、外洋、内[lai⁶]洋、前洋、后洋、牛田洋、打[pah⁷]石洋、许厝洋、芹菜洋、前坂洋。台湾也有这类地名,如田洋、金洋、福德洋。

窟 闽南方言读音为[kut⁷]。多指凹陷的洼地,常冠以方位和动物名。如洪窟、汤窟、土[too²]窟、内[lai⁶]窟、外窟、獭窟、虎窟、龙窟、鹦哥山窟。台湾地区有后窟、大水窟、鲢鱼窟、山猪窟、盐[giam²]水窟等等。

头 闽南方言读音为[tao²]。指地理位置的前部。多冠以表田、溪、江、埔、厝、湖或事物特征的字词。这类地名为数不少,如田头、濠头、江头、堘头、水头、排头、溪头、潭头、圳头、岭头、社头、埔头、坪头、后路头、坂头、庄头、狮仔头、草埔头、大桥头、坎仔头、店仔头。台湾地名也有埤头、潭头、田头、下路头等。

尾 闽南方言读音为[bbe³,bbə³,bbue³]。指地理位置的尾部或后部。多冠以表田、溪、江、埔、厝、湖或事物特征的字词。这类地名在闽南地区有不少,如山尾、溪尾、海尾、圳尾、堘尾、坑尾、埔尾、田尾、坂尾、水尾、港尾、下尾、豆仔尾、后塘尾、荔枝尾、榕树尾、草埔尾、土楼尾、大埔尾、肖坑尾等等。台湾带"尾"的地名也不少,如海尾、水尾、溪尾、虎尾、沪尾、白沙尾、草地尾、新店尾、北社尾。

埔 闽南方言读音为[boo¹]。多指江、河、湖、海边的沙洲,也可指平地。多冠以方位词。如前埔、后埔、中埔、埔头、埔尾、杏埔、大埔、东埔、北埔、福埔、龙埔、西埔。

此外,"兜[dao¹]、崎[gia²]、堘[de⁶]、湖[oo²]、澳[o⁵]、东[dang¹]、溪[kue¹]、西[sai¹]、后[ao⁶]、美[bbi³]、林[na²]"等也是地名常用字。

这里要特别提出的是,闽南地名里也有不少带"畲[sia¹]"字的。福建各地区都有带"畲"字的地名。有人初步统计,福建带"畲"字的地名约有两百四十处,各地区分布的情况如下:闽东地区有七处,闽北地区有六十三处,闽中地区有十六处,闽西地区六十九处,闽南地区有八十处。带"畲"的地名如颜畲、黄畲、盘畲、郭畲、高畲、雷畲、下畲、谢畲、官畲、大林畲、桂林畲、坪畲、大畲、南畲、西畲、后畲、柳畲、崎畲、土畲、桃畲、畲店、后壁畲、畲家寨、雷家畲、鸡母畲、虎头畲、交尾畲、黄京畲、上五畲、下五畲、百种畲……

潮汕各地村庄以"畲"字命名的地方也不少,如内畲、外畲、畲岭、畲客村、后畲、西畲、南畲、新畲、头畲、明畲、桃仔畲、北畲、茅畲寨、下溪畲。

作为百越一族的畲族,早期主要生活在闽粤边境的山区,潮州凤凰山是其发源地。史载唐初河南光州陈政、陈元光父子奉敕入闽,在漳州地区平定蛮獠之乱,此"蛮獠"就是畲族。陈政、陈元光父子花了近一个世纪的时间平定蛮獠之乱,奏请朝廷立漳州府,屯兵开垦漳州,实行一系列促进民族团结和发展经济、文化的政策,使漳州日益繁荣昌盛。居住在这里的畲族又从这里迁徙到闽中、闽北和闽东。今天闽南地区带"畲"的地名,是当年畲族在闽南地区生活留下的文化烙印。

从这些地名,可以了解到闽南地区的地理环境特征及变迁的历史。

我们还可以从闽南地区那些具有浓厚时代与地域特色的地名了解乡镇、县区或城市的简明历史。下面以厦门为例,通过几个有趣的地名一窥厦门的地理环境特征及族群聚落的变迁。

虞朝巷[ggu² diao² hang⁶]。位于厦门市中山路至盐溪街。早年这里是养牛的地方,有牛棚子。"牛棚"闽南话叫"牛稠",与"虞朝"同音。把"牛稠"雅化,用同音字"虞朝"代替。

暗迷巷[am³ bbe² hang⁶]。位于厦门市开元路至大井脚巷。"暗迷"是"饮糜"的谐音,并非巷子昏暗或者复杂而让人们觉得昏暗而迷惑不清。"饮糜"闽南话叫[am³ bbe²],就是"粥"的意思。早年这里聚集许多卖粥的小贩。

待教巷[tai² gao³ hang⁶]。位于厦门市思明区围仔内至马墓巷。"待教"与闽南话"刣狗"[tai² gao³]（宰狗）谐音。传说早年有人在此宰狗卖狗肉。"刣狗"，闽南话叫[tai² gao³]，后雅化而借用近音字"待教"取代。

打铁头刀街[pah⁷ tih⁷ tao² do¹ gue¹]。位于厦门市思明区第六市场至白厝墓巷。此地早年有铸造剃头刀的作坊。闽南方言"剃""铁"同音，写不出"剃"就用同音字"铁"替代，"剃头刀"写成"铁头刀"。闽南话"拍"有铸造、锻造的意思，闽南人常用训读字"打"代替本字"拍"，所以，"拍剃头刀街"就写成"打铁头刀街"。

打索埕巷[pah⁷ soh⁷ diaN² hang⁶]。位于厦门市思明区后海墘巷至福茂宫街。"索"在闽南方言里是绳索的意思。"埕"是庭院前面的平地或场子。据传早年此处是打造船舶绳缆的场地，本应写成"拍索埕巷"，但这里用训读字"打"代替"拍"，故写成"打索埕巷"。

类似反映行业特征的地名还有许多，如：

担水巷[daN¹ zui³ hang⁶]。位于厦门市思明区。早期市区缺饮用淡水，有些饮用水要从内地用船运来，就有以挑淡水为生的工人，进出皆经此巷。"挑水"闽南话叫"担水"，由此而得名。

打铁街[pah⁷ tih⁷ gue¹]。位于厦门市思明区轮渡附近，与洪本部巷相邻。早年这里曾经是打制船锚、铁链的作坊的集中地。

光彩街[gong¹ cai³ gue¹]。位于思明区大同路至后厅衙巷。早年棺材行业集中在此经营，旧称"棺材[guaN¹ ca²]巷"。因名称不吉利，就用谐音雅化，改称光彩街。

南猪行巷[lam² di¹ hang² hang⁶]。早年这里售卖来自兴化（莆仙）的生猪，又叫南猪，所以就根据猪行的名字来命名。

卖鸡巷[bbue⁶ gue¹ hang⁶]。位于思明区水仙路至泰山路一段的小巷。全长不过三百米，呈丁字形。早年该处是鸡鸭市场，故名。

配料馆巷[pue⁵ liao⁶ guan³ hang⁶]。原本距离该处巷口不远处是大海，台湾来的渔船多在此停泊，来此配齐盐、水、油等日常用品后再出海。它见证着两岸密切交往、友好往来的历史。

南桥巷[lam² gio² hang⁶]。早年经营轿子出租的店家集中于此，后改为"南桥巷"。

从这些地名可以了解到早期厦门已是"百工积聚"，是相当繁荣的海港小城。

早时闽南地区的民间信仰也是多元化的，寺庙宫殿遍布街头巷尾，厦门部分地名就反映出端倪。岛上遍布奉祀吴真人、妈祖、观音等民间神祇的宫殿寺庙，所以可见二舍庙巷、福茂宫街、内武庙街、西应殿街、白鹤岩路、晃岩路、水仙路（因水仙妈祖宫得名）等名。

菜妈街[cai⁵ ma³ gue¹]。位于思明区幸福路至故宫路。闽南方言吃斋叫"食菜"，尼姑叫"菜姑"，尼姑庵叫"菜堂"。"妈[ma³]"是对老妇的尊称。信佛老妇吃斋就是吃素食，称"菜妈"。此街当年是吃斋老妇的住地，因此得名。还有因白鹿洞得名的白鹿路，因万寿岩得名的万寿路等。

泉州是闽南方言与文化的发祥地，不少地名保留着历史变迁、经济发展、民族迁徙以及海外交通等方面的烙印，留存着久远的城市记忆，是简明的城市历史文化史。

州顶街[ziu¹ ding³ gue¹]。唐代地名。位于泉州市区体育场至钟楼的一段街道，曾是古代泉州州治所在地，商业繁荣。

舶司库巷[bik⁸ si¹ koo⁵ hang⁶]。宋代地名。位于泉州市中山南路水门街里，该巷狭小。南宋是泉州和海外交通极盛时代，外国商人来往频繁,宋政府设市舶司于此。市舶司相当于现在的商务部和海关两个单位,执掌外舶出入征榷贸易诸事。

棋盘园[gi² buaN² hng²]。元代地名。棋盘园有几百亩之大,从涂门关岳庙到讲武巷再到旧南校场,原泉州旧车站一带。关于这个地名,有一个传说。据说宋朝末年,有阿拉伯人后裔蒲寿庚到泉州做生意发了大财,就花大钱买了两三千只大船,来往于大洋沧海间,专做海上贸易,几乎垄断整个东南沿海的货物交易业务,南宋王朝拿他没办法,只好封赐他做提举市舶。蒲寿庚钱多了,就建楼在关岳庙前,铺大石埕一片,埕呈棋格状。空闲时蒲寿庚常在楼上与人下大棋。后来张世杰、陆秀夫携末帝赵昺要进泉州城门,蒲氏竟关门避纳,张世杰一怒之下拉走蒲氏东海上两三千艘船舶,使蒲倾家荡产。蒲氏一怒,尽屠居住在古城花巷后边、现梨园剧团处棋盘园口的南外宗正司三千余人,酿成古城千年来最大的屠城血案。

都督第巷[doo¹ dok⁷ de⁶ hang⁶]。明代地名。位于泉州市北门街,明抗倭英雄俞大猷都督第遗址,故名。现遗址湮没,仅存一草坡,所以也叫都督第坡。

洪衙埕巷[ang² gge² diaN² hang⁶]。清代地名。位于东街片区南侧。是洪承畴的府第。洪氏人称"洪衙",小巷故取名洪衙埕巷。洪承畴是泉州南安英都人,是明神宗万历四十四年(1616年)进士,官至陕西布政使参政,崇祯时任兵部尚书、蓟辽总督,后降清。清朝入关后,洪承畴在清廷大力宣导儒家学术,建议满洲统治集团"习汉文,晓汉语",了解汉人礼俗,为满汉合流打下基础。清顺治帝对他十分器重,任命他为太子太保、兵部尚书兼都察院右都御史,入内院佐理军务并授秘书院大学士,洪承畴故成为清朝首位汉人大学士。

聚宝街[zu⁶ bo³ gue¹]。位于泉州旧城区南部,北起万寿路,南至厂口旱闸。街的两旁是凤凰树和具有浓厚南方特色的古老建筑物以及带有异国风格的教堂等建筑物。宋元时代,泉州刺桐港对外交通贸易极其发达,当时世界上有一百多个国家和地区的商人聚集在这条街上与华人交易金银珠宝、绸缎布匹、香料药材、茶叶瓷器等商品,故取名聚宝街,意为汇聚四面八方的奇珍异宝。

车桥村[cia¹gio²cun¹]。与聚宝街毗连,因街尾的"车桥头"而得名。"车桥头"当时是中外货物的集散地,"车桥"即为交通需要而架设。车桥头至今还有"来远驿"遗址,那是明朝政府接待外国贡使的"迎宾馆"。

番坊[huan¹hng¹]。地处商业繁盛的城南新桥头一带,因"殊方别域富商巨贾之所窟宅"而得名。

排铺街[bai²poo¹gue¹]。因店铺鳞次栉比而得名。宋元时这里是以外商为主要服务对象的商业中心。

白丝库巷[beh⁸si¹koo⁵hang⁶]。因丝绸仓库建于此而得名。该巷离市舶司衙门不远,因此,亦有人称为"舶司库巷",认为"舶司库"即市舶司为方便中外商人保管货物而建的仓库。

洋店村[iuN²diam⁵cun¹]。位于后渚港通往泉州城的古道上,该村落因"蛮夷商贾"聚居开店而得名。

洋墓村[iuN²bbong⁶cun¹]。毗邻洋店村,外国人死后多葬于此,故得名。

泉州被誉为"世界宗教博物馆",聚集着道教、佛教、伊斯兰教、景教、基督教、天主教、婆罗门教(印度教)、摩尼教、拜物教等宗教。这里以道教和伊斯兰教为例,说明这两个宗教信仰在泉州留下的地名烙印。

据传魏晋时道教已传入泉州。今天泉州还有带道教文化色彩的地名。如从风水角度命名的,有"龙头山""虎头山""四象井""八卦沟";以道教宫观命名的,有"天公观""城隍口""天后路""平水庙";用仙道人物命名的,有"二郎巷""土地后""裴巷""祖师公巷";用神仙境界或神仙故事命名的,有"蓬莱""仙苑""金粟洞""登仙桥"。

宋元是泉州海外交通和贸易鼎盛时期,随着对外贸易的发展,中外人员的交往多了起来。当时蕃汉杂处,阿拉伯人尤其多,因此,伊斯兰教对泉州的影响比较大,在地名上也留下了印记。如泉州东郊灵山的"圣墓""鹿园"。"鹿"与"乐"在闽南方言中同音,"鹿园"实际上就是"乐园",信奉伊斯兰教的人认为他们死后会进入天堂乐园,"鹿园"就是埋葬伊斯兰教教徒的墓园。

早在宋代,闽南地区就有人移居台湾。及至明清,由于各种原因,闽南漳州、泉州和厦门三地,又有大批移民继续跨过台湾海峡,这就是人们所说的"唐山过台湾"。这批闽南移民中,不少是同宗同族从闽南原住地的乡镇村里集体迁徙到台湾某地居住下来。为了怀念故土家乡和先辈,他们还把家乡故土的方言风俗等文化传统带到台湾,比如把故土地名常用字,如"厝、寮、墘、埕、坪、洋、坑、窟"带到台湾,给新居住地冠名,代代沿袭不悖。有的人甚至用故土的完整地名。今天在台湾地区还可以找到与大陆同名的乡镇村里。每个同名村镇乡里的背后都有动人的故事,这些故事包含深厚的文化内容,是两岸同胞的血脉亲情同根同源的有力印证。表 2-1 是两岸部分同名的乡镇村里的比较表。

表 2-1 两岸部分同名乡镇村里比较表

名称	闽南地区	台湾地区	姓氏
板桥	厦门市集美区东安村后安社板桥	台北市板桥区张姓聚落	张
陈井	厦门市集美区灌口镇陈井村	嘉义县大林镇西结里陈井寮	陈
吕厝	厦门市同安区西柯镇吕厝村	云林县东势乡复兴村吕厝庄	吕

续表

名称	闽南地区	台湾地区	姓氏
同安	厦门市同安区	屏东县南州乡同安村	林
苏厝	厦门市同安区洪塘镇苏厝村	台南市安定乡苏厝村	苏
邱厝	厦门市同安区五显镇邱厝村	台中市北区邱厝里	邱
黄厝	厦门市同安区内厝镇黄厝村	彰化县大村乡黄厝村	黄
彭厝	厦门市翔安区新店镇彭厝村	新北市树林镇彭厝村	彭
许厝	厦门市同安区内厝镇许厝村	台南市归仁乡许厝村	许
蔡厝	厦门市翔安区新店镇蔡厝村	云林县四湖乡蔡厝村、金门县蔡厝村	蔡
许厝	泉州市晋江市安海镇许厝	新北市树林镇许厝	许
林口	泉州市晋江市灵源街道林口村	新北市林口乡林口村	柯
粘厝	泉州市晋江市龙湖镇粘厝埔	彰化县福兴乡顶粘村	粘
谢厝	泉州市晋江市英林镇谢厝街村	云林县口湖乡谢厝	谢
东石	泉州市晋江市东石镇东石第三社区	澎湖县湖西乡东石村	蔡
玉井	泉州市晋江市东石镇玉井村	台南市玉井乡玉井村	蔡
后坡	泉州市石狮市蚶江镇蚶江后坡村	云林县麦寮乡后坡村	林
欧厝	泉州市石狮市蚶江镇欧厝	金门县金城镇珠沙里欧厝	欧阳
洋坑	泉州市石狮市蚶江镇洋坑村	台南市小洋坑村	蔡
桥头	泉州市南安市石井镇桥头村	彰化县福兴乡桥头村、云林县麦寮乡桥头村	许
坂头	泉州市南安市石井镇坂头村	嘉义县新港乡坂头村	李
双溪	泉州市南安市石井镇溪东(双溪)村	嘉义县朴子镇双溪里、新竹县宝山乡双溪村	李
院前	泉州市南安市石井镇院前村	彰化县鹿港镇院里村	李
苏厝	泉州市南安市康美镇苏厝	嘉义县六脚乡苏厝	苏
营前	泉州市南安市石井镇营前村	台南市下营区营前村	洪
东安	泉州市南安市石井镇东安下村	台中市大安区东安村	黄
和美	泉州市南安市石井镇和美村	彰化县和美镇和美村	黄

续表

名称	闽南地区	台湾地区	姓氏
福德	泉州市安溪县感德镇福德村	台中市大甲镇福德里	吴
竹园	泉州市安溪县虎邱镇竹园村	云林县虎尾镇竹园里	周
大岞	泉州市惠安县崇武镇大岞村	基隆市窑子底镇大岞村	张
青山	泉州市惠安县山霞镇青山村	台北市万华区青山里	李
漳州	漳州市	新北市林口区东林里漳州寮、彰化县鹿港镇顶厝里漳州街、台南市佳里区漳州里	
杨厝	漳州市龙海市角美镇杨厝村	台中市清水区杨厝里	杨
锦湖	漳州市龙海市角美（锦湖）西边村寮西社	台南市北门区锦湖里	郭
海澄	漳州市龙海市海澄镇	台南市佳里区海澄里	杨
镇海	漳州市龙海市隆教乡镇海村	澎湖县白沙乡镇海村	陈
港尾	漳州市龙海市港尾镇	澎湖县白沙乡讲美村	吴
圆山	漳州市龙海市九湖镇圆山	台北市中山区圆山里	
茄定	漳州市长泰县陈巷镇山重村茄埕	高雄市茄萣区茄萣庄（嘉定、保定、大定、吉定等里）	薛
长泰	漳州市长泰县岩溪镇	新北市三重区长泰里	叶
宝斗	漳州市长泰县陈巷镇戴乾村宝斗厝	新北市新店区宝斗厝（宝福、宝安、宝兴、信义等里）	刘
月眉	漳州市南靖县月眉厝	南投县草屯镇月眉厝	林
车田	漳州市南靖县书洋乡车田村	彰化县田中镇车田村	萧
南靖	漳州市南靖县	嘉义县水上乡南靖厝南和村	罗
南靖	漳州市南靖县	嘉义县梅山乡安靖村南靖寮	杨
南靖	漳州市南靖县奎洋镇	嘉义县溪口乡柳沟村南靖厝	庄
南靖	漳州市南靖县	嘉义县竹崎乡龙山村南靖厝	许
和溪	漳州市南靖县和溪镇	南投县竹山镇中和里和溪厝	林
复兴	漳州市平和县九峰镇复兴村	云林县二仓乡复兴村	朱
大溪	漳州市平和县大溪镇	桃园县大溪镇	

续表

名称	闽南地区	台湾地区	姓氏
平和	漳州市平和县	宜兰县宜兰市坤门平和里	
平和	漳州市平和县坂仔镇心田村	台中市北屯区平和里	赖
平和	漳州市平和县坂仔镇	台中市南区平和里	林
平和	漳州市平和县霞寨镇	彰化县田中镇平和里	周
平和	漳州市平和县	彰化县大村乡平和村	何、赖
平和	漳州市平和县小溪镇	南投县南投市平和里	张
心田	漳州市平和县坂仔镇心田村	台中市北屯区心田赖家	赖
南境	漳州市漳浦县深土乡南境村	基隆市头南境村	陈
漳浦	漳州市漳浦县	南投县南投市凤山里樟普寮	蓝
漳浦	漳州市漳浦县	新竹县新丰乡新丰村樟浦厝	陈
漳浦	漳州市漳浦县赤湖镇北桥村	新北市莺歌区东湖里漳普坑	陈
鉴湖	漳州市漳浦县佛昙镇轧内村鉴湖	宜兰县宜兰市进士里陈氏鉴湖堂	陈
赵家堡	漳州市漳浦县湖西镇赵家城村	桃园县大溪镇仁善里松树赵家堡	赵
大坑	漳州市漳浦县佛昙镇大坑村	宜兰县头城镇大坑里大坑罟、宜兰县苏澳镇存仁里大坑罟	陈
云霄	漳州市云霄县莆美镇阳霞村	台南市北区玉皇里云霄街	方
云霄	漳州市云霄县	嘉义市东区云霄厝（林森里、中山里、内安里）	
新田	漳州市云霄县曲溪乡新田村	新北市新田四村	吴
粗溪	漳州市云霄县马铺乡粗溪村	嘉义县水上乡粗溪村	赖
和平	漳州市云霄县和平乡	台中县和平乡	
御史	漳州市云霄县马山村御史岭	南投县草屯镇御史里	洪
平和	漳州市云霄县(平和县)马铺乡何地	嘉义县民雄乡平和里	何
太平	漳州市诏安县太平镇太平村	云林县斗六市太平里	沈
诏安	漳州市诏安县	台北市中山区民安里诏安厝	

续表

名称	闽南地区	台湾地区	姓氏
诏安	漳州市诏安县	台北市中正区诏安街	
诏安	漳州市诏安县	彰化县和美镇诏安厝	李
诏安	漳州市诏安县	彰化县鹿港镇诏安里	
诏安	漳州市诏安县太平镇文山村	云林县西螺镇诏安里	程
诏安	漳州市诏安县四都镇盐仓村	嘉义县梅山乡安靖村诏安寮	翁
诏安	漳州市诏安县	南投县竹山镇鲤鱼里照安寮	
诏安	漳州市诏安县秀篆镇	宜兰县冬山乡安平村诏安城	游
白叶	漳州市诏安县太平镇白叶村	宜兰县礁溪乡龙潭村白叶陈城	陈
岭尾	漳州市诏安县霞葛镇南陂村岭尾	嘉义县竹崎乡白杞村岭尾	林

资料来源：福建省炎黄文化研究会.闽台文化大辞典[M].北京：商务印书馆,2018.

第二节 从"粿""茶配"等词语窥探饮食文化

闽南饮食的命名，吸纳了闽南方言的特性，有强烈的地域色彩，反映了闽南人的饮食文化心理、审美情趣标准和健康理念。饮食文化是闽南社会文化的重要组成部分。

粿[ge³]。就是年糕，一种米制品。它是闽南地区比较有代表性的食品。"粿"这个词，普通话不用，只用"年糕"这个词。年糕一般用糯米做成，甜的。闽南地区的"粿"既有甜的，也有咸的。甜年糕用糯米做，咸年糕一般用粳米做。"粿"这个基本词派生出许多相关的词语，如粿床（蒸年糕用的大蒸笼）、粿粞[cue⁵]（米磨成浆后挤出水分后的东西）、粿条（用米浆煮成的薄片状食物，有的可切成条状）、啵[po⁵]粿、糕粿、芋粿、发粿、白粿、麦粿、水粿、甜粿、咸粿、粉粿、米烧粿、菜头粿、金瓜粿、油葱粿、碗糕粿、豆包仔粿、乌糖甜粿、白糖甜粿等等。

还有虽然不用"粿"命名的食品,如煎枣[ziN^5zo^3]、龟[gu^1]、圆[iN^2](汤圆)等,也要用糯米磨浆压干成"粞",包馅做成。制作上述食品都有一套完整的手艺和技巧,这是闽南地区人们经过长期的摸索和实践总结创造出来的。

"粿"成为闽南地区有代表性的食品,是因为闽南地区的农作物生产跟中国南方许多地区一样以稻米为主,稻米在粮食中占主导地位。为了使稻米的饮食花样和内容丰富多彩,闽南地区的百姓就在"米"字上下功夫,发挥聪明才智,创制出许多食品,"粿"是其中的一种。米是闽南人的主粮,除了做成通常所说的"饭"(多指白米饭)和"糜[bbe^2]"(稀饭)外,还可做"咸饭",这一来花样就多了,有"番薯饭""菜头饭""芋饭""高丽(包)菜饭""芥菜饭""金瓜饭""秫米饭""红豆饭""菜豆饭""八宝饭"。"糜"同样,除了"白糜",还有"咸糜",根据配料的不同,可做出"番薯糜""芋糜""鱼糜""蚝仔糜""高丽(包)菜糜""秫米糜"……"米"可加工制成"米粉""粉条""米糕""绿豆糕""红豆糕""茯苓糕""雪片糕""桔红糕""糕仔"……大笼甜粿传统制作技艺已列入福建省省级非物质文化遗产代表性项目名录。

闽南各地有名的小吃(包括糕饼)有数百种,仅厦门一地就两百多种。

涂笋冻[$too^2sun^3dang^5$]。色香味俱佳的闽南特色传统风味小吃,主原料是生于海滩涂中的可口革囊星虫,身长两三寸,属于星虫动物门。经过熬煮,虫体所含胶质溶入水中,冷却后即凝结成块状,富含胶质,味美甘鲜。要配上好酱油、陈醋、蒜蓉等。闽南土笋冻制作技艺(海沧)、闽南土笋冻制作技艺(龙海)已列入福建省省级非物质文化遗产代表性项目名录。

馅饼[aN⁶biaN³]。以面粉、猪油、馅料及冰糖为主要原料，按照工艺和配方精工细作而成饼类食品。饼皮香酥油润，饼馅冰凉清甜。馅饼外观小巧玲珑，色泽金黄，皮酥味香，馅甜而适口，令人有冰凉爽喉、食而不腻之感。南普陀素饼手工制作技艺、鼓浪屿馅饼手工制作技艺、漳州白皮饼制作技艺已列入福建省省级非物质文化遗产代表性项目名录。

薄饼[boh⁸biaN³]。泉州人叫"润饼[lun³biaN³]"，是闽南传统名点。各地做法略有不同。厦门薄饼以高丽（包）菜、胡萝卜、五花肉、香菇、虾仁、海蛎、豌豆苗、豆干、青蒜、芹菜、冬笋、干海苔等为主要食材，经煮熟后配以辣椒酱、花生酥、香菜、芥末酱等配料，用春卷皮包裹成圆筒状。薄饼柔软滑润，味美而不腻，风味独特。薄饼制作技艺（厦门同安）已列入福建省省级非物质文化遗产代表性项目名录。

烧肉粽[sio¹bbah⁷zang⁵]。闽南特有的传统美食。以香菇、虾米、芋头粒、栗子、猪肉（或鸡肉）、糯米等为原料。制作时先把糯米浸泡后晾干，拌上卤汤、葱头油，放在锅里炒得又干又松，再与红烧猪肉、生栗子搅拌均匀，用竹叶包好煮熟。肉粽要趁热食用，吃时配上沙茶酱、蒜蓉、红辣酱等调料，美味可口。

蠔仔煎[o²a³zian¹]。"蠔"俗称海蛎子，是闽南地区的一种海鲜。蠔仔煎要选用珠蚝（颗粒小如珠子般的海蛎子），要选未用水浸泡过的蚝肉，这样才不失甘鲜。其他原料常用青蒜，切成蒜段，并准备上等的番薯粉筛过备用。烹制方法是，将蚝肉、番薯粉、蒜段和在一起加水搅拌均匀，加入适量酱油，可在平底锅中煎制。一般要用猪油煎制，如用花生油，则要先热过。佐料上锅前要先随手搅拌，避免番薯粉沉淀。注意将两面煎至酥脆，里熟边透。品尝时可蘸闽南特有的甜辣酱，更加美味可口。

炒米粉[ca³bbi³hun³]。闽南地区大众喜爱的风味小吃，在东南亚市场也享有很高的声誉。主料是米粉,配以高丽(包)菜、胡萝卜等蔬菜和肉、虾或虾仁炒制而成。与其一样富有特色的是主料同为米制品的"炒粿条[ca³ge³diao²]",佐料并不复杂,但口感奥,带油香饭风味,诱人脾胃。

沙茶(爹)面[sa¹de²mi⁶]。"沙茶(爹)"原是印度尼西亚、马来西亚、新加坡的烤肉,将羊肉、鸡肉、牛肉或猪肉,切成一小块串在竹签上,放在开放式的炭烤架上烘烤,蘸上由花生酱、椰酱、幼虾仔调制而成的沙茶(爹)酱,味道香醇无比。"沙茶(爹)"引进闽南地区后,经历代厨师琢磨,改用国内的香料,制成辛辣香咸、具有开胃消食功效的辣酱调味品。闽南地区的"沙茶(爹)面",主料选用"栀仔面[giN¹iaN³mi⁶]"(也叫油面)及虾、肉等各种食料。先将沙茶(爹)辣酱倒入牛肉汤或骨汤的锅中,做成汤头,再倒进栀仔[giN¹iaN³]面,放上已煮熟的虾、肉等各种食料。

厦门虾面[e⁶mng²he²mi⁶]。味道鲜美、令人难忘的美食。厦门虾面的主料是虾与面(最好是油面),妙处却不在虾,也不在面,而在汤。制作虾面,先把虾去壳煮熟,捞起虾仁,再用这汤熬煮虾壳。熬了第一遍的汤后,把虾壳过滤出来捣碎,掺上冰糖再熬。然后和上熬过的猪骨头汤,撒上葱花、蒜末,作为虾面的汤头。要吃的时候,把面搅熟,捞在碗中,放上几只熟的虾仁和几片猪肉,加上一小匙葱头油和一些蒜泥,再舀进熬好的虾汤,撒上胡椒。

漳州卤面[ziang¹ziu¹loo³mi⁶]。色香味俱全的美食,据说已有一千多年的历史。漳州卤面的材料,除了面条外,还有肉丝、笋丝、蛋丝、香菇、鱿鱼、虾干、黄花菜等。将这些食材放在热锅里炒熟后,加上猪骨汤煮开,然后放入适量的味精、白糖、精盐和番薯粉等,调成卤料。要吃的时候,在已捞熟的面条上放些韭菜、豆芽,浇上卤料,再撒上胡椒粉、油炸蒜丁、油炸鳊鱼丝、香菜等佐料。

泉州上元圆[zuan² ziu¹ siong⁶ gguan² iN²]。"上元圆"就是"元宵圆"。关键是做好汤圆里面的馅。首先备好花生、芝麻、冬瓜糖、少许橘皮、红糖、白糖等食料,把这些食料按比例搭配好进行搅拌,搅拌好了以后,加猪油、葱头油,然后捏成小丸子。先接好一碗水,准备好一个能让汤圆在里面滚动的圆盆和漏勺以及糯米粉。让馅沾上糯米粉并滚动。少滚两遍糯米粉的小丸子,皮较薄;多滚两遍糯米粉的小丸子,皮就较厚一点。接下来,将滚好馅的丸子放在漏勺里泡一下水,倒到开水锅里滚一下,就可吃上味美香甜的"泉州上元圆"了。这道美食好吃的程度,有泉州民谣为证:

泉州上元圆,[zuaN² ziu¹ siong⁶ gguan² iN²],
贮甲满碗墘,[due³ gah⁷ nua³ uaN³ giN²],
愈食愈芳甜,[lu³ ziah⁸ lu³ pang¹ diN¹],
真紧就消食,[zin¹ gin³ ziu⁶ siao¹ sit⁸],
食了佫再添,[ziah⁸ liao³ goh⁷ zai⁵ tiN¹],
管伊着偌钱,[guan³ i¹ dioh⁸ lua⁶ ziN²],
食少歹过暝,[ziah⁸ zio³ pai³ ge⁵ mi²].

意译:

元宵汤圆盛满碗,越吃觉得越香甜。
很快吃完就消化,再添一碗莫迟延。
管它要卖多少钱,不吃晚上难入眠。

闽南地区的地形以山地、丘陵为主,临大片海洋,号称半边山地半边海。气候温暖湿润,属亚热带海洋性季风气候,陆生海生的动、植物非常多。既有各色各样的山货,又有取之不尽的海产。特别是多样而丰富的水产品,为闽南地区饮食提供了丰富的食材。经过创造性的辛勤劳动和精巧的厨艺操作,厨师们烹饪出色香味俱全的佳肴,所以获得"食在闽南"的誉称。闽南人平日在吃的方面节俭而随便,但逢过年过节或婚庆喜事总会隆重操办,亲戚朋友迎来送往也讲究请客吃饭。宴席上一般都要有十二道菜,有时甚至要出十八道菜,首尾各要一道甜点,叫作"头尾甜富上天",以示有始有终,富贵甜美。

闽南菜流行地域包括福建省的泉州、厦门、漳州和莆田等地,与台湾地区、潮汕地区、港澳地区以及东南亚地区的菜肴也有重要的渊源关系。清鲜香脆,口味清淡,酸甜合宜,注重汤料,中西合璧,变化无穷,是闽南菜的特色。以厦门为例,经典菜肴有竹荪文蛤汤、清蒸桂花鱼、橙汁加力鱼、滋补乌鳗鱼、盐镇黄花鱼、同安封肉、古法羊肉煲、香酥芋泥鸭、灌口姜母鸭、金丝银汁烩沙虫、油火焗红蚵、糖醋肉、闽南醉鹅、四物番鸭汤、沙茶焖三宝、当归牛排、老厦门烧酒螺等等。

闽南菜的烹调技法多样,包括选料、用刀、配搭的调料以及在炸、炒、煮、炖、焖、煎、卤、烧、烰[bu^2]、淋、蒸等时火候的掌握。下面具体介绍闽南四十余种烹调技艺方法的词语,它是闽南饮食文化的重要的组成部分。其中,素菜制作技艺(厦门南普陀)已列入福建省省级非物质文化遗产代表性项目名录。

煮[zu^3]。煮饭、煮糜、煮菜、煮肉、煮鱼。

燃[$hiaN^2$]。燃滚水、燃茶、燃药。

煎[$zuaN^1$]。煎茶、煎药。

煎[$zian^1$]。煎粿、煎鱼、煎豆腐。

煎[ziN^5]。煎豆干。

烰[bu^2]。烰番薯。

烧[sio¹]。烧鱼、烧肉、烧鸡、烧鸭、红烧鱼、红烧肉。

炒[ca³]。炒菜、炒饭。

卤[loo³]。卤肉、卤鱼、卤咸、卤料。

爆[bok⁷]。爆肉油。

馏[liu⁶]。馏粿。

冲[cing⁵]。冲饭、冲芋、冲番薯。

捞[hoo²]。捞饭、捞面。

泡[pao⁵]。泡面。

谴[kian⁵]。谴葱头油。

浮[pu⁶]。浮圆仔。

焖[bun⁶]。焖饭。

翕[hip⁷]。翕饭。

汩[kuh⁸]。汩糜。

焄[gun²]。焄肉骨、焄涂豆。

炕[dim⁶]。炕鸡、炕鸭。

炕[kong⁵]。炕猪脚、炕薄饼菜。

封[hong¹]。封肉。

煠[sah⁸]。煠水饺、煠面线、煠番薯。

炊[ce¹]。炊饭、炊粿、炊鱼。

淋[lam¹]。淋蚶、淋卤汁。

烫[tng⁵]。烫菜、烫蚶、烫火锅。

煏[biak⁷]。煏豆干、煏豆仔。

烘[hang¹]。烘饼。

拌[buaN⁶]。拌面、拌凉菜。

煅[tng⁶]。煅菜、煅糜[bbe²]。

熏[hun¹]。熏肉。

窝[o¹]。窝肉。

揳[seh⁸]。揳面。
挠[la⁶]。挠蚶。
趨[cik⁸]。趨面。
牵[kan¹]。牵羹。
磅[bong⁶]。磅米芳。
科[ko¹]。科鱼。
熬[ngao⁶]。熬肉汤。
拭[cit⁷]。拭薄饼皮。

饮食文化应包括吃喝两个方面。上面主要介绍吃的,下面要介绍喝的。闽南人除喝酒外,在喝的方面最普遍且最富有特色的就是喝茶,闽南话有"啉茶"[lim¹ de²]、"食茶"[ziah⁸ de²]、"泡茶[pao⁵ de²]"等说法。

闽南盛产茶。在中国十大名茶中,闽南安溪铁观音占据其中一席。茶在闽南人的饮食生活中是不可或缺的重要内容。闽南人绝大多数都爱"啉[lim¹]茶",以茶会友、交心,以茶叙事、论道,这是闽南独特的茶风艺术和文化精神生活。茶叶叫"茶箬[de² hioh⁸]",制成粒装的茶叶叫"茶米[de² bbi³]",闽南人饮茶叫"食茶[ziah⁸ de²]",冲泡后的茶叶叫"茶粕[de² poh⁸]"。其中,"功夫[gang¹ hu¹]茶"具有独特的文化内容。首先是功夫茶的整套茶具,一般包括一个泡茶用的带盖子的杯子,叫"翕瓯[hip⁷ ao¹]";喝茶用的小杯叫"(茶)瓯仔[ao¹ a³]",有八个;还有用于摆放杯子的茶座,有储水功能,供倾倒凉茶或冲洗茶具的水。此外,还有冲洗杯子用的夹子、舀茶叶的勺子……泡"功夫茶",第一遍茶用来再次冲洗杯子,第二遍才饮用。如四五人饮茶,则一遍茶就可分完,主人需不停地加水泡茶,帮客人添茶,客人受茶通常会用手在桌上点两下以答谢主人添茶之情。此外,品茶还有关公巡城、韩信点兵、点点滴滴、周而复始等规矩。敤

[tin²]茶讲究以八分满为宜。饮者还要先观其色,闻其香,再轻轻啜上一小口,就会顿觉满口生香,余味深长。另外,闽南人饮茶有时还要有"茶配[de²pe⁵]",尤其是喝功夫茶。所谓茶配,就是花生糕、贡糖(白水贡糖制作技艺已列入福建省省级非物质文化遗产代表性项目名录)等甜食。啜茶时吃点甜食,可对所饮茶特别是浓茶起中和作用,以防止茶浓度高或饮用过量而导致"茶醉"。乌龙茶制作技艺(铁观音制作技艺)、红茶制作技艺(涂岭红茶制作技艺、正山小种红茶制作技艺)、漳州传统乌龙茶精制工艺、乌龙茶制作技艺(云霄)等已列入福建省省级非物质文化遗产代表性项目名录。

第三节 从"土楼""红砖大厝""番仔楼"等词语探究建筑文化

闽南建筑既保存和展现建筑文化的优良传统,又体现闽南人根据地理历史条件进行的创造性劳动,具有闽南地区独特理念和风格。其中有代表民居的土楼、红砖大厝、番仔楼,代表城堡的崇武古城,代表桥梁的洛阳桥、安平桥,以及泉州文庙、漳州文庙和厦门南普陀寺等建筑,这些建筑有一大部分已成为文保对象。

土楼[too³lao²]。采用夯土墙和木梁柱共同承重的多层而巨型的居住建筑。闽南土楼高一般为三至五层。根据大小,可居住两百到七百人左右。闽南土楼主要分布在漳州地区的南靖、华安、平和、诏安、漳浦和龙海等地,厦门地区的同安,泉州地区的德化、永春、安溪等地。闽南有近两千七百座土楼,其中南靖县拥有一千七百多座。南靖县的田螺坑土楼、河坑土楼、怀远楼与和贵楼,以及华安县大地土楼群已成为世界文化遗产。据记载,齐云楼建于明洪武四年(1371年),位于华安沙建镇岱山村,是闽南最早的土楼。夯土墙是土楼建筑技艺的核心。有人推测是唐初陈元光入闽平定"闽獠之乱"时带来中原早已成熟的夯土筑墙技术。华安仙都镇大地村二宜楼是福建土楼的典范,最具韵味、文化内涵和生活气息,素有"民居瑰宝""土楼之王"美誉。这座土楼建于清乾隆五年(1740年),是单元式圆楼,坐东南而朝西北。它占地十亩,直径七十四米,大楼外环高四层,高十六米,内环一层,外墙厚达两米五。全楼五十二开间,门楼和祖堂占四间,余四十八开间均匀、平等地分成十二个单元,其中除一个三开间和一个五开间外,均为四开间单元。一至三楼均不开窗,四楼只开小窗洞。二、三楼为卧室。圆拱形大门用花岗岩条石砌筑,设双层门板,内层铆上铁板,门后有双闩,门顶有泄水漏沙装置,可防火攻。四楼是客厅、书房和自家祖堂。四楼的泥墙与板壁之间有全楼贯通的"隐通廊",廊道与各户之间开门相通,设观察、射击窗及枪眼。一发现敌情,各家各户可随时开门进入通廊把守窗洞,进行防御或还击。外环楼内圈,挑出的檐廊方便晾晒。每个单元外墙均设有"传声洞",便于与楼外传声说话。土楼里保留的壁画和彩绘,是民居装饰的瑰宝。二宜楼建筑格局上这种"一统世界无贵贱,平分空间无大小"的做法,有利于家族内部的团结,发挥着凝聚、制约和导向功能。土楼虽然庞大,却冬暖夏凉,并能抗风抗震,让人住得安稳舒适。南靖县的和贵楼虽不是闽南最大的土楼,却是福建境内最高的。闽南大厝有民居、祠堂、宫庙三个类别。这三种不同功能的闽南大厝结构布局基本相同,标准的格局为两进两落或三进三落、左右护厝。只是民居正落,中间厅两边房,其双伸手为厢房,祠堂和宫庙正落则打通为大厅,双伸手为庑廊。外形上,宫庙门廊多设有龙柱,屋脊的装饰多有色彩鲜艳的剪粘龙凤、人物、神仙,踏寿的装饰也更加精美。闽南百姓的传统生活,离不开境主宫和宗祠,它们使闽南大厝的样式丰富多彩。闽南大厝的建筑样式,使其与海外的红砖建筑有鲜明的文化区别。

红砖大厝[ang² zng¹ dua⁶ cu⁵]。闽南大厝有民居、祠堂、宫庙三个类别,这三种不同功能的闽南大厝结构布局基本相同。传统的民居,最常见的是"三间起"或"五间起"。"三间起"就是三开间,中间为厅,两侧为卧房,俗称"正身"。如有需要,也可在"正身"两旁各增建较正厅稍低的房,成为五开间。这种一字排开的建筑,称"一条龙",也叫"丁排厝"。"一条龙"向前加盖左右护龙,可用作仓库和厨房,中间空地作庭院,前边砌院墙、门,就成为三合院式的闽南大厝最基本的形态。祠堂和宫庙正落则打通为大厅,双伸手为庑廊。外形上,宫庙门廊多设有龙柱,屋脊上多有色彩鲜艳的剪粘,以龙凤、人物、神仙为主,踏寿的装饰十分精美。由于闽南有高品质的红土,可烧制出色彩鲜艳、不易褪色、牢固美观的红砖、红瓦,所以许多闽南大厝就用红砖、红瓦做建材,使用在民居建筑上,即闽南红砖大厝。闽南红砖大厝主要分布于厦门、漳州、泉州、台湾等地。这种大厝屋脊,分鼎盖脊和花窗脊两种。鼎盖脊是用瓦片叠成脊,上面再加上一道瓦当;花窗脊是在整条瓦片堆砌有五颜六色的小花格,花格上面再加瓦片,上压瓦当,然后用灰浆把瓦片和瓦当包裹起来。屋脊的两端,用灰浆和瓦片逐渐加高,向上伸出厝角,做成"鸱尾"状来装饰厝角,民间多称为"燕尾",据说可辟邪。有的还在屋脊的两端安装上一对辟火兽。护厝和少数正身的屋脊则做成马背(马鞍形)。如果大厝用作祖厝或寺庙,屋顶的装饰就有各种剪粘,显得更加豪华。厦门海沧莲塘别墅漂亮、大方而雅致的民居院落、家庙、学堂、花园和戏台,还有新垵村邱新样金碧辉煌的锦庆堂,集中体现了闽南工匠高水平的建筑技艺。泉州南安官桥蔡厝的红砖大厝群,彰显了闽南工匠高超娴熟的技艺,是中国民居建筑的瑰宝。

番仔楼[huan¹na³lao²]。"番仔"在闽南方言中指洋人。"番仔楼"就是洋楼或洋房,是中西合璧的闽南民居建筑。闽南地区较早就对外开放,与洋人来往不断,不少洋人来这里做生意,传教,还盖医院,办学校。他们和旅居海外的闽南籍华侨华人一样,带来西方民居建筑的设计图纸,引进红毛灰水泥、钢筋、花玻璃、水泥花砖等新型建筑材料,还借鉴闽南地区建筑的特色,建成一批集闽南传统古民居与外国或南洋建筑优点的番仔楼。由于设计师的想法各异,这些番仔楼中的石雕、砖雕、彩画、拼砖、灰塑等各显异彩,让人惊叹,着实是闽南建筑的瑰宝。有人统计,弹丸之地鼓浪屿就有近千座番仔楼。其中,位于鼓浪屿福建路的海天堂构始建于1921年,是中西方建筑文化结合的典范之作。位于鼓浪屿泉州路的黄赐敏别墅,建于1922年,因楼顶分立两个橙黄泛金的金瓜,所以又叫"金瓜楼"。整座别墅的楼体装饰细腻而富有个性,全部梁、柱、檐、板、角、楣都雕饰花鸟虫鱼,十分有生气。它与中国传统建筑理念结合以后,欧风与乡土文化融合得更加和谐。

崇武古城[ziong²bbu³goo³siaN²]。坐落在泉州市惠安县东南濒海的崇武半岛。因地势险要,被称为"孤城三面鱼龙窟,大岞双峰虎豹关"。明洪武二十年(1387年),江夏侯周德兴经略海防时为抗击倭患所建,是我国现存最完整的丁字形石砌古城。古城周长2 467米,高7米,有1 304个碟垛(城上的矮墙)、1 300个箭窗、26座窝铺、4座城门,东、西、北三面有月城(围绕在城门外的半圆形小城),上面有烽火台、瞭望台和安放大炮的台子,城墙内还有二或三层跑马道。城内十字大街连接着四座城门,城门边还有水井、潭和通往城外的涵沟,另有校场、铁局、船厂、仓库、公署、军营,一应俱全,是一套完整的军事防御工程体系。

洛阳桥[loh⁸ iuN² gio²]。又叫万安桥,位于泉州鲤城区东北的洛阳江上,是古代桥梁建筑的杰作。宋皇祐五年(1053年)兴建,嘉祐四年(1059年)建成,历时六年。初建时桥长三百六十丈,宽一丈五尺,有"一石、一坊、二镇风、三城、四介士、五井、六朝、七亭、八景、九塔、二十八兽、四十六墩、八十一菩萨、三百六十丈、五百栏杆"之风貌。经历代修建,今桥长八百三十四米,宽七米,有桥墩四十六座,全部用巨大石块砌成。洛阳桥结构坚固,造型美观,桥上两旁,翼以扶栏,上挂栏杆时,雕镂精美石狮,七亭九塔,仍然点缀其间,武士石像位于两端。桥的建法采用新型方法,即在江底随桥的中线铺满大石头,筑起一条二十多米宽、二里长的水下长堤。然后在石堤上用条石横直垒砌桥墩,成为现代桥梁工程中"筏形基础"的先驱。这种技术,直到十九世纪,欧洲人才开始采用。为了使桥墩更为牢固,还巧妙地利用"蛎房"来联结胶固石块。这种用生物加固桥梁的方法,古今中外,绝无仅有。该桥是举世闻名的梁式海港巨型石桥,为国家重点文物保护单位。它展现了闽南劳动人民的高度智慧和极高的桥梁工程技艺水平。

安平桥[an¹ bing² gio²]。位于晋江市安海镇与南安市水头镇交界的海湾上,俗称"五里桥"。安平桥始建于南宋绍兴八年(1138年),历时十四年,于绍兴二十二年(1152年)告成。后曾多次重修。该桥是中古时世界上最长的梁式石桥,全桥长2 255米,桥墩361个,享有"天下无桥长此桥"美誉。造桥所用材料全是闽南产的花岗岩条石。桥墩采用"卧木沉基法",以加强墩体的稳固性。由于港湾内水流有缓有急,所以采用长形墩、单边船形墩和双边船形墩三种不同形式的墩体,减轻潮水对墩体的直接冲击。该桥是我国现存最长的海港大石桥,显示了古代劳动人民的聪明才智和桥梁建造高超技艺。关于这座大桥的建造,还有许多传奇性的故事。目前它是全国重点文物保护单位。

泉州府文庙[zuan² ziu¹ hu³ bbun² bbio⁶]。位于泉州市鲤城区百源川池畔,又名府学,唐开元末年始建,宋太平兴国初移建今址。该庙气势宏大,布局匀称,造型独特,建筑优美,文化内涵丰厚,为江南较大的文庙建筑群,建筑风格在全国现存孔庙中罕见。主体建筑大成殿为典型的宋代重檐庑殿式结构。殿身为斗拱抬梁式结构,整座大殿用四十八根白石柱承托,有石雕盘龙檐柱八根。大成殿正中有孔子像,梁上悬挂有清康熙帝御书"万世师表"。大成殿东为崇圣殿、名宦祠、明伦堂。庙内宋太守题诗的夫子泉井等诸多文物保存完好。这些建筑物构成完整的文庙建筑群。

漳州文庙[ziang¹ ziu¹ bbun² bbio⁶]。位于漳州市芗城区修文西路。北宋庆历四年(1044年)建,政和二年(1112年)移于州左,南宋绍兴九年(1139年)复故址。明清与民国时期,屡有修葺。历史上,朱熹、郑成功、黄道周都曾到此庙祭祀孔子。南宋建炎年间,孔子后裔避兵入漳,居住于此,其子孙世代相传住于庙内直至明正德年间(1506—1521年)。文庙坐北朝南,占地约15 000平方米,总建筑面积2 600平方米。原有古代建筑物,如明伦堂、泮池、棂星门等已毁,现大门以内中轴线上依次为戟门、丹墀、月台、大成殿,两旁为东西两庑及敬一亭等。戟门面阔九间,进深二间。东西两庑面阔各八间,进深各二间。大成殿建筑结构较完整地保留闽南古代木结构建筑特点,融入北方建筑风格。构架前檐六根廊柱为浮雕石蟠龙柱,鼓形石柱础。其檐柱及金柱皆为花岗石圆柱,覆盆式柱础。前廊东西梢间及后檐均用三步梁承托下檐屋面,前后老檐柱与金柱间施三步廊,内金柱间置七架梁,天花板上草架均为穿斗式。两山金柱、脊中柱柱脚均落在上檐东西面柱头科齐心斗上,柱两侧开榫与柱头枋相连,继承早期"插柱造"做法。屋面椽条上铺望砖,筒瓦、板瓦、正脊、垂脊、围脊、戗脊为砖瓦混砌,石灰砂浆面层,各脊侧面雕塑花鸟、卷草等装饰,正脊两端为燕尾状。该文庙是漳州城内最大的古建筑群,也是国家级重点文物。

南普陀寺[lam² poo³ do² si⁶]。位于厦门市区五老峰南麓。唐末始建,当时称为泗洲寺。南普陀寺坐北朝南,依山面海而建,规模宏大,气势庄严,中轴线主建筑为天王殿、大雄宝殿、大悲殿、藏经阁等。其中,天王殿位于寺院中轴线的最前端前殿正中,供奉笑容可掬的弥勒佛,两侧立有怒目环视的四大天王,殿后有韦陀菩萨覆掌按杵而立,威武异常。殿阁依山层层升高,层次分明,俯仰相应。东西两侧依次升高的回廊,回护三殿两侧,使之成为整体。大雄宝殿是整个寺院的中心,具有典型的闽南佛殿的特点,大殿正中供奉三世尊佛高大的塑像,殿后供奉西方三圣。大悲殿呈八角形三重飞檐,中间藻井由斗拱层层迭架而成,无一根铁钉,构造极其精巧;殿内正中奉祀观音菩萨,其余各面为四十八臂观音,造型优美,姿态多样;又因闽南信众均崇奉观音菩萨,所以此殿香火异常鼎盛。天王殿前有广场,广场长宽均约三十米,有一正方形的放生池与约百米长、七八十米宽的莲花池。寺内所有建筑,一律采用古代宫殿式的重檐飞脊大屋盖,饰以杏黄琉瓦,使之统一协调;再以石构围墙将全寺建筑群环抱起来,如散珠承盘,形成整体。藏经阁是中轴线上的最高层建筑,为歇山重檐式双层楼阁。一层为法堂,是僧人讲经说法的地方,二层为玉佛殿,内供二十八尊缅甸玉佛,藏有数万卷古今中外的佛典经书及一些珍贵的文物。二十世纪二十年代以来,南普陀寺一度成为海内外佛教交流的中心。中国知名的一代高僧太虚、弘一、虚云、圆瑛诸大师,均曾来寺传经弘教;中国各地知名法师,如常惺、大醒、芝峰、蕙庭等相继来闽南佛学院担任教席;此外有来自全国十多个省市的学僧来院就学。

开元寺[kai¹ gguan² si⁶]。位于泉州市鲤城区西街。闽南著名的千年古刹,福建省规模最大的佛寺。该寺具有独特的布局、宏大庄严巧妙的建筑、珍贵的文物、优美的艺术表现,是我国东南沿海重要的文物古迹。寺于唐垂拱二年(686年)开建,原名莲花寺,后改名为兴教寺、龙兴寺。唐开元二十六年(738年),唐玄宗诏天下诸州各建一寺,以年号为名,遂改今名。该寺占地近八万平方米,现存仅为原来的十分之一二。在宋、元鼎盛时期有寺院一百二十所,僧侣达千人。寺的布局为中轴线自紫云屏、天王殿、拜亭、东西两廊、大雄宝殿、甘露戒坛至藏经阁(内收珍贵文物),东翼有檀越祠、本生院、泉州佛教博物馆(弘一法师纪念馆),西翼有安养院和水陆寺。宋代建的东西两座石塔举国无双。大雄宝殿梁槽间的二十四尊飞天乐伎,在国内古建筑中罕见。殿前月台须弥座的七十二幅狮身人面青石浮雕,殿后廊的两根古婆罗门教青石柱,都是明代修殿时从已毁的元代古印度教寺移来,成为中外文化友好交流的历史见证。大殿内用近一百根海棠式巨型石柱支撑殿堂,俗称百柱殿。殿内供奉的五方佛像,法相庄严,是汉地少有的密宗轨制。大雄宝殿之后的甘露戒坛,系全国现存三大戒坛之一,坛之四周有立柱斗拱和铺作间的二十四尊木雕飞天。

南山寺[lam² san¹ si⁶]。位于漳州芗城区九龙江南畔的丹霞山麓。原名报劬崇福禅寺,为唐开元年间(713—741年)太子太傅陈邕所建,至明朝改称南山寺,是闻名海内外的有一千二百多年历史的佛教大寺院。南山寺规模宏大,主要由大雄宝殿和其他寺院组成,都具有各自的建筑风格。寺存有丰富历史文物和大量诗文楹联。大雄宝殿后面高坡上的右端是藏经阁,内珍藏六十橱经文,其中的《华严经》,相传是明天启年间(1621年—1627年)寺僧融(一说雄)和莲山及尼姑莲三人用三年时间刺血合写而成,笔法端秀,字迹显出金黄色,共八十一卷,是无价之宝。可惜在"文革"时受破坏,仅存残页。阁中还供奉一尊白石佛,是用纯白色大理石雕琢而成,高六尺,重四千公斤。因光洁如玉,被称为玉佛。据查是清光绪三十年(1904年)住持僧妙莲法师从缅甸募化而来。这种白石佛全国只有三尊,一在北京团城(一说围城),一在上海玉佛寺。高坡上的左端是陈太傅祠,据传是当年陈邕故居,后人改建为祠,供奉陈太傅塑像,后像被毁。该寺是国家文物重要保护单位,也是海外许多侨胞和港澳台同胞回乡探亲时必来朝拜的闽南寺庙。

嘉庚风格建筑[ga¹gin¹hong¹geh⁷gian⁵diok⁷]是近代爱国华侨陈嘉庚先生主持集美学村、厦门大学建设期间创造出来的中西合璧、古今相融的建筑群。它体现了陈嘉庚先生的建筑思想、审美情趣和对建筑材料、建筑结构、建筑技艺的独特运用能力。

综上所述,闽南建筑,不论是石构、木构或者土构,不仅在造型和布局上体现结构之美,而且包含建房习俗、居住习俗和民间信仰习俗的内容,还汇集石雕、木雕、剪粘、烧瓷、砖雕、彩绘等闽南民间工艺,成为闽南民间艺术集大成的代表。

第四节 从"郊""侨批"等词语看商贸文化

宋元泉州刺桐港兴起后开辟出来的海上丝绸之路,宣示着闽南地区商贸文化历史的源远流长。这里选择"郊"和"侨批"这两个别具特点的商贸文化词语来考察其文化内涵。

郊[gao¹]。在闽南方言里,"郊"这个词并不指古代国都外百里以内的地区,也不是现代所指城市或县城周围的地区如城郊,而是商贸活动中商会组织或贸易集团的专有名词。商会组织根据所在地点的不同,可在"郊"字前冠该组织所处的地区,如在北方地区的"北郊",在南方地区的"南郊",在厦门、泉州、漳州、台湾地区可分别叫"厦郊""泉郊""漳郊""台郊";也可按所经营的商品冠名,如"米郊""茶郊""糖郊""油郊""布郊""鼎郊""杉郊""鱼郊""药材郊""瓷仔郊"。总之,其性质、意义、组织与古代行会相似,是"业缘的同业组织"。郊经营的多是大笔的买卖,相当于我们今日的批发行。这个"郊",也可叫"郊行[gao¹hang²]"、"行郊[hang²gao¹]"或"郊商"。"郊"的起源,有人说是闽台海上贸易。在清代康熙年间(1662年—1722年),台南已有三大郊,即北郊、南郊、糖郊。北郊中有二十多个商号,以苏万利为首,配运上海、宁波、天津、烟台、牛庄等处货物;南郊中有二十余处商号,以金永顺为首,配运于金门、厦门、漳州、泉州、香港、汕头等处货物;糖郊中有五十余处商号,以李胜兴为首,亦兼贸米。台南除了有这三个巨商大郊外,还有许多小郊。清代周凯编纂《厦门志》所记载的"台运""放洋",就是清朝统一国家后的闽台海上运输。台湾有的学者认为"郊"就是"商战集团"。伟雄《清朝与民国初年闽南郊商遗迹寻访——兼议厦门"行郊"的来龙去脉与兴衰》一文认为,"台运"与"放洋"历史的记录与台湾行郊历史开始在时间上基本吻合,可以说厦门就是闽南行郊的发源地之一。闽台"郊商"在清朝至民国初鼎盛,不仅郊行遍布闽台各地,所做的货物生意几乎应有尽有,范围遍及闽台两地,也远至天津、广州、香港等地甚至到南洋。"郊行"还有自己的法规、制度。今天,虽然"郊"已被商行、贸易集团、批发商取代,但其做法和经验对闽南商贸文化还有特殊的影响,其在闽南地区老人的记忆中仍磨灭不掉。"郊"成为闽南商贸文化的特殊标志。

闽南地区自宋元起商贸活动就很活跃。长期的历史及在商贸实践中积累的经验,使闽南商贸文化具有重商务实逐利的精神、家族经营爱打"侨牌"的经营特点、冒险进取爱拼爱赢的风格、开放兼容注重仁义的气质。这些地域特色非常鲜明,我们可以从闽南方言有关商贸的俗语中得到启示。

买卖算分,相请无论
bbue^3 bbue^6 sng^1 hun^6,sio^1 ciaN^3 bbo^2 lun^6
(就是亲兄弟,做买卖时也要明算账,不苟私)

钱银若粪土,仁义值千金
ziN^2 ggun^2 na^3 bun^5 too^3,lin^6 ggi^6 dat^8 cian^1 gim^1
(赚钱固然重要,但要仗义疏财,乐于助人)

钱银人人爱,怀通乱乱来
ziN^2 ggun^2 lang^2 lang^2 ai^5,m^6 tang^1 luan^6 luan^6 lai^2
(钱币是人人都想赚取的,但要来路光明,不能以各种不正当的手段获得)

钱银用趁,怀通用抢
ziN^2 ggun^2 ing^6 tan^5,m^6 tang^1 ing^6 ciuN^3
(讲究商业道德,不能欺瞒拐骗,损人利己)

钱找人,财旺;人找钱,发狂
ziN^2 ce^6 lang^2,cai^2 ong^6,lang^2 ce^6 ziN^2,huat^7 gong^2
(要善于抓商机图利)

趁钱有数,性命着顾
tan⁵ ziN² iu³ soo⁵ , siN⁵ mia⁶ dioh⁸ goo⁵
(不因不顾一切赚钱而伤身毁命)

一千赊怀值八百现
zit⁸ cing¹ sia¹ m⁶ dat⁸ bueh⁷ bah⁷ hian⁶
(务实为本)

生理囝偳生
sing¹ li³ giaN³ oh⁷ siN¹
(做生意也是一门高深的学问,培养造就一个成功的商人也很不容易)

满面钱贯痕
mua³ bbin⁶ ziN² gng⁵ hun²
(不要因钱鬼迷心窍而失去良心和做人的根本)

趁一空,食到头毛白葱葱
tan⁵ zit⁸ kang¹ , ziah⁸ gah⁷ tao² mng² beh⁸ cang¹ cang¹
(抓住好的商机可一本万利)

侨批[giao² pue¹]。早期金融邮政机构尚未建立或极不完善,因此海外闽南籍侨胞捎回家乡的款项和信息,主要由"水客"或"客头"(旧指在海上做货物贩运买卖的行商,有的兼做为侨胞捎信和钱款给家乡故里亲人的事务)递送。人们称这样的款项和信件为"番批"或"银批",后改称"侨批"或"侨汇"。至清末,出现专门经营该项业务的"批郊",最著名者为福建漳州郭有品之

"天一批郊"。在侨批业鼎盛的一个多世纪中,批局始终将诚信作为立业之本,这也是每一个批脚遵守的职业操守。在清至民国中期一个多世纪中,侨批在其发祥地福建闽南、广东潮汕和海南等地侨乡非常盛行,侨批业及其从者以"诚以修身,信以立业"为信条,在实践中逐渐形成与完善一整套接送、中转和分发等制度和办法与职业操守,许多从业者不怕路途艰险,及时把钱款和信件送到客户手中,有的还帮助客户写信读信。至今,闽南、广东潮汕和海南等地的民间和有关部门保存着大量侨批。一封封侨批信,记录和承载着多少感人肺腑的乡愁、民俗和历史,它们是华侨移民史、创业史及广大侨胞对所在国和祖国经济社会发展所做贡献的历史真实见证,体现了广大侨胞"热爱祖国、情系故里、吃苦耐劳、勇于开拓、笃诚守信"的精神。侨批有深刻的文化内涵和历史文化价值,2013 年,"侨批档案"被列入联合国教科文组织"世界记忆名录"。

第五节　从"天公""妈祖""好兄弟"等词语看民间信仰

民间信仰指民众自发地对具有超自然力的精神体的信奉与尊重,从而产生一套对神灵、鬼魂、祖先、圣贤及天象的崇拜观念、相应的行为习惯和仪式制度。

有人统计,受特殊的地理、历史条件等影响,闽南民间信仰的神灵、鬼魂、圣贤、天象特别多。限于篇幅,这里略举几例。

天公[tiN¹gong¹]。源于万物有灵说之神灵。天公和玉皇大帝[ggiok⁸hong²dai⁶de⁵]二者并不完全相同。天公是人杜撰出来的最高神,玉皇大帝是真有其人演变成神,天公在玉皇大帝之上。在中国人的心目中,天公主宰宇宙万物。天象的变化、地上万物的成长、人命运的好坏,都是它安排的。人们对凡事的前途、结局的好坏,都期望天公给予好的赏赐,所以人们既对它存尊奉敬畏的心,生怕得罪它遭灾祸,又对它所赐予人类的一切怀感恩崇拜并祈求万事顺遂之心。闽南人继承中原祖先的文明,又根据迁徙闽南后所处的地理环境和历史变化,确定每年农历正月初九祭拜天公的寿诞,其热闹程度不亚于春节、元宵和其他民俗节日。在这一天,要热热闹闹地祭拜和感恩一番,并有许多禁忌。

其他源于万物有灵说之神灵还有地母(后土)、三官大帝(天、地、水)、玄天上帝(北极、北方)、东岳大帝(泰山神、东方)、文昌帝君(文昌星,主文运)、魁星(魁星,主考试)、神农大帝(谷神)、北斗、南斗、南极星(寿星)、城隍爷、土地公、七娘妈(七仙女、织女星)、龙王(海的象征)、灶神(灶王爷)、石敢当、石狮王(厦门)、风狮爷(大嶝、金门)、门神(神荼、郁垒、尉迟恭、秦叔宝)、床母、风雨雷电、齐天大圣、虎爷、犬公(同安浦头十八墓公中有犬公)、榕树公、井神、水神、牛稠公、猪稠公、观音佛祖、济公活佛、阎罗天子、地藏王菩萨、普庵佛祖等。

关帝爷[guan¹ de⁵ ia²]。关帝就是关羽、关云长,民间称为关公,是武财神。关羽一生勇武忠义,不为金银财宝所动,却被人供奉为"武财神",多次受后代帝王褒封,直至"武帝",故也称关圣帝君、关帝君、关帝,并被佛、道、儒三教所崇信。传说关云长管过兵马站,长于算数,发明日清簿,而且讲信用、重义气,为商家所崇祀,认为关公是守护神,被视为财神爷。明清时,关羽还享有"武王""武圣人"之尊,为武财神。关公的生日是农历六月二十四。但民间一般在农历五月十三祭祀关公,这一天是关公磨大刀的日子。闽南关帝信仰大致始于明初,清代达到高峰。

各地普遍设有关帝庙、关帝宫,许多家庭都挂有关帝神像。这一信仰传到台湾和海外,有人统计,目前台湾有三百多座大小关帝宫庙,其中不少是从泉州分炉过去的。每逢关帝圣诞,各地信众抬神轿,演社戏,上阵头,鞭炮轰鸣,鼓乐喧天,香火非常旺盛。漳州的关帝信俗和泉州的关帝信俗(安溪),已分别列入福建省省级非物质文化遗产代表性项目名录。

闽南的神灵源于现实与传说中圣贤、英雄的不少,如张巡、许远、岳飞、三忠王(文天祥、张世杰、陆秀夫)、哪吒三太子、二郎神、陈舜帝、老子(太上老君)、孔子、水仙尊王(大禹、伍子胥、屈原、项羽、鲁班)、文财神比干、武财神赵公明(寒单爷)、孚佑帝君吕洞宾、田都元帅雷海青、朱熹等等。

妈祖[ma³ zoo³]。东南沿海及东亚沿海地区的海神信仰,又称天上圣母、天后、天后娘娘、天妃、天妃娘娘、湄洲娘妈。妈祖真名为林默,福建省莆田湄洲岛人。妈祖在家最小,据说她出生时,"地变紫,有祥光异香";更奇怪的是,她出生至满月,不闻啼哭声,故取名"默"。林默五周岁能诵《观音经》,早晚信佛焚香念经,从不中断。十一岁时,"能婆娑按节乐神"。十三岁时,有一位老道士玄通经常往来其家,对她说:"你具仙性,应得渡入正果。"于是授予"玄微秘法"。她依法修炼,即能"通悟秘法,预知休咎","乡民以病告,辄愈"。十六岁时,"窥井得符"。后人将其事迹披上神异色彩,加以神化,不过是要揭明林默是一位"通贤灵女"。长大后,林默立志终生行善济人,矢志不嫁。她精研医理,治病救人,性情和顺,热心助人。受父亲的教育和影响,林默对海事有着不同凡响的灵感,常救遇险船只,在当地广为流传。宋雍熙四年(987年)秋九月初九日,天下暴雨,林默奋不顾身,在海上抢救遇险船民,因风浪太大,不幸被台风卷去。人们不愿承认林默遇难而死,认为她升天变成神。民间传说,林默升天时,"闻空中乐声,氤氲有绛云若乘,自天而下,神(林默)乘之上升",后来还有人见她"常衣朱衣,飞翻海上",救助遇难呼救的人,然后飘然不见。这类传说广泛流传于民间,反映了人们善良的愿望,说明不管是伟人还是凡人,只要济世爱民,都会永远活在广大民众的心里。"里中巫",是妈祖信仰的原始形态。因海难不可计数,莆田沿海民众希望有海上守护神庇佑安全,所以林默赢得民间的崇拜和信仰。历代皇帝加以褒封,使妈祖由民间神升格为官方航海保护神。随着影响力的扩大,妈祖信仰又纳入儒、佛和道的因素,最后成为闽台海洋文化的重要元素,对中国沿海文化及东亚海洋文化产生重大的影响。"有海水的地方就有华人,有华人的地方就有妈祖",目前,全世界已有一亿多的妈祖信徒。日本、马来西亚、泰国、印度尼西亚、菲律宾华人也有许多人信仰妈祖。妈祖祭典已列入国家级非物质文化遗产代表性项目名录。同时,妈祖信俗还被联合国教科文组织列入人类非物质文化遗产代表作名录。

保生大帝[bo³ sing¹ dai⁶ de⁵]。本名吴本,字华基。亦称大道公、花桥公、吴真人。泉州府同安县白礁乡(今属漳州台商投资区白礁村)人,祖籍泉州安溪县感德镇石门村。去世后被朝廷追封为大道真人、保生大帝。文献记载,吴本年少时曾受昆仑山西王母传授法术,后举科举,官任御史,精通天文地理、礼乐医术,曾任宋代首席御医。后辞官修道,行医济世,曾于山林之中施法救起遭虎咬死的书僮,感动书僮主人知县江仙官与张师爷,二人追随吴本修炼道术,施药救人。其地民间还流传许多传说,如吴本于山中采药时遇一白额金睛老虎,因食人而骨鲠咽喉,痛苦难当,遇吴真人垂首趋附,求其救治。吴本心有不忍,乃斥责其恶,见其知悔,乃以符水施灌,化骨入喉。此虎感恩,遂化为吴真人坐骑。故保生大帝庙龛之下多祀奉有老虎神像,称"虎爷"

"黑虎大将"。保生大帝的坐骑为台湾虎爷信仰的重要来源。又如蟠龙患有眼疾,化为老者,请求真人医治,真人以符水点龙眼医愈。总之,吴本生前为济世良医,医术高明,医德高尚,闻名遐迩,民间称吴真人,受其恩惠者无数。乡民建庙奉祀,尊其为医神。著有《吴本本草》。现中国和东南亚有两千七百多座供奉保生大帝的庙宇,信众近亿人,保生大帝已成为闽南、潮汕、台湾、香港、澳门及东南亚人民共同信奉的道教神祇。保生大帝信俗已列入国家级非物质文化遗产代表性项目名录。

开漳圣王陈元光[kai¹ ziang¹ sing⁵ ong² dan² gguan² gong¹]。陈元光,河南光州固始人。青年时随父陈政入闽平定叛乱,唐垂拱二年(686年)首任漳州刺史。在任二十余年,勤于吏治,政绩卓著,为开发漳州立下不朽功勋。战死后,百姓立庙祭礼,尊称陈元光为开漳圣王,其从功臣演变为神灵。历代朝廷多次赐额加封,如唐封他为"颖川侯",敕建威惠庙。南宋先后敕封"辅国将军",加封"灵著顺应昭烈广济王",赠"忠毅公"。明代加封"昭烈侯"。北宋时,漳州府各县都建有祭祀陈元光的威惠庙。明清以后,威惠庙遍及闽南城乡,大小庙宇两百余座。其信仰随着福建移民传到台湾,至今,陈元光仍是漳州和台湾地区主神。自唐以来,每逢陈元光的诞辰(农历二月十五)、忌辰(农历十一月初五)、"封王日"(农历四月初十)及上元节、中秋节等,闽台各地信众都要举行隆重的祭典,举行迎神赛会。漳州云霄开漳圣王巡安民俗已列入福建省省级非物质文化遗产代表性项目名录。

开台圣王郑成功[kai¹ dai² sing⁵ ong² diN⁶ sing² gong¹]。郑成功是福建南安人,出生于日本,初名福松。郑成功七岁归国就学,塾师为他取名森,字明俨,指为可造之才;十五岁后入太学,为监生。郑成功的父亲郑芝龙,原是南明隆武"建安伯",曾组织向台湾移民,积极开发台湾岛。清顺治二年(1645年),二十一岁的郑成功在福州受到隆武帝朱聿键的召见,赐国姓(朱),改名成功,因此中外尊称"国姓爷"。清顺治十年(1653年),南明永历帝(朱由榔)又封他为"延平郡王"。郑成功最主要的贡献是收复台湾。清顺治十八年(1661年)四月,郑成功令长子郑经防守厦门,自己亲率战舰一百二十艘,将士两万七千余人,在金门料罗湾誓师东进。经过激烈的海战,郑军击沉荷军主力舰,收复台南"赤崁楼"。荷军伤亡惨重,遂于清康熙元年(1662年2月1日),被迫投降,被荷兰侵占达三十八年之久的台湾重归祖国怀抱。郑成功成为收复台湾之名将、著名的民族英雄。台湾人感念郑成功驱逐荷兰人、建立汉人政权、屯垦台湾、发展贸易、大兴文教的功绩,给他冠上"开台圣王"的称号。郑成功驱荷复台,开发宝岛的行动及相关传说的广泛传播,奠定了他神格化的基础。据不完全统计,台湾有近百座主祀郑成功的"郑成功庙",伴祀郑成功的庙宇更是不计其数,开台圣王郑成功信俗风靡全台湾。官方祭祀郑成功的相关活动每年有春、秋二祭,分别是4月29日(郑成功登台日)及8月27日(当年为农历七月十四,郑成功诞辰日),在台南延平郡王祠举行;民间庙宇则多在正月十六日进行祭祀。闽台郑成功信俗已列入福建省级非物质文化遗产名录。泉州、厦门的民间信俗(延平郡王信俗)已列入国家级非物质文化遗产代表性项目名录。

闽地的神灵还有广泽尊王(圣王公郭忠福、太保,南安境主公)、灵安尊王(青山王张悃,祖庙惠安山霞镇,惠安境主公)、清水祖师、三坪祖师等等。

万善公[bban⁶ sian⁶ gong¹]。人们对那些战死的无主亡魂的尊称。闽南有许多人认为,人必有一死,死后或转世再生,或升天成神成仙,其魂应有人祭拜,才叫善终。冤死、战死、曝尸荒野的鬼魂,既无人拜祭,又找不到归宿,只能在人间四处游荡,成为无主游魂。这些游魂可能作祟害人,为人间带来灾祸。为了表示人们的同情怜悯和安抚,就用该尊称。战死的亡灵,只能由战场附近的人们收尸,在荒山野岭找个地方埋葬,建小庙来奉祀。祭祀这些亡灵的小庙一般叫"万神爷宫""万善爷宫",信众常在庙额上扎制"万善同归"等红彩,让这些亡灵得到安息。其中,明代闽南地区同安集美的抗倭英雄周彝训父子,因抗倭同时阵亡,当地百姓感念他们的恩德,将他们安葬在屿仔尾并建庵纪念,又称"有应公宫"。2019年,有应公信俗被列入福建省省级非物质文化遗产代表性项目名录。

这种阴神信仰还有"门口公[mng²kao³gong¹]"或"人客公[lang²keh⁷gong¹]",也叫"好兄弟[ho³hiaN¹di⁶]"。水边的阴魂叫"头目公[tao²bbak⁸gong¹]""圣妈[sing⁵ma³]",还有"义民爷[ggi⁶bbin²ia²]""地基祖[de⁶gi¹zoo³]"等等。

这些信仰,是闽南人阴魂观念的表现。闽南民俗于农历七月设"普度"仪式祭拜、超度阴魂。

闽南民间以农历七月为鬼月。除了七月初一(开地狱门)、十五和三十(关地狱门)这三天为各家各户共同祭拜外,许多地方是整个七月(除初一、十五、三十外)的每一日按街道(乡镇)或路段(村落)等轮流祭拜,各家都要准备菜肴,在门口祭拜游魂;要在门口屋檐下挂一盏灯笼,为孤魂野鬼照路,免得其闯入家中。这些阴魂饱食一顿后便回到阴曹地府。整个七月,诸事不宜,除一般工作外,人们一般都少出门,少办喜事。做生意的人也不利用这个月谈生意,商家的生意也淡了,所以称这个月为"小月"。

第六节 从"南音""梨园戏""歌仔戏"等词语看闽南民间文化

闽南素称艺术之乡,传统民间文学艺术源远流长。中原移民带来的文化与古闽越族文化交融,吸收海洋文化和外来文化,既承上启下,又富于创造力,形成内容丰富、形式多样的民间文学艺术。闽南民间文学艺术可分为舞蹈、音乐、戏曲、曲艺、美术五大类。广泛流传至今的"南音""梨园戏""歌仔戏"等特殊的民间文学艺术形式,展现了闽南地区的深厚文化底蕴。

南音[lam² im¹]。又称"南曲[lam² kik⁷]""南乐[lam² ggak⁸]""南管[lam² guan³]""弦管[hian² guan³]",是我国现存历史最悠久的传统古乐。它起源于唐,形成于宋。唐代琵琶普遍用拨子,而且横抱,南音保持这一遗制。南音所用"拍板[pik⁷ ban³]"的演奏方式跟敦煌壁画中的伎乐图一样。总之,中原音乐吸收佛曲、楚歌、吴歌、潮调、道情以及弋阳腔、青阳腔、昆腔等,又同地方音乐互相渗透融合,孕育出南音来。南音被称为传统音乐文化的"活化石",主要流行于福建省的泉州、厦门和台湾地区,南洋群岛闽南籍华侨与华人居住的地方也很盛行。南音的主奏乐器是琵琶与洞箫。所用琵琶是曲项琵琶,称南琶。所用的洞箫严格为一尺八寸,称"尺八[cioh⁷ bueh⁷]"。这两件乐器的演奏姿势与形制都与唐旧制相符。南音的曲牌名称有不少与唐代大曲、法曲的曲牌名称相同,如《子夜歌》《清平乐》。南音的音乐包括"指、谱、曲"三类。"指"是有词有谱和注明琵琶指法的大曲。"谱"是无词而有琵琶指法的器乐演奏谱,原有十三大套,后增至十六大套。十六大套的"谱",以"四"(《四时景》)、"梅"(《梅花操》)、"走"(《八骏马》)、"归"(《百鸟归巢》)四套为最有名。"曲"就是散曲,也称草曲,有近千首,它在南音音乐中占有很大比重。南音使用的工尺谱与众不同,是独特的谱式,以"X(尺字的俗写)、工、六、土、一"这五字分别代表"宫、商、角、徵、羽"。采用固定唱名法。南曲的乐队组合有固定的形式,分"上四管"和"下四管"两种。上四管属丝竹乐队,又分"洞管"和"品管"两种不同组合。洞管组合由洞箫、二弦、琵琶、三弦、拍板五种乐器组成。品管组合由品箫(即笛子)、二弦、琵琶、三弦、拍板五种乐器组成。下四管属吹打乐队,由南嗳(中音唢呐)、琵琶、三弦、二弦、响盏、狗叫、铎(木鱼)、四宝、声声(铜铃)、扁鼓共十种乐器组成,所以又称"十音"。有些地方有用云锣、铜钟、小钗和笙等。南音演唱时的位置固定:演唱者执拍板居中;其左边,上方为洞箫,下方为二弦;右边,上方为琵琶,下方为三弦。演唱程序与演奏程序也有一定的规矩。南音已列入国家级非物质文化遗产代表性项目名录,同时还被联合国教科文组织认定为人类非物质文化遗产。

梨园戏[le²uan²hi⁵]。福建省的传统戏曲,也叫南管戏,发源于宋元时期的泉州,与浙江的南戏并称"搬演南宋戏文唱念声腔"的"闽浙之音",距今已有八百多年的历史,至今还保留不少南戏剧目和音乐,如《王魁》《王十朋》《蔡伯喈》《朱文太平钱》《朱买臣》等剧目以及《苏秦》《孟姜女》《赠绣箧》《走鬼》等等唱腔。梨园戏被誉为"古南戏活化石"。梨园戏广泛流播于福建泉州、漳州、厦门,广东潮汕和港澳台地区以及东南亚各国闽南籍华侨华人居住地。留存至今的明嘉靖四十五年(1566年)戏本《荔镜记》刊本是当时梨园戏已经流行的铁证。梨园戏有大梨园和小梨园之分。宋时,行省称为路,福建省叫福建路,所以大梨园又分"上路""下南"两支。"上路"戏指由浙江传入的戏曲,其剧目较为古老,保留不少南戏脚本。各流派都有保留剧目,称"十八棚头",以及专用唱腔曲牌。

梨园戏的结构形式为曲牌体,唱腔牌现存两百多支,不少曲牌至今仍沿用唐、宋古曲牌名。调式有宫、商、角、徵、羽五种。调门称"管门",名称与南音相同,但定调系以品箫为准,比南音以尺八定调高小三度。唱词多为长短句形式,曲韵属古中州韵,用泉州话演唱。特色乐器有南鼓、南琶(横抱演奏)、二弦(保持古奚琴原形)、尺八和拍板。宋末元初,梨园戏已形成七个角色行当的表演体制。角色行当即生、旦、净、丑、贴、外、末。梨园戏有一套与众不同的表演程式,称"科步",形成以"十八科母"为基本功的表演程式和独特的乐队伴奏方式。梨园戏已列入国家级非物质文化遗产代表性项目名录。

高甲戏[go¹gah⁷hi⁵]。又叫九角戏、九甲戏,成形于二百年前的清中叶。闽南民间逢年过节或迎神赛会时流行化装游行踩街,称"宋江阵"。高甲戏原是在"宋江阵"的基础上组成的业余戏班,主要演宋江故事,所以也称"宋江戏"。清道光年间(1821年—1850年),南安县的宋江戏老艺人与漳州的竹马艺人及归国华侨三方合办合兴班,突破专演宋江故事的局限,多演半文武的剧目,如《郭子仪拜寿》。此外又吸收徽剧、昆腔、弋阳腔和京剧的元素,音乐曲牌也大量采用南音,吸收闽南民间的锦歌、傀儡调,形成具有独特风格的闽南地方戏曲剧种。传说该剧种主要由九个角色"搭高台,穿盔甲"演出,故称"九角戏"。又因"九角"的闽南音跟"高甲"谐音,所以后来就叫"高甲戏"。

高甲戏以武戏、丑旦戏和公案戏居多,演出剧目分为"大气戏"(宫廷戏和武戏)、"绣房戏"和"丑旦戏"三大类,生旦戏较少。高甲戏的表演艺术,一部分来自梨园戏和木偶戏,一部分来自弋阳腔、徽戏和京剧。初期没有固定脚本,演员唱做较自由,没有固定的台位,演出时间可长可短。音乐唱腔兼用南曲、傀儡调和民间小调,以南曲为主。使用的乐器分为文、武乐两种。伴奏乐器以管乐、唢呐为主(新中国成立后改用琵琶为主),此外还配有横笛、二弦、三弦等。打击乐器及其打击方法与京剧相同。丑旦戏或轻松场面加用双铃、响盏等。代表剧目有《桃花搭渡》《扫秦》。高甲戏除流行于闽南,在台湾地区已成为家喻户晓、大众喜闻乐见的地方戏外,还传播到菲律宾、新加坡、马来西亚、印尼一带,成为海外闽南籍华侨华人慰藉乡愁乡思的乡戏乡音。高甲戏已列入国家级非物质文化遗产代表性项目名录。

潮剧[dio² giok⁸]。在福建俗称"白字仔戏",也叫"潮[dio²]音戏"。"潮"指潮汕方言,是闽南方言的分支。潮汕地区大多数人祖籍闽南,所以潮汕方言跟福建的闽南方言大致相通。潮剧流行于广东潮汕地区和闽南的诏安、云霄、东山、平和、漳浦、南靖等县市。潮剧艺人世代相传"正字母生白字仔",认为潮剧源于正字戏。正字戏也称正音戏,是用中原音韵的"官话"(当时称正字或正音)演唱,属宋、元南戏的一支。明初,正字戏传入闽南。明中叶,流传粤东、闽南一带的正字戏,吸收潮汕方言区的民间音乐和歌舞、小调,逐渐变成以潮州方言进行演唱的潮音戏。其实,潮剧的发展与梨园戏有密切的关系。明末,梨园戏"七字班"曾流传到闽南、粤东、台湾和东南亚华侨居住的国家,与潮音戏均称"戏仔"。潮剧音乐曲调也叫南音或南调,潮剧传统剧目是《荔镜记》。潮剧伴奏的乐器主要有笛、琵琶、拍板,与梨园戏基本相似。潮剧已列入国家级非物质文化遗产名录。

歌仔戏[gua¹ a³ hi⁵]。又称台湾戏仔、福建戏、子弟戏、改良戏、芗剧。流行于台湾地区、福建南部和东南亚华侨聚居地。早期闽南漳州一带民间流传着叫作"歌仔[gua¹ a³]"的说唱。明末清初,随着闽南人"唐山过台湾"传播到台湾后,吸收台湾少数民族音乐和客家音乐元素,经过数百年的孕育,创造出既继承歌仔独特文化内涵,又发展原先的闽南歌仔的"七字调"[cit⁷li⁶diao⁶]。这种"七字调"成为适于舞台表现的戏剧音乐。在宜兰出现"本地歌仔戏"。它常在庙埕空地或沿街游行表演,也叫"落地扫",涌现了一批歌仔艺人,这就是歌仔戏最原始的形式。之后经历落地扫、半暝反、杂菜戏等阶段,吸收融合了梨园戏、四平戏、乱弹戏、高甲戏、京剧、闽剧等其他剧种的元素,成为歌仔戏新剧种。由于这种歌仔戏的唱词与念白都是用一般观众易于理解的闽南白话,其曲调都是民间耳熟能详的音乐,剧情也是百姓熟悉的故事,所以很快就从宜兰流传到台北,由此出现职业戏班,迅速流传到台湾地区各地,成为当时台湾地区最盛行的民间戏曲。1925年厦门"双珠凤"戏班曾请台湾地区艺人戴水宝到厦门传授歌仔戏唱戏技艺,第二年,"双珠凤"戏班改演歌仔戏。于是,厦门地区纷纷成立"歌仔馆",演唱歌仔戏。台湾地区的歌仔戏团陆续到闽南地区演出,歌仔戏就这样在闽南地区流行,甚至过洋流传到新加坡、马来西亚、印度尼西亚以及菲律宾等闽南移民的居住地区。1937年,日本政府在台湾强制推行"皇民化运动",禁止台湾地区传统戏曲演出,于是歌仔戏班就改穿时装,以公司指代朝廷,以董事长指代皇帝,以总经理指代宰相,以职员指代文武官员等,并用留声机代替被禁止的文武场,继续在各地乡间表演,因此被称为"皇民化剧"。同一时期,在闽南地区的歌仔戏也遭到国民政府禁演,歌仔戏艺人邵江海等人就将歌仔戏曲调改编为"杂碎调",即人称的"改良调",歌仔戏也改称"改良戏"。1948年,闽南歌仔戏"都马戏班"把"杂碎调"带到台湾地区,受到台湾地区民众的喜爱,台湾地区歌仔戏演员纷纷学唱"杂碎调",由于它来自都马班,所以称"都马调"。这样,"都马调"与"七字调"就成为歌仔戏的两大主要唱腔曲牌。可以这样说,歌仔戏是在闽南歌仔调的基础上由台湾艺人创造出来的闽南新剧种,后来经过闽南艺人加以充实而发展起来。它凝聚了闽台艺人的智慧和创造。歌仔戏原以小生、小旦及小丑三种脚色为主,后来从北管戏引入大花脸,形成生、旦、净及丑等角色,其中以苦旦最具特色。歌仔戏的音乐、唱腔的曲牌有七字仔、杂碎调(都马调)、卖药仔、杂念仔、哭调、小调等。主要乐器,文场有壳子弦(头手弦)、六角弦、大广弦(二手弦)、三弦、笛子、月琴、洋琴、箫、唢呐及鸭母达仔;武场打击乐器则有单皮鼓(北鼓)、堂鼓、梆子、锣、钞、摇板及响盏。现在有些剧团也用笙、中阮、琵琶、二胡、大提琴、电子琴、爵士鼓、电吉他、萨克斯风等。歌仔戏已列入国家级非物质文化遗产代表性项目名录。

泉州提线木偶戏[zuan² ziu¹ te² suaN⁵ bbok⁸ ngoo³ hi⁵]。也叫泉州傀儡戏,又叫"嘉礼戏""加礼戏"。"嘉礼"或"加礼"就是隆重的殡婚嘉会中的大礼。泉州地区每逢民间婚嫁、寿辰、婴儿周岁、新建屋厦奠基上梁或落成、迎神赛会、谢天酬愿,都必须演提线木偶戏以示大礼。因此,泉州自古以来便称提线木偶戏为嘉礼戏、加礼戏。泉州提线傀儡戏是福建省的传统戏剧,已列入国家级非物质文化遗产代表性项目名录。泉州傀儡戏不但流行于福建闽南地区,也在台湾地区和东南亚一带的华侨华人聚居地流播。泉州傀儡戏历史悠久。史载,朱熹任漳州知事时,曾发布《谕俗文》称:"约束城市、乡村,不得以禳灾祈福为名,哀敛财物,装弄傀儡。"据载,西班牙奥斯定会在明万历三年(1575年)由菲律宾来泉州,在官府宴会上就看到木偶戏的演出。该戏用闽南方言演出,至今仍保存着七百余出传统剧目和由三百余支曲牌唱腔构成的独特剧种音乐"傀儡调"(包括"压脚鼓""钲锣"等古乐器及相应的演奏技法),其中不乏宋元南戏的剧目、音乐和表演形态等方面的珍贵资料。泉州傀儡戏形成一整套精巧成熟的操线功夫——传统基本线规和精美绝伦的偶头雕刻、偶像造型艺术与制作工艺。嘉礼戏分生、旦、北、杂四个行当,由四名演师分别表演。后因演出连台本戏《目连救母》,增加副旦一名,称"五名家"。不过六平方米的戏棚,傀儡一登场,可以驰骋千万里,呈现千百年来的历史画卷。木偶戏(泉州提线木偶戏)已列入国家级非物质文化遗产代表性项目名录。

漳州布袋木偶戏[ziang¹ziu¹boo⁵de⁶bbok⁸ngoo³hi⁵]。也叫"布袋戏""掌中木偶戏""掌中戏""小笼戏"。因木偶的躯干用布缝制而成,其形很像布袋,故名布袋戏。又因闽南方言称"戏箱"为"戏笼",人戏的戏箱大,而偶戏的戏箱小,因此布袋戏也叫"小笼戏"。漳州布袋木偶戏在南宋时已相当兴盛,之后流传到广东、台湾地区和东南亚一代,有千年以上的历史,是古老珍稀的优秀艺术。该戏的特点是用人的手指掌直接操纵偶像进行戏剧性的表演,使之活灵活现,栩栩如生,既能够体现人戏的唱、念、做、打,以及喜、怒、哀、乐的感情,又能表演人戏难以体现的动作,具有技巧高超、造型精美等独特风格。艺人对木偶的操纵是用手由下而上,以手掌作为偶人躯干,食指托头,拇指和其他三指分别撑着左右两臂。技艺高超的艺人双手可以同时表演两个性格、感情各异的偶人。戏中人物的言语由艺人用闽南方言说唱。布袋木偶戏尤为擅长武打场面和善于刻画人物性格。早期布袋木偶戏根据表演的乐调、词调与戏路的不同可分为南、北两种不同的流派。南派盛行于泉州地区,唱的是南调,也就是傀儡调,表演上采用梨园戏做派;漳州的布袋戏则归属于北派,唱的是北调,如昆腔、京调,表演上采用的是京戏做派。如今南北两派的界限已经越来越不明显。漳州布袋木偶戏是福建省的传统戏剧,木偶戏(漳州布袋木偶戏)已列入国家级非物质文化遗产代表性项目名录。

泉州打城戏[zuan² ziu¹ pah⁷ siaN² hi⁵]。该戏于清末在民间宗教做法事的基础上形成发展起来。又称法事戏、和尚戏、道士戏、师公[sai¹ gong¹]戏。表演者为道士、和尚，他们身穿袈裟、道袍，手持木鱼、钹、铃、钲、云板、草锣等法器作为乐器，用闽南方言表演，念唱的曲调也仅限于道情和佛曲音乐，以跳桌子、跳火盆、弄飞钹、过刀山等小杂耍节目吸引观众。这些表演一般仅在夜间的寺院里、道场的广场上进行。内容主要是释放屈死冤魂的故事，因应法事需要，还增加佛经《目连救母》中的有关孝子目连的片段故事。该戏流行于晋江、南安、惠安、同安、金门、厦门等地区。打城戏已列入国家级非物质文化遗产代表性项目名录。

此外，闽南戏曲还有诏安的铁枝戏、南靖的竹马戏、闽南的皮影戏，这些戏曲都用闽南方言表演，内容、音乐、表演程式上都别有风格，历史虽各有长短，但都植根于民间，为当地百姓喜闻乐见，也为闽南戏曲增添异彩。

闽南曲艺多姿多彩，这里仅介绍讲古、答嘴鼓、锦歌、漳州南词这四种艺术形式。

讲古[gong³ goo³]。闽南地区的讲古就是用闽南话来讲故事，包括闽南话的押韵故事。讲古运用闽南方言丰富生动、风趣的词语、俗语，讲述的内容涉及天文地理、历史文化、名人轶事，乃至百姓日常生活方方面面，无所不包，有一定情节和起伏变化。它是百姓喜闻乐见的民间口头艺术。讲古的历史虽无具体史料或传说记载可资考证，但是悠久的。因为早期闽南地区的百姓多数文化水平较低，加之教育设施极少，传媒工具少，也没有太多娱乐活动，人们只能通过既无地点、时间限制，又不需要耗费大量钱财的"讲古"形式来传递知识，交流经验，甚至作为劳动后的享受。这可能就是讲古最原始的形态。至于"讲古"发展到出现职业说书人并逐渐成为曲艺形式，并成为集市、市场或市镇人们生活不可缺少的部分,那是唐宋元明清乃至今天的事了。讲古已列入国家级非物质文化遗产名录。泉州的闽南讲古也已经列入福建省级非物质文化遗产代表性项目名录。

答嘴鼓[dap⁷cui⁵goo³]。一种以闽南方言表演的喜剧性的曲艺。其特点是用生动活泼、丰富多彩的闽南话词语、俚语,利用闽南方言语音有较强节奏感与音乐美的特点形成韵语,通过一人、两人或多人在轻松、愉快的气氛中,互相戏谑、打趣斗嘴的对话和组织类似北方相声的"抖包袱"("镫[diN⁵]笑科")手法来讲述故事、敷演事件,获取喜剧性艺术效果。据有关史料记载,答嘴鼓是以台湾蓝波里(宋集仁)和厦门林鹏翔为代表的两岸老艺人共同创作的闽南新曲艺形式。它不仅流行于闽南地区和台湾地区,也流传到东南亚闽南籍华侨华人聚居的地区。故事或事件的组织、闽南方言丰富多彩的韵律的运用和"笑科"(包袱)的组织、表演者表演的技巧,是答嘴鼓表演的关键。答嘴鼓已列入国家级非物质文化遗产代表性项目名录。

锦歌[gim³gua¹]。原名歌仔或什锦[zap⁸gim³]歌,民间也戏谑为"乞食调"。1953年定名为锦歌。这是一种有器乐伴奏的民间说唱曲艺。锦歌在唐宋间初步形成,明代已较定型完整。它流行在以漳州为中心,包括厦门、晋江、龙溪在内的闽南平原地带及台湾地区和南洋诸岛华人聚居的地区。漳州锦歌是福建省五大曲种之一,它与泉州南音并称为闽南民间说唱的姐妹艺术之花。锦歌以四句七言或五言的联句来弹唱历史和传说故事,约在明末清初继承南词小调、道情及民间小戏的音乐发展而成。锦歌艺人多以坐唱、走唱的形式,用乡音闽南方言来唱白,曲调缠绵而流畅朴实,富有表现力。主要乐器有月琴、二弦、洞箫、南三弦、拍板,也有以琵琶代替月琴,用品箫代表洞箫的,有的还加上唢呐。锦歌已列入国家级非物质文化遗产代表性项目名录。

漳州南词[ziang¹ziu¹lam²su²]。南词是说唱故事的艺术形式，形成于唐初，为历朝雅乐，也称"国乐南词"。至清末才逐步传到民间，盛行于江南一带，以江苏扬州为发源地。此后随艺人流徙，兵分两路，一路沿江浙一直传到福建省南平、将乐一带；一路则至江西赣州。清道光二十五年（1845年），漳州府官总爷（称和尚总）到江西公办，觉此戏甚妙，遂从江西带回漳州。南词唱词典雅，都经过文人再创作而成，即便有些言情内容，亦写得辞藻雅丽含蓄。所用的伴奏乐器都是古筝、扬琴这类音色柔和的"文乐器"，当时深受漳州文人雅士的喜爱。传至民国年间，南词开始有组织地进行表演。后因漳州霞东钧社成功创演"踩高跷南词戏"，一改以往以坐唱为主的表演方式，顿时名扬芗城。漳州南词已列入福建省级非物质文化遗产代表性项目名录。

此外还有荷叶说唱、厦门歌仔说唱（已列入福建省级非物质文化遗产名录）、歌册（东山歌册）（已列入国家级非物质文化遗产代表性项目名录）等。

闽南的民间舞蹈起源于祭祀迎神的祭祀舞，后出现"钱鼓舞"、乞丐行乞时跳的"打七响"等舞蹈；还有武术表演舞蹈，如"弄[lang⁶]龙""弄[lang⁶]狮""宋江阵"；还有应婚庆节俗和日常生活需要而提炼创造的各种舞蹈，如"车鼓舞"（又称"打车鼓""车鼓弄"）"拍胸舞"等。闽南民间舞蹈千姿百态，令人赏心悦目，眼花缭乱。

第七节　从"度晬""送定""出山"等词语看婚丧喜庆礼俗

婚丧喜庆礼俗是闽南文化的重要内容。闽南婚丧喜庆礼俗文化十分丰富。这里通过几个有代表性的闽南话词语来看闽南婚丧喜庆礼俗文化的内容。

度晬[doo⁶ze⁵]。"晬"是周岁的意思,是古词语。"度晬"就是在婴儿满周岁时,人们要热热闹闹地庆贺一番,闽南话叫"做度晬"。其实,在闽南地区,孩子出生后至周岁,就有一系列的礼俗。孩子出生的第三天要"做三朝[diao¹]",准备鸡、酒、菜和"油饭"(用糯米和猪肉、大虾、香菇等做成的饭)等祭神、敬祖先、拜床母,祈求庇护婴儿。还要向娘家(就是"外家")"报酒",用特制的红漆篮子(叫"墘[siaN⁶]篮")装上鸡、油饭和红米圆等送往外家。同时将油饭送给媒婆和亲友邻里,表示庆贺和答谢。收到油饭的人家只能留下一小部分"油饭头",就是油饭上面的菜料,放生米在装油饭的红漆墘篮里,上面放一小张红纸或压上红包,俗称"压盘",向送油饭的人说类似"互婴仔头壳硬"等祝婴儿健康成长的吉利话。

婴儿出生后的一个月要"做满月",同样隆重,充满喜庆气氛。"做满月"仪式跟"做三朝"一样,先祭祖先、床母,有的还要去寺庙还愿答谢"注生娘娘""送子观音"。娘家要送从头到脚的穿戴给外孙,俗称"送头尾"。女儿的父亲则要设宴请亲友。产妇要出"月里房",参加孩子的满月酒,接受大家的庆贺。富贵的人家还要搭台请戏班子演戏。

婴儿诞生四个月要"做四月日",也有的说是"做百日"。"做四月日"主要在两亲家间进行,仪式和内容比"做满月"简单。

周岁是婴儿做庆生的高潮。闽南民间很重视婴儿周岁生日,要"做度晬[doo⁶ze⁵]"。"度晬"要做"红龟粿[ang²gu¹ge³]",红龟粿一定要用"粿模[bboo²]"压出龟的外形,有的还要用手捏出龟的四条腿,表示婴儿从此要开始学走路,故而称为"度晬龟""寿龟""四脚龟"。要办牲礼敬神祭祖,有的家庭还要宴请亲友宾客,请戏班来演戏助兴。这一天婴儿要剃头沐浴穿新装,特别要穿上"虎头鞋"以壮胆和避邪,利于学步走路,以预兆婴儿前途无量。娘家要送面线、新衣新裤、虎耳帽、椅轿、虎头鞋、童被、布料、天官锁或手镯脚镯等礼物,还要送一只公鸡为婴儿"接骹[ziap⁷ka¹]",以促其学步,望其永交好运。姑母也要送婴儿的衣帽、鞋袜等,亲邻也会送礼祝贺。最有趣的是许多家庭还要在这一天举行"抓周"仪式。抓周在闽南话里有说"挲龟[so¹gu¹]"的,也有说"摸晬[mo¹ze⁵]""掠福[liah⁸hok⁷]"的。先在厅堂内的八仙桌上摆上象征各行各业的器具物品,如婴儿是男孩则摆上印章、书本、笔墨、算盘、种子、土块、念珠、戥秤、食品、刀剑、钱币等,如婴儿是女孩则摆上脂粉、针线、秤、尺、锅铲等。婴儿剃头沐浴,穿上新衣新鞋,在父母的搀扶下站在"度晬龟"上抓桌上的东西。大人观察婴儿先抓哪样物品,抓到算盘或戥秤寓意其将来善于经营,是生意人。抓到书本则寓意爱读书,将来是文人。抓到印章则寓意将来会当官。抓到食品寓意有吃的福气。抓到土块寓意将来是做农民或当上地主。总之,以此来预卜婴儿将来的志向、专长和前程以及贫富的命运或廉贪、勤懒。有的家长还会有意地将婴儿引向大人希望的志向、职业或前途去抓取物品。这种活动,总是迎来欢愉和皆大欢喜的结果。

送定[sang⁵diaN⁶]。婚姻是人生的大事。在中国传统的婚丧礼俗文化中,婚姻礼俗有一套完整的规矩。例如儒家经典《仪礼》规定,士婚礼包括"纳采"(送礼求婚)、"问名"(问女方名字和出生日期)、"纳吉"(送礼订婚)、"纳征"(送聘礼)、"请期"(议婚期)、"亲迎"(新郎亲自迎娶)等"六礼"。闽南民间婚俗的礼仪沿袭中华古礼的习俗,大体上也有六大步骤或六个阶段,但略有变化。与古"六礼"对应,闽南各地对古"六礼"的叫法也有所不同。以厦门地区为例:一是"提字仔[te²li⁶a³]",相当于古纳采与问名。二是"食定[ziah⁸diaN⁶]",相当于古时的纳吉与纳征。三是"送日头[sang⁵lit⁸tao²]"或"送日子[sang⁵lit⁸zi³]",相当于古时的请期。四是"送定[sang⁵diaN⁶]",相当于古时的纳征。五是"迎娶[ngia²cu³(cua⁶)]",相当于古时的亲迎。六是"做客[zue⁵keh⁷]"。各个阶段的礼节繁缛复杂,花费开销也相当大。如第一阶段的"提字仔",男方家请媒人去女方家提亲,闽南话叫"讲亲情[gong³cin¹ziaN²]"。女方家答应议婚后,男方家即备礼前去求婚。至于问名,就是男方家请媒人问女方的名字和出生年月日。第二阶段的"食定",是男方将女子的名字、八字取回后,在祖庙进行占卜。占卜后确定没问题,男方家就要准备将聘礼送给女方家。第三阶段"送日头",男家择定婚期并备礼,然后告知女方家,求其同意。第四阶段的"送定",是古纳征的继续,这次送定跟第二阶段"食定"送的聘礼有何不同呢?一般来说,前者"食定"的聘礼是"送小定[sio³diaN⁶]",第四阶段的"送定"要"送大定"。这个过程也颇费周章,很讲究,是婚姻成否的关键,马虎不得。首先讲聘金。男方要同媒人一起前往女方家,跟女方家人商谈聘金数量。通常取偶数。其次谈聘礼,包括聘礼的种类、名称、数量、搭配比例,都是计较的内容,女家大有韩信点兵,多多益善的姿态,男家则需多方考虑,因为这是个大负担。在这点上,意见难得一致,颇费口舌,弄不好双方往往会在此问题上伤和气。经双方协商达成共识后,最后就是订日期:双方都得按男女双方的"八字"请人测算,择定无伤双方的良辰吉日。接着,男方将聘金、聘礼热热闹闹地送至女方家。说到聘礼,也不简单。聘礼包括礼饼、礼糖、全猪全羊或猪腿、线面、冰糖、瓮酒、活鸡活鸭、龙凤大红烛、礼炮、礼香、首饰、手环、戒指、项链、金银钗等珠宝以及盘头衫仔(女子结婚时穿的新衣裳)、绣花鞋、四季外装(一般四套、八套或更多,多取偶数,红色为主)。这时,男方还要将婚书交付女方。女家收到聘金、聘礼,也要回礼。一般是收大部分礼饼礼糖,退回小部分,俗称"压箱底",收下猪羊肉,退回猪脚,回赠女婿一套结婚礼服、衣服鞋袜、文房四宝及其他礼品,希望女婿知书达礼,出人头地。还要填写女方婚书,交付媒人送往男方家。至此才缘定终身,婚事宣告成功。这个阶段,闽南话也叫"定着[diaN⁶ dioh⁸]"或"捾定[guaN⁶ diaN⁶]"。闽南人结婚有一些禁忌,一般认为农历五月是恶月,六月是半年,忌"半"字,会中间中断,故娶妻不宜,也忌讳在农历七、九月嫁娶,所谓"七月娶鬼某,九月狗头重";还有忌单日嫁娶,要双月双日结婚,以应"成双成对""好事成双"之说。有的忌讳成亲的日子下雨,预兆新郎是酒徒。有的忌本命年婚嫁,忌本命日婚嫁,忌虎猴牛日婚嫁,忌日月食时婚嫁。有的地方忌从订婚到成婚合计三个年头,认为这犯了丧事的"三年祭",不吉利。第五阶段是"迎娶[ngia² cu³(cua⁶)]",即新郎亲自到女方家迎娶。在闽南,结婚男方家叫"娶某[cua⁶ bboo³]"、"娶新娘[cua⁶ sin¹ niu²]"或"娶新妇[cua⁶ sin¹ bu⁶]",女方家叫"嫁查某囝[ge⁵ za¹ bboo³ giaN³]"。第六阶段就是"做客",完婚入洞房。"迎娶""做客"这两个过程,也是繁文缛节,真叫人头昏眼花,恕不细说。现在婚事简化不少,提倡喜事新办,值得提倡。

出山[cut⁷ suaN¹]。"出山"一词,"山"在闽南话有两个读音:一是读 san¹;二是读 suaN¹,就是出殡的意思。昔时流行土葬,所以死人埋葬地一般在郊外的山地或丘陵地,出殡就是把棺木送到山地找个墓地安葬,所以叫"出山"。闽南人对死者,尤其是老年人去世后,丧礼沿袭传统习俗,要厚礼而隆重。从去世时的各项工作到入殓,直至出殡及其后面的各种后事,过程相当繁复。因篇幅所限,无法细述。这里只能简要介绍丧事最后阶段"出殡"这一环节。以厦门为例。首先是出殡的队伍一般以高一丈多的纸扎"开路神"为先导，其胸前挂着一副血淋淋的猪内脏，以血腥来镇压邪煞。后用稻草束成的"草龙"燃火冒烟（后来多用香炉燃香来代替），再来就是用两根竹竿撑着的横匾，用黑色或蓝色布条，上写"×××出殡仪式"。接着是写着"×代大父"或"×代大母"（多虚增一代）的一对大白灯，五代以上则灯上加红布装饰。大白灯一般由外甥挑着，一路撒下纸钱，是给拦路野鬼的买路钱。随后是写着"万子千孙"和"延陵""颖川"等郡号的吉灯。再后面依次是铭旌、督旌官、主持"授土"的绅士、点主官、焚香点烛的"香亭"、供死者遗像的"像亭"、供死者木主的"魂亭"、由死者子孙抬着的装载着纸扎的死者"魂身"并陪伴有"金童玉女"的"魂身轿"、挽轴、乡音民乐、彩旗、送葬亲友、和尚或道士，最后是灵柩。灵柩尾部系有白布条，由孝眷挽着走，一些富家大户或子孙众多的丧家，是丧眷"拔龙须[buih⁸ ling² ciu¹]"走在灵柩的前面，"龙须"的最前端是女婿或孙女婿或侄女婿，称为"龙目"；而孝长子手执"兔仔尾[too³ a³ bbe³]"即丧杖走在两条白布中间，孝妇依亲疏辈分列队跟随在后。灵柩之后是民乐队，俗称"棺后吹"。泉州地区的丧礼就更为隆重了。所以闽南地区闽南话有句俗语，叫作"生着踮苏杭两州，死着踮福建泉州[siN¹ dioh⁸ diam⁵ soo¹ hang² nng⁶ ziu¹，si³ dioh⁸ diam⁵ hok⁷ gian⁵ zuan² ziu¹]"。贫家的出丧队伍也同样要备有额外的纸花和糖果，一路上有很多看热闹的孩童，有的会像送葬者一样加入队伍中走一段路，丧家也必须分给他们纸花和糖果。即使是大户人家，如果死者辈分低，或子女尚幼，也不能举行大型的丧礼，只得降低规格，低调治丧，俗称"苦丧[sng¹]"。闽南出殡也有禁忌。如送葬者回家不能直接跨进家门，而要在事先置放在门口的一盆浸有艾叶和石榴叶的水中洗手以去掉晦气，把水撒泼到外边的路上再进家门。有的是折另一条路返回丧家，这里已经为他们准备了洗手洗脸的水,洗掉晦气后吃丧家提供的发粿,祝愿其"大发",然后再拿一条丧家赠送的红丝线或红布条离去。有些地方,人无论是吊唁还是送葬,都会随身带一小枝榕树芽以防丧煞。送葬者此后百日内不可参与喜事,连别人蒸"粿"时也必须回避,以免人家的"粿"蒸不熟。出殡时孝男涕泪满面,不得擦抹。若遇下雨,送葬者可打雨伞或戴斗笠,但丧属不得使用雨具,只能任雨淋。雨天道路泥泞积水,孝男也必须跪在泥水中辞客。出殡时忌走回头路,棺柩只能前进,不得退后,万一走错路,也要一直走到前面的拐弯处再绕道走远路而行。在送葬途中遇到过往的熟人,禁忌呼其名字。

第八节 从"围炉""博饼"等词语看岁时节庆礼俗

闽南岁时节庆多,伴有许多岁时节庆的习俗。下面介绍几个比较有趣的岁时节庆习俗的文化内容。

围炉[ui² loo²]。除夕晚的年夜饭。闽南习俗,年夜饭要全家人围坐在饭桌一起吃,外出的人,哪怕在远地,也要赶回家吃这顿团圆饭,确实不能回来,家人也要在桌上给他留一副餐具,表示他也在我们中间,一家团团圆圆围炉吃个团圆饭。这顿团圆饭,虽各地各家略有不同,但都特别丰盛。闽南童谣《围炉歌》记录了年夜饭大家欢庆的盛况:"二九暝,全家坐圆圆,年兜[dao¹]好日子,围炉过新年。桌顶酒菜满满是,鸡鸭封肉红瓜鱼[ang² gue¹ hi²]。一盘长年菜,一碗金针素木耳[bbok⁸ ni³]。红膏蟳[zim²],乌鳗[mua²]鱼,食蚶则[ziah⁷]会大趁钱。大人囝仔[gin³ na³]笑眯眯,祝公妈,岁寿食百二,祝全家,平安顺利无代志。"吃团圆饭前,先用丰盛的菜肴祭祀祖先。其中必有白米干饭,插上绸制的"红春仔"花,叫"春饭"。在闽南话里,"春"与"剩余"的"伸[cun¹]"同义,"春饭"一直要放到过年,所以也叫"过年饭",表示富足有余迎新春。"围炉"席上的菜肴正如童谣描述的,有祝愿大吉大利、长寿平安、富足有余的意思。吃完"围炉",接着"守岁",闽南话叫"守暝[ciu³mi²]"。这时,大人忙于整理庭户,换门神,贴春联,挂年画,摆瓜果……小孩们围聚一起下棋,讲古,猜谜,做游戏等,通宵达旦,直等到子时鸡啼,鞭炮齐鸣,表明春节已到。

正月[ziaN¹ggeh⁸]。春节。闽南地区各地春节的习俗略有不同,但都比较完整地沿袭了中华民族过春节的传统。以厦门为例。初一早最重要的礼俗活动是"敬天公""敬神""拜祖先"。初一子时一到,人们先在家中厅堂的案桌前,向上天感恩并祈求来年丰收平安,祭拜祖先。接着依男女老幼大小,给长辈拜年。小辈向长辈拜年,长辈要给晚辈红包,红包的钱额必须是双数。这天的早餐,除有年糕外,还有甜面线,意味着日子甜蜜,长命百岁。家里拜完年后,就可外出登门向亲朋好友拜年。初二,女儿在女婿陪同下,带着礼物回娘家,俗称"做客"。岳父母要宴请招待女婿,礼节隆重。所以民间说初二请女婿,是"团婿日"。闽南春节的活动时间比较长,差不多每天都有安排。童谣这样描述:"初一早,初二早,初三睏到饱。初四神落地,初五隔开,初六沃肥[ak⁷bui²]。初七七元,初八完全。初九天公生,初十地公暝。十一有食福,十二弄叮咚,十三关帝人迎[ngia²]跙,十四搭灯棚,十五上元暝。"厦门多数人认为初三亲友来访会带来"晦气",所以不愿意亲友来访,也不对外出访,再加上初一、二接待和外出劳累,初三正好在家休息睡个饱。初四,传说灶王爷农历十二月二十四上天向玉皇大帝禀报人间善恶,于初四返回,所以这一天,民间要迎接灶王爷回家,希望带来好运,保佑平安发财。在农耕社会,过春节意味着春耕将到,所以初五要跟节日隔开,开始恢复一切生计,农民要做好备耕工作,商号店铺要开门营业。民俗认为初七是"人日",就是人生日,要吃面祝寿。初八"完全",闽南各地说法不一。有的指过年积攒下来的农活至此做完。初九在闽南是重要节日,叫"天公生",就是天公的生日诞。"地公冥"是土地爷的冥诞。这时开始筹措正月十五的元宵节。

天公生[tiN¹gong¹siN¹]。这是天老爷的生日诞,闽南人要感恩天老爷赐给天地人一切并祈求它保佑万物万人平安顺利。初八深夜到初九清晨举行祭拜仪式,不但要大放鞭炮,供品也很讲究。上桌和下桌供品很不同,上桌献给最崇高尊贵的天公,以清素的斋品为主,如清茶,扎红线的线面,柑橘、苹果、香瓜、甘蔗、香蕉等五果,金针、木耳、香菇、冬粉、花生、红枣等六斋,还有鲜花蜡烛各一对;下桌是献给天公的部属神明,以荤食为主,如鸡、鸭、鱼、猪、羊等五牲,还要有红龟粿、甜料(如米枣、甜糕)等。有闽南歌谣为证:"正月初九五更天,三牲五谷放桌边。一家老少徛相倚,一拜丰收财运添,二拜健康笑眯眯,三拜团圆不分离。真心许愿嘴着甜,放炮共庆天公生。"天公生是闽南传统民俗中重要的日子。

上元暝[siong⁶gguan²mi²]。农历正月十五,是农历新年第一个月圆的日子,这天的活动主要在晚上,所以叫上元暝。通常叫元宵节。闽南元宵节的主要活动是看灯,游灯。"灯"与"丁"在闽南话中同音,所以在厦门,元宵节有"送灯添丁"的习俗,寓意人丁兴旺。泉州闹元宵,以灯为主,户户张灯结彩,男女老幼,买灯,看灯,送灯,热闹非凡,还举行元宵灯会、文艺踩街等活动。与这个活动有关的,还有"听香""钻灯脚"的习俗。"听香"是未婚妇女在元宵夜先在神像前上烛烧香,跪拜占卜,然后按"掷筊"所指的方向走去,在街头巷尾听到别人说的第一句与婚事有关的话语,特别是吉祥语,就会被看作婚事能成的好兆头。"钻灯脚"是已婚未育的妇女,为祈求添丁,到祠庙或街上的灯棚底下钻进钻出,希望能"钻灯脚,生卵泡",即圆"添丁生子"的梦。家家户户必吃"上元圆"也即特制的汤圆,也是这个节日的主要内容。但"上元圆"要在敬神祀祖后全家聚餐时吃,取月圆人圆双双均圆圆满满的意思。此外,还有"灯猜""舞龙灯""舞狮"以及"歌仔阵""大车鼓""艺棚""蜈蚣阁""宋江游""高跷""大鼓凉伞舞"等娱乐活动。

清明[ciN¹mia²]。清明是祭奠已故祖先与先贤的古老节日。闽南人继承"慎终追远,民德归厚"的习俗,特别强调在这一节日凭吊祭祀祖先和先贤。闽南俗语云:

年兜无转去无某,ni² dao¹ bbo² dng³ ki⁵ bbo² bboo³,
清明无转去无墓,ciN¹ mia² bbo² dng³ ki⁵ bbo² bboo⁶,
冬节无转去无祖。dang¹ zueh⁷ bbo² dng³ ki⁵ bbo² zoo³。

这三个节日都要祭天拜祖先,离家在外的人,除非有特殊原因,都要回家参与祭拜祖先。可见闽南人对感恩、孝敬和人伦和谐等观念的重视。清明节的主要活动是祭祖扫墓,清明节前后各有十天的时间,家人要扫墓祭祖。可以在宗族祠堂举行祭祀先辈的仪式。由于坟墓多在郊野山上,一家人都要到郊外扫墓。人们在墓地上供祭品,点香烛,烧冥纸,或在墓上放冥纸,然后用小石块压着,以防止被风吹走;墓碑上的字要重新描红,墓四周围的杂草要清扫,还要培土。所以闽南人说"上墓[ciuN⁶ bbong⁶]"、"培墓[bue² bbong⁶]"或"压墓纸[deh⁷ bbong⁶ zua³]"。现在扫墓多不摆放供品，只献纸花或鲜花。闽南童谣形象地概括了闽南清明节祭奠先贤祖先的文化内容："三月到，是清明，买好墓纸压墓埕。亲堂叔伯甲兄弟，相招来去墓山行。山顶祭拜思先祖，叔公讲古互阮听：讲根基佫[goh⁷]有人名，祖公底时[di⁶si²]来到遮[zia²]。传枝接箬到甲当[duan² gi¹ ziap⁷ hioh⁷ gao⁵ gah⁷ daN¹]，囝囝[giaN³]孙孙一各坪[zit⁸ lin⁵ piaN²]。"吃春卷也是闽南地区清明重要的食俗。春卷叫作"薄饼[boh⁸ biaN³]"或"润饼[lun⁶ biaN³]"。闽南人清明吃"薄饼"或"润饼"，据说和古时的寒食节有关系。寒食，顾名思义，就是不生火做饭，吃冷食。中国过往的春祭都在寒食节进行，直到唐朝，寒食节与清明节合并，寒食禁火习俗逐渐消失。后来改为清明节。因此闽南人在清明节吃"寒食"（薄饼），这一古老的习俗在全国也少见。

五月节[ggoo⁶ ggeh⁸ zueh⁷]。端午节，因为是农历五月初五，所以叫"五月节"。传统习俗是吃粽子，划龙船。闽南端午习俗主要有三种：一是驱毒灭虫、避邪祈福消灾习俗，包括门楣插"五瑞"（即艾草等五种植物）、小孩胸佩香袋、喝雄黄酒，还有炒午时盐，采草药做午时茶，午时用兰草水洗浴。有的地方还有"采莲"的锣鼓阵活动。二是吃粽子、发糕。许多家庭都要包粽子，闽南话叫"裹粽[ge³ zang⁵]"或"缚粽[bak⁸ zang⁵]"。粽子主料多为糯米。佐料有咸甜之分。更有具有厦门特色的黄色半透明无馅的"碱仔粽[giN¹ a³ zang⁵]"，除用来祭祖祀神外，还在亲朋邻里间相互馈赠。三是划龙舟，有的地方还有走"贡王"的民俗以及各种游艺活动。厦门除了赛龙舟外，还有"抓鸭子"的民间传统竞技活动。活动在水面上举行，参加者要赤脚走过涂满滑油的圆木竿，打开装有鸭子的木箱，让鸭子冲出木箱跑进水中，然后跳入水中去抓鸭子。整个场面十分火爆，闽南风情浓郁。陈嘉庚曾在集美建龙舟池及造龙舟多只，自1953年起每年都在集美举行龙舟竞赛。1987年更发展成国际性的龙舟邀请赛,影响极大。

普度[poo³doo⁶]。"普度"是闽南大节日,但它不是闽南人创设的,而是继承自古代中原农历七月十五的"盂兰盆节"或"盂兰盆会",也称"中元节"。闽南人对其有所发展和创造。其一,传统中元节只在每年农历七月十五举行,闽南人的中元节为农历七月整整一个月,从七月初一开地狱门直到七月三十关地狱门。闽南人称七月为"鬼月",七月的普度为"鬼节"。这三十天里,除初一、十五和三十这三天是大家一起做普度外,其余日子则大家轮流(一般是按地区或街巷的不同)做普度。普度除祭祀先人外,主要祭祀那些在战祸、自然灾害等中死亡但无家人祭祀的孤魂野鬼。这些孤魂野鬼,闽南人称"好兄弟"。举办这些活动,让这些"好兄弟"也能享受人间烟火,表现了闽南人的悲悯情怀。此外,闽南有农历七月不能结婚,不能盖房子,小孩不能游泳等禁忌。普度要"做功德",做法事,烧纸钱,演打城戏,打破地狱门,供品美味,仪式隆重而盛大。

中秋节[diong¹ciu¹zueh⁷]。农历八月十五,闽南人在这一天有合家团聚、赏月吃月饼的习俗,所以称"中秋节"或"八月节"。农历八月,秋高气爽,明月当空,正值闽南白薯和芋头成熟丰收、柚子登市,闽南俗语叫"八月十五番薯芋"。番薯、芋头也是闽南民众的主食,番薯的心是黄的,芋头的肉是白的,黄寓意金,白寓意银,吃番薯、芋头,寓意包金包银、招财进宝之意。闽南人在这个时候有吃番薯、芋头的习俗。这时还要祭月,也叫"拜月",供品主要是月饼、茶料、瓜果、芋头,以此寄托"月圆、花好、人长寿"的美好愿望。百姓边赏月边品茶吃月饼,吟诗作画,孩子们听讲嫦娥奔月的故事。当然也少不了举办猜谜、听香等民俗活动。不过,在厦门,中秋节有一项特殊的民俗活动——

"博饼[buah⁸biaN³]",也叫"博状元饼""博会饼"。中秋节前后,厦门流行一种饼类食品叫"中秋会饼",也叫"状元会饼"。一套中秋会饼叫"一会[zit⁸hue⁶]","一会"由六种类型六十三块大小不同的月饼组成。最大的叫"状元[ziong⁶gguan²]";次大的有两个,叫"对长[dui⁵dng²]";第三大的有四个,叫"三红[saN¹ang²]";第四大的有八个,叫"四进[su⁵zin⁵]";第五大的有十六个,叫"二举[li⁶gu³]";最小的有三十二个,叫"一秀[it⁷siu⁵]"。据说"一秀""二举""四进""三红"分别借指古代科举的"秀才""举人""进士""探花"。每会中秋饼有六个骰子,均是正方形的六面体,分别刻上一点、二点、三点、四点、五点和六点,其中一个点的和四个点的是红色。通常是四口以上之家玩一会月饼,按序轮流把六个骰子投掷到陶瓷碗中。六个骰子中有一个四红点出现就得"一秀"一个,有两个四点出现得"二举"一个,有三个四红点得"三红"一个,有四个四红点出现就是"状元"。一次博饼中有几个人都出现"状元"的骰子时,则比较其余两个骰子的黑点数,以黑点数居多者赢。四个四红点和两个一红点同时出现为"状元插金花",得"状元"兼"对堂";五个四红点叫"五红",也为状元,仅次于"状元插金花"。五个相同黑点出现叫"五子[ngoo³zu³]",也属于得状元,但级别比四个四点红的"状元"高。六个四红点同时出现叫"六蘸红[liok⁸pu³ang²]",一般是拿走还未被人博走的月饼,也有的主张是全会会饼,包括被别人博走的,通通归博中"六蘸红"的人所得。六个相同的黑点数同时出现叫"六蘸乌[liok⁸pu³oo¹]",有人认为晦气,昔时也有人则用在熄灯的黑暗中大家摸取所剩在桌上的月饼取乐,俗称"抢饼[ciuN³biaN³]"。博饼过程中,一个人中得几次"状元",以最低点数的那一次为准。除四点红的骰子外,凡其他骰子中有四个点数相同的为"四进",六个骰子依次排出一、二、三、四、

五、六的为"对堂"。"状元"要至其他类型月饼都拿光了才能论定归属。参与者尚可在"博饼"前协商订立补充规则。如骰子跳出碗外停掷一次等等。由于博饼这种游戏是大家都有所得,只是多少而已,所以不叫赌饼。博饼增添了节日的气氛,更重要的是参与的人都是在和谐平等的氛围里通过各自的"手运"获得月饼,在彼此比拼、逗趣中获得快乐和满足。童谣见证了博饼活动的情趣:"中秋月圆像明镜,耀甲四界光映映。家家户户博月饼,骰仔捆甲大细声。阿公博着状元饼,小弟博着一秀仔。大姊[zi³]博无让阿兄。阿公博着状元饼,博了分互逐个食。逐个那食那多谢,祝伊出运大好额。"现在,"博饼"这个习俗已流传到漳州、泉州、台湾以及东南亚华侨华人之中。中秋节(中秋博饼)已列入国家级非物质文化遗产代表性项目名录。

冬节[dang¹ zueh⁷]。冬至是二十四节气里第二十二个节气,也是中华传统文化里重要的节日。这个节日的重要习俗是祭天祀祖。闽南俗语"冬节大如过年""冬节无转厝无祖",说明"冬节"在闽南也是很重要的节日,强调外出的人,在冬节这一天无论如何也要赶回家祭拜祖宗。闽南地区冬节最重要的食俗是搓汤圆吃汤圆,闽南话叫作"挼粞搓圆[ue¹ cue⁵ so¹ iN²],拜天敬祖公"。"圆",就是团圆,就是要一家人团圆来祭天祀祖。冬节早上,煮甜汤圆先敬奉天公祭祀祖先,然后阖家以甜丸汤作为早餐。有的人家还在餐后留下几粒汤圆,粘于门上,以"敬门神";有的还把冬节圆一两粒粘在大门、小门、窗门、仓门、床、柜、桌、井、厕,甚至牛舍、猪舍上面,祭告一番,以求保佑一家大小平安。闽南俗语还有"食了冬节圆,岁数长一年"的说法,谓之"添岁"。民谣也有"冬节大如年,圆仔圆佫圆,全家团圆好过新年"。闽南人做冬节圆很有讲究,从外表看,冬节圆有红色的"红圆"和白色的"白圆"。童谣风趣地说起吃这两种不同颜色汤圆的好处:"冬节圆,搓圆圆,有红圆,有白圆。冬节圆,甜甜甜,白的平安大趁钱,红的合家大团圆,逐个欢喜等过年。"闽南人根据长期对气象的观测,很重视冬至这天气候变化对来年春节气候的影响,这就是闽南气象俗语所说的:"冬节在月头,要寒在年兜。冬节月中央,无雪佫无霜。冬节在月尾,要寒正二月。"意思是说,冬节一般是在农历十一月份的某一天来到的。如果是出现在农历十一月的上旬,那就意味着这年冬季最寒冷的天气会出现在除夕前后一段时间;如果冬节是出现在农历十一月中旬,那就意味着这年冬季是暖冬,天气不会太寒冷;如果冬节是出现在农历十一月下旬,那就意味着这年冬季最寒冷的时间是在来年农历正月和二月这段时间。还有"澹冬节[dam^2 dang^1 zueh^7],干正月[da^{1}ziaN^1 ggeh^8];干冬节,澹正月",意思是说,如果这年冬至这天是晴朗无雨天气,那么来年的农历正月很可能是阴雨的天气;反之,如果这年冬至是阴雨天气,那么来年的农历正月很可能是晴朗无雨的天气。从这里也可看出闽南人的智慧。

其他如农历十二月十六的牙祭,闽南话叫"尾牙[bbe^3 gge^2]"祭祀、农历十二月二十四的送灶神回天上的"送神[sang^5 sin^2]"以及农历正月初四迎接灶神从天上回来的"迎神[ngia^2 sin^2]"活动,在闽南都有其特殊的文化内容。

此外,闽南民间工艺,如漆线雕、彩扎、瓷雕、石雕,都有丰富的内容和制作技艺技巧。

从上述各节的情况可以看出,闽南方言与闽南文化有密切关系。一方面,闽南方言是记载闽南文化最重要的工具,闽南文化失去闽南方言的依托,就不可能生存。另一方面,闽南方言也是闽南文化重要的表现工具。闽南文化的存在和传承,必须依靠闽南方言来实现。因此,保护和传承闽南文化,就要从保护和传承闽南方言做起。

第三章　闽南方言现状的调查与分析

长期以来,闽南方言是闽南地区人民语言生活中最重要的交际工具,占据绝对优势地位。随着社会的发展变化,闽南方言在闽南地区人们的语言生活中的地位发生了变化。本章通过大量田野调查,特别是对闽南方言在青少年学生中的使用现状进行调查及对有关部门的领导和专家进行访问、与他们探讨,分析闽南方言衰退的原因,为今后做好闽南方言及其文化的保护传承工作提供建议。

第一节　闽南地区的语言生活

闽南地区的语言生活,大体可以分为三个阶段。第一个阶段是二十世纪六十年代推广普通话运动之前。这个阶段的时间最长,其特点是,闽南地区百姓的生活中,闽南方言占绝对的优势。第二阶段是二十世纪六十年代开始至八十年代初改革开放之前。这个阶段的特点是,普通话的普及推广工作开始兴起并日益深入,闽南方言的优势地位逐渐动摇。第三阶段是二十世纪改革开放开始至今。这个阶段的特点是普通话的强势影响,尤其在中心城市及一些市县区和乡镇,外来人口大量增加,普通话的优势地位日益明显,出现双语并存的语言生活形态。

一、闽南方言占绝对优势

闽南方言自形成后到二十世纪六十年代长达两千多年的时间里,一直是闽南地区人们最重要的交际工具,闽南方言在社会生活中占有绝对的优势地位。泉州是闽南地区开发最早的地方,所以它是闽南方言的发祥地。漳州的开发虽然比泉州晚,但也是闽南方言流播的重要地区。泉漳两地的闽南方言,由于各自的历史、地理条件的不同,虽然大体一致,但内部略有差异。清末,泉州人黄谦受福州音系的韵书《戚林八音》的影响,编写了一本反映泉州闽南方言音系的韵书《彙音妙悟》。不久,漳州的谢秀岚也编写了一本反映漳州闽南方言音系的韵书《汇集雅俗通十五音》。这两本韵书是闽南地区两地语音最早的书面记载。其所反映的两地音系跟今天泉、漳两地的语音虽有差异,但总的说来相当接近。从中可以看到,泉漳两地闽南方言语音之间的一致性仍然大于差异性。有人做过粗略的比较,指出,两地之间的差异,不论是语音还是词汇,只在8%～10%之间。厦门岛原是泉州府同安县的一个渔村小岛,清代中后期逐渐发展,鸦片战争后,成为我国五个通商口岸之一,发展加速。这个时期,厦门岛上的人口大幅增加。当时,厦门岛上的人口主要是来自泉、漳两地的移民。移民带来的两地闽南方言在这个小岛上相互渗透,最后大融合。大融合的结果不是哪个地区的闽南方言绝对战胜另一个地区的闽南方言,而是厦门岛上生活的泉、漳移民在相互交融中逐渐舍弃自己带来的闽南方言里比较不好发音或发音比较复杂的声韵母而使用比较好发音或发音比较简单的声韵母,以有别于泉州、漳州方音而逐渐形成具有自己特色的厦门话。例如,将泉州音读uu韵母的字("猪除序居鱼去"等)改读为

u 韵母("除序居"等)或 i 韵母("猪鱼去"等),将泉州音读 ə 韵母的字("飞皮糜袋粿火"等)改读为 e 韵母,将泉州音读 ne 韵母的字("根恨恩"等)改读为 un 韵母,将泉州音读 əh 韵母的字("袜月郭"等)改读为 eh 韵母。将漳州音读 zz 声母的字("儿柔任嚷入肉"等)跟 l 声母合并读为 l 声母,将漳州音读 ee 韵母的字("马茶家下"等)改读为 e 韵母,将漳州音读 eeN 韵母的字("平病郑生羹"等)改读为 iN 韵母,将漳州音读 iooN 韵母的字("张章像乡羊"等)改为就泉州的 iuN 韵母,将漳州音读 eeh 韵母的字("伯")改读为 eh 韵母,等等。改造和调整泉、漳两地方音而得的厦门音,与泉、漳两地语音的一致仍多于差异,差异在10%之内。换句话说,厦、泉、漳三地的人讲各自方言基本上能相互交流。

民国初年,虽然国语(今天所说的普通话)的前身已开始在全国各地逐渐推行,但在南方地区,推行的速度仍然很慢。闽地虽然不能说国语是针插不进水泼不入的,但仅在极少数的官员、士大夫阶层以及读书人的小范围里使用,作为身份的象征。不过,受各自方音的影响,除了那些从京城地区来闽地的极少数人能说出比较标准的国语外,其余大部分人也只能说出跟京城音同属于北方方言的南腔北调的北方话;那些会说国语的闽籍知识分子,受闽南方言方音的影响或干扰,说出来的那一口国语带着比较浓重的闽南方言方音色彩。所以闽南地区才会出现像卢戆章这样的语文专家,制定了学习闽南方言和国语的拼音方案,希望人们能因此而说一口比较好听的国语。总之到了民国初期,闽南地区广大老百姓仍然听不懂或讲不出国语,他们操持着的还是祖辈相袭的闽南方言。由于闽南方言没有标准音,他们说的闽南方言多带各地方音腔调,如晋江腔、南安腔、惠安腔、安溪腔、永春腔、长泰腔、漳浦腔、龙海腔、平和腔、南靖腔、诏安腔、云霄腔,但彼此通话仍无大碍。闽南方言仍是闽南地区人们最重要的交际工具,闽南方言仍然在闽南地区占统治地位。

二十世纪四十年代末,闽南地区解放。南下解放福建闽南地区的部队主要是叶飞上将率领的第三野战军第十兵团。这个兵团所属的几个军的主要官兵多数是山东籍的,他们主要使用北方方言的山东话。解放后还有一大批南下的干部,其中有山西籍的,也有江浙地区南下服务团的。这样,作为普通话基础方言的北方话也就随着这些为数不少的北方人在闽南地区使用,不少人长期扎根闽南,他们与子女也就成为新闽南人,他们在与老闽南人融合的过程中逐渐适应闽南地区的生活,逐渐学会闽南方言。这样北方话就逐渐进入闽南地区人们的生活中,闽南人在跟这些北方人的接触中也逐渐了解与闽南方言相距甚大的北方话。应该说,闽南方言的优势地位依然存在。

二、闽南方言的优势地位开始动摇

二十世纪五十年代,祖国大陆已实现完全统一。国家经过三年经济恢复时期后,进入经济建设时期,施行第一个五年计划。为了维护国家的统一以及适应国家政治、经济和文化建设的需要,国家抓紧推广汉民族共同语普通话(即早期所谓的"国语")的工作。1958年,国务院总理周恩来在全国政治协商会议报告会上做题为"当前文字改革的任务"的报告。报告里,周总理说:"当前文字改革的任务是:简化汉字,推广普通话,制定和推行汉语拼音方案。"该报告第一次以政府的名义提出了我国的语言文字政策。为什么要大力推广普通话呢?周总理是这样说的:"我国汉民族的语言还存在着很严重的方言分歧。其中大量的是语音方面的问题。不同地区的人,如果各说各的方言,往往不容易互相了解。甚至在同一个省里,例如闽南人跟闽北人,苏南人跟苏北人,交谈就发生困难。这种方言的分歧,对于我国人民的政治、经济、文化生活都带来了不利的影响,北方的干部有时要调到南方去,南方的大学生有时要分配到北方来,沿海城市的工人要去支援内地的工业建设——如果没有一种共同的语言,我们的建设工作就会遭到一定的困难。常常有这样的事情:一个重要的报告,一门重要的课程,由于方言的作梗,大大妨碍了听讲的人的理解。广播和电影是我们的重要的宣传工具,但是由于普通话还没有普及,它们的功效在方言地区不能不受到一定的限制。解放以来……全国人民在共产党和人民政府的领导下为建设社会主义这个共同目标而奋斗,人们就越来越感觉到使用一种共同语言的迫切需要。因此,在我国汉族人民中努力推广以北京语音为标准音的普通话就是一项重要的政治任务。"由于这个报告有重大影响与强大助力,实际向全国人民吹响了推广与普及普通话的号角。闽南地区也不例外。在政府的领导下,闽南地区人们的语言生活开始发生变化。闽南地区人们的语言生活由此进入第二阶段,单一闽南方言所占的绝对统治地位开始动摇,也就是说,普通话逐渐进入闽南地区人们生活的圈子。各级政府根据中央的部署和要求,积极采取有效的措施,使普通话的推广普及逐渐深入人心。这当然是正确的也是应该的,特别是在普通话在闽南还不能家喻户晓、人人都会说的情况下,推广与普及普通话的任务就不算完成,闽南人都有责任和义务遵守宪法,学会并推广普通话。

变化最明显的是闽南三地的中心城市以及经济较发达、对外交流较多的乡镇地区,这些地区机关和企事业单位的工作人员以及学校师生教学逐渐多用普通话,广播、电影、文艺演出等也不同程度地增加使用普通话的时间和分量。不少干部、教师感受到推广和普及普通话的好处,自觉学习和讲普通话。在这些中心城市以及乡镇地区的影响和带动下,普通话逐渐影响周边的县镇乡村的广大百姓。在党和政府的领导下,省、市各级政府都陆续设立领导与管理普通话推广普及工作的专门行政机构或指定专人来负责普通话的推广与普及,所以从六十年代初期开始,各地都迎来推广和普及普通话的高潮。福建山区的大田县,是全省因方言复杂而出名的县。只有十多万人口的小县城,竟然流行福州方言、闽南方言、闽北方言和闽中方言等;县内许多隔乡镇,甚至是隔一座山一条溪,相互间的方音竟然不同,以致相互通话都有困难。在推广普通话的热潮中,全县男女老幼,人人都学会讲普通话,一跃成为全国推广普及普通话的标兵县,出现许多学说或推广普通话的先进人物。应该肯定,闽南地区各级政府在推广普通话方面有成绩有贡献。不过,一些县(市)政府个别领导为了快速达标,便采取禁止说闽南方言的措施和做法,致使有些单位,特别是学校,强令师生入校园一律不准说闽南方言,只能说普通话,说闽南方言就要受到批评,班级拿不到红旗,学生则要罚站或受其他处罚。甚至要求师生走出校门也不能说闽南方言,只说普通话。当时,社会上也出现只能说普通话不准说闽南方言的要求,有的人甚至荒谬地提出说方言就是搞小宗派小团体活动,唯普通话独尊。闽南方言在社会生活中占据的优势地位受到极大的冲击和动摇。

　　这种排挤、打击闽南方言的错误做法,显然违背中央关于处理好推广普通话和保留地方方言关系的指示精神。这一时期,在闽南地区,普通话得到迅速推广和普及,地位迅速提高,闽南方言的消退、萎缩在加速,方言的地位急剧下降。在闽南地区的中心城市和经济较发达、对外交流较多的乡镇地区,能说普通话的人数大大增加,尤其是在青少年中,几乎全面覆盖,只有部分老人是普通话的"盲区"。较偏远的县、城镇,普通话的普及率虽不及中心城市或经济较发达、对外交流较多的乡镇地区,但当地居民也开始学说普通话,日常生活中逐渐用普通话交流。总之,能听又能说普通话的人逐渐增加。以削弱闽南方言来换取普通话的推广与普及显然不是正确的做法,今天看来,应该对一些过"左"做法的不良后果进行深刻反思。二十世纪六十年代初,六至七岁的孩童一进入学校就接受用普通话进行的教育,到二十世纪八十年代已是二十来岁的青年,虽然还能说方言,但已不如中老年人。可以说,到二十世纪八十年代初,一大批青少年人已经把普通话作为主要的语言交际工具。闽南地区语言生活中双语形态逐渐形成。

三、闽南社会双语形态形成

从二十世纪改革开放起至今,闽南地区语言生活的发展进入第三阶段。这阶段的主要特点是,由于推广普通话工作取得很好的成绩,普通话在生活中的强势影响使其优势地位日益明显,闽南地区的语言生活基本呈现普通话与闽南方言双语并存的状态,但地区内部发展存在不平衡。首先,中心城市,尤其是厦门,双语状态中普通话略占优势地位,方言略显弱势;其他中心城市以及经济较发达、对外交流较多的乡镇地区,双语状态并存,或者普通话略占优势,或者方言略占优势。但偏远或不发达的县(市)乡镇,虽然整个社会生活是双语生态,但在非正式场合,如家庭、娱乐场所、商店市场,本地居民的交往中,闽南方言略占优势,但比昔日已萎缩不少。

以中心城市厦门的市区为例。厦门市区的社会语言生活虽然是双语状态,但普通话却占优势地位。造成这种情况主要有几个原因。一是改革开放以来,厦门市区外来人口大量增加。统计表明,厦门市区外来人口(包括常住的和非常住的流动人口)跟闽南籍人口逐步接近。二是六十年代推广和普及普通话时出生的闽南人现在大都已步入或将进入六十岁的行列了,这些人因长期受普通话熏陶,也多说普通话,他们的闽南话水平也比老年一代差多了。他们的子孙更是不如父辈,许多都不会讲或讲不好闽南话。因此在普通话闽南话双语并存的情况下,如不及时保护、抢救与传承,将进一步加快闽南话消退的速度。

此外,人们的思想观念、社会环境的影响及对政策引导的误解等等因素,都使人们对闽南方言产生错误的或带有一些偏差的看法。

表 3-1 表明了厦门市区闽南籍人口双语使用情况。调查采用问卷的办法。调查对象是闽南人,年龄在二十岁至六十五岁,随机发放问卷,由持卷人立即填写。共获得有效问卷两百份。

表 3-1　厦门市区闽南籍人口双语使用情况比较表

语言	普通话	闽南方言	普通话与闽南方言
人数	102	30	68
所占比例/%	51	15	34

说明:填写普通话者,表明他(她)所使用的交际语言80%以上是普通话;填写闽南方言者,表明他(她)所使用的交际语言80%以上是闽南方言;填写普通话与闽南方言者,表明他(她)所使用的交际语言既有普通话,又有闽南方言,各占一半左右。

表 3-2　厦门市区闽南籍人口不同年龄段使用语言情况比较表

		20岁及以下	21~40岁	41~60岁	61岁及以上
普通话	人数	41	36	24	1
	比例/%	84	55	35	6
闽南方言	人数	5	10	12	3
	比例/%	10	15	17	19

续表

		20岁及以下	21～40岁	41～60岁	61岁及以上
普通话与闽南方言	人数	3	20	33	12
	比例/%	6	30	48	75

说明:每个年龄段的男女比例基本相同。

表3-3 厦门市区闽南籍人口在不同场合使用语言情况比较表

交际场合	普通话	闽南方言	普通话与闽南方言
在商场询问商品信息时	112	28	60
在学校与会说闽南方言同学交谈	138	22	40
到医院看病时	162	10	28
在饭馆吃饭时	121	32	47
到政府部门或企事业单位办事时	152	12	36

说明:受访者男女比例基本各半。

下面是泉州市的情况①。

表3-4 泉州市闽南籍人口双语使用情况比较表

语言	普通话	闽南方言	普通话与闽南方言
人数	105	28	151
占比/%	37	10	53

表3-5 泉州市闽南籍人口不同年龄使用语言情况比较表

	说明	20岁及以下	21～40岁	41～60岁	61岁及以上
普通话	人数	34	67	3	1
	比例/%	44	37	13	33
闽南方言	人数	1	20	7	
	比例/%	1	11	29	
普通话与闽南方言	人数	43	92	14	2
	比例/%	55	51	58	67

① 林华东.闽南文化:闽南族群的精神家园[M].厦门:厦门大学出版社,2013.

表3-6　泉州市闽南籍人口在不同场合使用语言情况比较表

交际场合	普通话	闽南方言	普通话与闽南方言
在商场询问商品信息时	79	15	6
在学校与会说闽南方言同学交谈	83	14	3
到医院看病时	73	17	10
在饭馆吃饭时	85	8	6
到政府部门或企事业单位办事时	71	20	9

当然,社会发展推动社会语言生活出现双语形态或多语形态并不是坏事,而是好事。这在许多国家或城市,特别是发达国家或者世界性大都会,并不少见。随着社会的进步和发展,双语或多语形态还会进一步发展,它对推动社会政治、经济、文化以及对外交流的发展是十分有利的。

第二节　闽南方言在青少年学生中的使用现状调查

从二十世纪八十年代改革开放起至今,闽南地区社会的语言生活呈现双语状态。在这个状态下,在中心城市以及经济较发达、对外交流较多的乡镇地区,普通话略占优势,闽南方言的使用规模日益衰退萎缩;在六十岁以下的人群,尤其是青少年中,普通话占优势地位。青少年是社会重要的主体,也是国家和社会的未来,他们目前的语言生活状况,尤其是闽南方言使用和保留的状况,就成为我们关注的重点。为了揭示青少年使用方言的情况,我们针对五种交际场合下的闽南方言的使用情况展开调研。我们选择在社会不同场合下的使用情况进行调研展示对闽南文化中与闽南方言关系特别密切的五大文化活动和闽南方言。另外还调研了青少年对三百条闽南方言日常生活词语掌握的情况,分别对厦门、泉州和漳州三地共十所学校的中小学生进行问卷调查,参加调查人数共三百八十三人。调查采用问卷的方法,制作了两份问卷。一份是《闽南方言与文化十大内容问卷调查表》。这个调查表中,歌仔戏等前五项是调查闽南文化五大内容的,后面听闽南话广播等五项是调查在不同场合闽南方言使用情况的。每个项目分别问经常听和看的人数、不经常听和看的人数。所谓"不经常"指一年中只偶尔看或听一两次。另一份是《三百条闽南话词语问卷调查表》。对于每个词,被调查的人都要回答会讲吗,以及会听吗。两份调查问卷都由学校的领导和老师挑选学生作答,大部分学生为闽南籍,个别学生虽然不是闽南籍,但至少已经来闽南生活五年并多少会听或讲闽南方言,而且有的还听或讲得不错。在老师的管理监督下,课题组成员逐项或逐条问,学生用笔在调查表的空格上打钩(√)或打叉(×)。学生不许交头接耳,只能在询问人提问后在空格下填写答案。调查完即当场收卷封存,由课题组带回来统计。

一、对闽南方言与文化十大内容的问卷调查

闽南方言与文化十大内容问卷调查(以下简称"十大内容调查")选择五个与闽南方言有较密切关系的两个口传文学项目和三个在闽南地区比较为广大群众所熟悉的戏曲中的一个曲艺形式南音来调查它们在本地群众中被了解与熟悉的程度。此外也调查了闽南方言在媒体、学校、家庭与公共场所的使用情况。

表 3-7　厦门、泉州、漳州三地十大内容调查综合情况表

选项	歌仔戏	高甲戏	南音	讲古	童谣	听闽南话广播	看闽南话电视	在学校讲闽南话	在家讲闽南话	在公共场所讲闽南话
①经常听/看/讲人数	48	32	57	68	142	111	130	97	270	103
②不经常听/看/讲人数	181	138	132	143	194	179	181	184	81	193
③没听/看/讲人数	146	205	172	165	41	86	65	94	27	77
参与答题总人数	375	375	361	376	377	376	376	375	378	373
比例/%	①13 ②48 ③39	①9 ②37 ③55	①16 ②37 ③48	①18 ②38 ③44	①38 ②51 ③11	①30 ②48 ③23	①35 ②48 ③17	①26 ②49 ③25	①71 ②21 ③7	①28 ②52 ③21

说明：

1. 问卷调查表共发 383 张，收回有效问卷 381 张，作废问卷 2。
2. "歌仔戏""高甲戏""在学校讲闽南话"三个项目有 8 人对表中的三个选项都未选，参与答题总人数有 375 人；"童谣"项目有 6 人对表中的三个选项都未选，参与答题总人数有 377 人；"讲古""听闽南话广播""看闽南话电视"三个项目有 7 人对表中的三个选项都未选，参与答题总人数有 376 人；"在家讲闽南话"项目有 5 人对表中的三个选项都未选，参与答题总人数有 378 人；"南音"项目有 22 人对表中的三个选项都未选，参与答题总人数有 361 人；"在公共场所讲闽南话"项目有 10 人对表中的三个选项都未选，参与答题总人数有 373 人。

歌仔戏、高甲戏、南音、讲古和童谣这五个文化内容，二十五年前，周长楫教授曾在厦门一些中小学校做过抽查。当时，前五项文化内容常看常听的人数比例平均在 50% 以上，而作者进行调研时发现三地常看常听的只占总人数的 18.6%。其中，三地学生常听常看闽南童谣的比例比较高，达 38%，可能是因为近

几年政府推动闽南方言与文化进校园后,各校的闽南乡土教材有不少闽南童谣的作品,以及厦门市广播电视集团闽南之声每年举办"读册歌"比赛暨闽南童谣比赛,电视台播出闽南童谣节目的影响,学生能经常听、看闽南童谣。其余四个文化活动内容,像歌仔戏、高甲戏,学生常看常听的比例分别是13%和9%,少得可怜。后面五个是关于闽南方言在不同场合使用的问题。二十五年前,周长楫教授也曾在厦门一些中小学校做过抽查。常说闽南方言的人数平均达60%以上,在家讲闽南方言的达75%左右。但本研究对这五项的调查表明,除了在家使用闽南方言的占比较高,占2/3以上外,其余四项都在1/3左右,可见学生们接受闽南方言熏陶和使用闽南方言的场合还是相当少的。

表3-8是厦门、泉州、漳州十大内容调查的比较情况,三地调查结果也不平衡。

表3-8 厦、泉、漳三地闽南文化十大内容调查比较表

地区	选项	歌仔戏	高甲戏	南音	讲古	童谣	听闽南话广播	看闽南话电视节目	在学校讲闽南话	在家讲闽南话	在公共场所讲闽南话
泉州	经常听看讲人数	9	25	40	33	54	51	49	30	99	35
	不经常听看讲人数	56	67	62	59	65	52	60	71	23	71
	没听看讲人数	67	40	30	40	13	28	22	31	10	26
	参与人数	132	132	132	132	132	131	131	132	132	132
	比例/%	7/42/51	19/51/30	30/47/23	25/45/30	41/49/10	39/40/21	37/46/17	23/54/23	75/17/8	27/54/20

续表

地区	选项	歌仔戏	高甲戏	南音	讲古	童谣	听闽南话广播	看闽南话电视节目	在学校讲闽南话	在家讲闽南话	在公共场所讲闽南话
厦门	经常听看讲人数	14	3	5	15	35	34	37	31	69	26
	不经常听看讲人数	56	43	41	35	48	44	46	42	23	43
	没听看讲人数	22	44	42	41	9	14	9	19	1	23
	参与人数	92	90	88	91	92	92	92	92	93	92
	比例/%	15/61/24	3/48/49	6/47/48	16/38/45	38/52/10	37/48/15	40/50/10	34/46/21	74/25/1	28/47/25
漳州	经常听看讲人数	25	4	12	20	53	26	44	36	101	42
	不经常听看讲人数	69	28	30	49	81	83	75	71	35	79
	没听看讲人数	57	121	102	84	19	44	34	44	16	28
	参与人数	151	153	144	153	153	153	153	151	152	149
	比例/%	17/46/38	3/18/79	8/21/71	13/32/55	35/53/12	17/54/29	29/49/22	24/47/29	66/23/11	28/53/19

说明：参与人数指回答该问题的学生人数。

歌仔戏等前五项文化内容，三地学生常看常听的人数占总人数的18.6%，其中厦门常看常听的人数占3.9%，泉州达8.6%，漳州达6.1%。因为歌仔戏流传于漳州与厦门，所以泉州地区常听常看的人只有7%,但厦门和漳州分别达15%和17%。闽南童谣由于三地的闽南方言与文化进入校园的乡土教材都有相当的数量,但三地学生一比,泉州、漳州地区常看常听的学生分别在41%和35%,厦门是38%,处于中值区。后面五项跟闽南方言有关的内容,除了经常在家讲闽南方言的比例较高,三地都达到2/3外,经常听闽南方言广播,看闽南方言电视节目以及在公共场所讲闽南方言的比例,三地都在40%及以下。这些情况清楚表明,青少年学生对闽南文化和闽南方言的使用,兴趣和热情都不高。换句话说,普通话在他们的语言生活中还是比较重要的工具,占有比较重要的地位。

我们还可以从三地中每地抽出一所小学来做对比,情况如表3-9、表3-10、表3-11所示:

表3-9 厦门市前埔南区小学十大内容调查情况表

选项	歌仔戏	高甲戏	南音	讲古	童谣	听闽南话广播	看闽南话电视节目	在学校讲闽南话	在家讲闽南话	在公共场所讲闽南话
经常听/看/讲人数	3	3	2	5	11	14	13	6	18	7
不经常听/看/讲人数	19	14	16	16	14	12	13	15	10	12
没听/看/讲人数	3	8	5	4	1	1	1	6	0	8
参与答题人数	25	25	23	25	26	27	27	27	28	27

续表

选项	歌仔戏	高甲戏	南音	讲古	童谣	听闽南话广播	看闽南话电视节目	在学校讲闽南话	在家讲闽南话	在公共场所讲闽南话
比例/%	12/76/12	12/56/32	9/70/22	20/64/16	42/54/4	52/44/4	48/48/4	22/56/22	64/36/0	26/44/30

说明：调查学生共32人，问卷32份。

表3-10　泉州市实验小学十大内容调查情况表

选项	歌仔戏	高甲戏	南音	讲古	童谣	听闽南话广播	看闽南话电视节目	在学校讲闽南话	在家讲闽南话	在公共场所讲闽南话
经常听/看/讲人数	3	12	18	15	17	20	23	5	31	14
不经常听/看/讲人数	19	20	11	11	14	10	10	22	1	16
没听/看/讲人数	11	1	4	7	2	3	0	6	1	3
参与答题人数	33	33	33	33	33	33	33	33	33	33
比例/%	9/58/33	36/61/3	55/33/12	45/33/21	52/42/6	61/30/9	70/30/0	15/67/18	94/3/3	42/49/9

表 3-11 漳州市实验小学十大内容调查情况表

选项	歌仔戏	高甲戏	南音	讲古	童谣	听闽南话广播	看闽南话电视节目	在学校讲闽南话	在家讲闽南话	在公共场所讲闽南话
经常听/看/讲人数	3	0	3	3	17	5	11	4	25	8
不经常听/看/讲人数	17	6	10	13	12	15	16	21	4	17
没听/看/讲人数	10	24	17	14	1	10	3	5	1	5
参与答题人数	30	30	30	30	30	30	30	30	30	30
比例/%	10/57/33	0/20/80	10/33/57	10/43/47	57/40/3	17/50/33	37/53/10	13/70/17	83/13/3	27/57/17

农村的情况会比市区好吗？为此，我们特地到漳州市漳浦县第一中学进行调查。调查结果见表 3-12。

漳浦历史悠久。东晋义熙九年(413 年)建置绥安县。唐垂拱二年(686 年)建置漳浦县，至今有 1300 多年。县陆域 1708 平方公里，人口有 78 万。

表 3-12 漳浦第一中学闽南文化十大内容调查情况

项目	芗剧	潮剧	南音	讲古	童谣	听闽南话广播	看闽南话电视节目	在学校讲闽南话	在家讲闽南话	在公共场所讲闽南话
经常听/看/讲人数	7	3	0	1	8	3	1	15	26	9
不经常听/看/讲人数	26	9	6	8	12	11	19	12	5	20
没听/看/讲人数	2	18	22	17	6	15	8	3	1	1
参与答题人数	35	30	28	26	26	29	28	30	32	30
比例/%	20/74.3/5.7	10/30/60	0/21.4/78.6	3.8/30.8/65.4	30.8/46.2/23.1	10.3/37.9/51.7	3.6/67.9/28.6	50/40/10	81.3/15.6/3.1	30/66.7/3.3

说明：总共发 35 份答卷，调查 35 位学生。

在歌仔戏、童谣等前五项闽南文化项目中，除了经常听、看童谣有 30.8％的人以外，其余的比例都较低。尤其是"讲古"，仅一人常听，占 3.8％。有关志书记载二十世纪五六十年代，漳浦曾是全国闻名的"讲古县"，讲古活动在农村中开展得有声有色，如今却冷落萧条到让人难以置信的地步。看来，农村青年学生对闽南文化的热情很低，甚至在某些方面还不如中心城市漳州。再看闽南方言在漳浦县青年学生心目中占有的分量。在家庭有较高比例的人可能是家庭祖辈父辈家人的影响而不得不多用闽南方言作为交际工具，因而看、听和讲闽南方言的比例较高，达81.3％，因而超过中心城市的比例，但经常在包括学校在内的公共场合讲闽南方言的比例也是十分低的。从漳浦县可以推及，在当今，闽南方言与闽南文化在闽南农村中的影响也在消退。

二、对300条闽南话词语的问卷调查

为了进一步了解目前青少年学生对闽南方言词语的了解和掌握情况，下面，我们从数以万计的闽南方言特有词语中拣选300条日常最常用的词语，面向厦门、泉州和漳州三地的小学生进行问卷调查。这300条可分为16个类别：001～017 天文地理。018～033 时令节日。034～052，068～070 动物植物。053～067，071 房舍用品。072～082 身体部位。083～090 疾病卫生。091～109 亲属称谓。110～120 人品职业。121～133 日常生活。134～145 文化教育。146～156 商业往来。157～167 动作行为。170～193 代词方位。168,169,194～236 性质状态。237～289 行为动作。290～300 虚词（副词、连词、介词等）。这些类别里有些词可兼类，但我们只放在一个类别里。（注音是厦门音，漳、泉两地个别词条的方言说法和读音不同，分别由漳、泉两地指导老师在调查时向调查对象说明。）

每个词条要求学生回答"能讲吗"和"能听吗"两个问题。一般说来，能讲就能听，但能听不一定能讲。因此，会听的人数一般说来要比会讲的人数多。

三地的小学生共383人参加问卷调查，结果见表3-13。

· 文化生态保护区的母语方言保护——以闽南话保护为例 ·

表 3-13 厦、泉、漳三地 300 条闽南话词语问卷调查情况

编号	001	002	003	004	005	006	007	008	009	010
普词条	太阳	月亮	刮风	响雷	闪电	彩虹	晴天	阴天	山头	潮水
闽词条	日头 lit^8 tao^2	月娘 ggeh^8 niu^2	起风 ki^3 hong^1	瞋雷 dan^2 lui^2	闪爁 siNh^7 na^5	共 king^6	好天 ho^3 tiN^1	乌阴天 oo^1 im^1 tiN^1	山尾溜 suaN^1 bbe^3 liu^1	流水 lao^2 zui^3
会讲	297	229	324	255	148	171	339	316	203	310
会听	346	306	343	309	272	241	358	331	271	327
比例/%	77.5/ 90.3	59.8/ 79.9	84.6/ 89.6	66.6/ 80.7	38.6/ 71	44.6/ 62.9	88.5/ 93.5	82.5/ 86.4	53/ 70.8	80.9/ 85.4
编号	011	012	013	014	015	016	017	018	019	020
普词条	海边	沙滩	田	灰尘	涨潮	退潮	街道	去年	前年	大后天
闽词条	海墘 hai^3 giN^1	(海)沙坡 hai^3 sua^1 po^1	塍 can^2	涂粉 too^2 hun^3	水滇 zui^3 diN^6	水涸 zui^3 ko^3	街路 gue^1 loo^6	旧年 gu^6 ni^2	顶年 ding^3 ni^2	落后日 lo^5 hao^6 lit
会讲	314	241	210	312	220	196	316	335	315	260
会听	336	301	291	331	285	262	339	347	338	303
比例/%	82/ 87.7	62.9/ 78.6	54.8/ 76	81.5/ 86.4	57.4/ 74.4	51.2/ 68.4	82.5/ 88.5	87.5/ 90.6	82.2/ 88.3	67.9/ 79.1

第三章 闽南方言现状的调查与分析

编号	021	022	023	024	025	026	027	028	029	030
普词条	冬天	夏天	早上	中午	傍晚	晚上	半夜	整天	除夕	春节
闽词条	寒天 guaN² tiN¹	热天 luah⁸ tiN¹	早起 za³ ki³	日昼 lit⁸ dao⁵	暗头仔 am⁵ tao² a³	下昏 e⁶ hng¹	半暝 buaN⁵ mi²	规日 gui¹ lit⁸	二九暝 li⁶ gao³ mi²	正月 ziaN⁵ ggeh⁸
会讲	333	337	338	326	283	270	310	318	242	269
会听	348	351	353	347	331	326	333	339	293	313
比例/%	86.9/90.9	88/91.6	88.3/92.2	85.1/90.6	73.9/86.4	70.5/85.1	80.9/86.9	83/88.5	63.2/76.5	70.2/81.7
编号	031	032	033	034	035	036	037	038	039	040
普词条	现在	五分钟	星期天	公鸡	母鸡	麻雀	苍蝇	蚂蚁	蟑螂	蚊子
闽词条	即阵 zit⁷ zun⁶	一字久 zit⁸ li⁶ gu³	礼拜（日）le³ bai⁵ lit⁸	鸡角 gue¹ gak⁷	鸡母 gue¹ bbu³	粟鸟仔 cik⁷ ziao³ a³	胡蝇 hoo² sin²	狗蚁 gao³ hia⁶	家蠽 ga¹ zuah⁸	蠓仔 bbang³ a³
会讲	288	238	317	269	286	188	270	233	292	299
会听	303	266	329	295	310	236	294	261	309	311
比例/%	75.2/79.1	62.1/69.5	82.8/85.9	70.2/77	74.7/80.9	49.1/61.6	70.5/76.8	60.8/68.1	76.2/80.7	78.1/81.2

119

·文化生态保护区的母语方言保护——以闽南话保护为例·

编号	041	042	043	044	045	046	047	048	049	050
普词条	螃蟹	青蛙	稻子	玉米	白薯	花生	南瓜	西红柿	萝卜	香蕉
闽词条	蟳 zim^2	田蛤仔 $can^2 gap^7 a^3$	秞 diu^6	麦穗 $bbeh^8 sui^6$	番薯 $han^1 zu^2$	涂豆 $too^2 dao^6$	金瓜 $gim^1 gue^1$	臭柿仔 $cao^5 ki^6 ia^3$	菜头 $cai^5 tao^2$	弓蕉 $ging^1 zio^1$
会讲	260	181	188	254	312	308	267	283	335	293
会听	291	271	245	276	321	315	285	293	341	309
比例/%	67.9/76	47.3/70.8	49.1/64	66.3/72.1	81.5/83.8	80.4/82.2	69.7/74.4	73.9/76.5	87.5/89	76.5/80.7

编号	051	052	053	054	055	056	057	058	059	060
普词条	菠萝	芒果	屋子	门槛	洋楼	走廊	厨房	厕所	床铺	手帕
闽词条	王梨 $ong^2 lai^2$	檨仔 $suaiN^6 iaN^3$	厝 cu^5	户填 $hoo^6 ding^6$	番仔楼 $huan^1 na^3 lao^2$	走马楼 $zao^3 bbe^3 lao^2$	灶骹 $zao^5 ka^1$	匽仔 $hak^8 a^3$	眠床 $bbin^2 cng^2$	手巾 $ciu^3 gun^1$
会讲	291	257	286	162	183	203	298	279	288	319
会听	309	293	308	247	253	260	315	319	304	327
比例/%	76/80.7	67.1/76.5	74.7/80.4	42.3/64.5	47.8/66.1	53/67.9	77.8/82.2	72.8/83.3	75.2/79.4	83.3/85.4

第三章 闽南方言现状的调查与分析

编号	061	062	063	064	065	066	067	068	069	070
普词条	毛巾	牙刷	锅（炒菜）	瓶子	筷子	锅铲（炒菜）	碟子	梭子蟹	青蛙	稻秆
闽词条	面巾 bbin⁶ gun¹	齿抿 ki³ bbin³	鼎 diaN³	矸仔 gan¹ na³	箸 di⁶	煎匙 zian¹ si²	撇仔 piat⁸ la³	蟹 cih⁸	田蛤仔 can² gap² a³	柚稿 diu⁶ go³
会讲	315	274	285	260	308	228	235	130	293	132
会听	324	300	310	299	315	281	273	236	309	234
比例/%	82.2/84.6	71.5/78.3	74.4/80.9	67.9/78.1	80.4/82.2	59.5/73.4	61.4/71.3	33.9/61.6	76.5/80.7	34.5/61.1

编号	071	072	073	074	075	076	077	078	079	080
普词条	案板	身体	眼睛	额头	眉毛	胡须	肚子	脊背	指头	头发
闽词条	刀砧 do¹ diam¹	身躯 sing¹ gu¹	目珠 bbak⁸ ziu¹	头额 tao² hiah⁸	目眉 bbak⁸ bbai²	喙须 cui⁵ ciu¹	腹肚 bak⁷ doo³	胛脊 ga¹ ziah⁷	掌头仔 zng³ tao² a³	头毛 tao² mng²
会讲	203	290	333	302	233	252	329	213	300	323
会听	266	311	339	316	287	287	333	272	326	332
比例/%	53/69.5	75.7/81.2	86.9/88.5	78.9/82.5	60.8/74.9	65.8/74.9	85.9/86.9	55.6/71	78.3/85.1	84.3/86.7

· 文化生态保护区的母语方言保护——以闽南话保护为例 ·

编号	081	082	083	084	085	086	087	088	089	090
普词条	左手	右手	生病	发热	中暑	腹泻·拉肚子	生脓疮	医院	注射	敷药
闽词条	倒手 do⁵ ciu³	正手 ziaN⁵ ciu³	破病 pua⁵ biN⁶ 艰苦 gan¹ koo³	发烧 huat⁷ sio¹	着痧 dioh⁸ sua¹	落屎 lao⁵ sai³	生粒仔 siN¹ liap⁸ bba³	医馆 i¹ guan³	拍针 pah⁷ ziam¹	糊药 goo² ioh⁸
会讲	283	274	292	319	249	306	168	275	312	245
会听	301	299	309	327	270	327	246	292	324	275
比例/%	73.9/ 78.6	71.5/ 78.1	76.2/ 80.7	83.3/ 85.4	65/ 70.5	79.9/ 85.4	43.9/ 64.2	71.8/ 76.2	81.5/ 84.6	64/ 71.8

编号	091	092	093	094	095	096	097	098	099	100
普词条	祖父	祖母	父亲	母亲	儿子	媳妇	女儿	女婿	伯母	婶婶
闽词条	安公 an¹ gong¹	安妈 an¹ ma³	老爸 lao⁶ be⁶	老母 lao⁶ bbu³	囝 giaN³ 后生 hao⁶ siN¹	新妇 sim¹ bu⁶	查某囝 za¹ bboo³ giaN³	囝婿 giaN³ sai⁵	阿姆 a¹ m³	阿婶 a¹ zim³
会讲	303	322	332	335	301	308	306	262	314	302
会听	321	333	341	341	320	324	320	300	327	316
比例/%	79.1/ 83.8	84.1/ 86.9	86.7/ 89	87.5/ 89	78.6/ 83.6	80.4/ 84.6	79.9/ 83.6	68.4/ 78.3	82/ 85.4	78.9/ 82.5

编号	101	102	103	104	105	106	107	108	109	110
普词条	姑父	舅母	姨妈	公公	婆婆	堂兄	丈夫	妻子	干儿子	男人
闽词条	姑丈 goo⁶ diuN⁶	阿妗 a¹ gim⁶	姨母 i² bbu³ / 阿姨 a¹ i²	大官 da⁶ guaN¹	大家 da⁶ ge¹	隔腹兄 geh⁷ bak⁷ hiaN¹	翁 ang¹	某 bboo³	契囝 kue⁵ giaN³	丈夫 da⁶ boo¹
会讲	286	269	296	268	298	212	280	292	235	289
会听	306	291	310	299	310	267	300	302	280	302
比例/%	74.7/ 81.7	70.2/ 76	77.3/ 80.9	70/ 78.1	77.8/ 80.9	55.4/ 69.7	73.1/ 78.3	76.2/ 78.9	61.4/ 73.1	75.5/ 78.9

编号	111	112	113	114	115	116	117	118	119	120
普词条	老头子	老师	医生	商人	老板	老太婆	师傅	徒弟	乞丐	邻居
闽词条	老伙仔 lao⁶ he³ ia³	先生 sian¹ siN¹	先生 sian¹ siN¹	生理人 sing¹ li³ lang²	头家 tao² ge¹	老阿婆 lao⁶ a¹ bo²	师父 sai¹ hu⁶	师仔 sai¹ ia³	乞食 kit⁷ zian⁷	厝边 cu⁵ biN¹
会讲	286	295	287	259	294	303	289	218	254	271
会听	313	329	327	289	318	319	308	265	289	302
比例/%	74.7/ 81.7	77/ 85.9	74.9/ 85.4	67.6/ 75.5	76.8/ 83	79.1/ 83.3	75.5/ 80.4	56.9/ 69.2	66.3/ 75.5	70.8/ 78.9

· 文化生态保护区的母语方言保护——以闽南话保护为例 ·

编号	121	122	123	124	125	126	127	128	129	130
普词条	衣服	棉袄	衬衫	柚子	背心	梳子	盛饭	稀饭	脱衣	歇息·休息
闽词条	衫裤 saN¹ koo⁵	棉袄 mi² hiu²	云衫 hun² sam¹	手碗 ciu³ ng³	胛仔 ga¹ a	捋仔 luah² a³	贮饭 due³ bng⁶	(饮)糜 am³ bbe²	褪衫(裤) tng⁵ saN¹ koo⁵	歇困 hioh⁷ kun⁵
会讲	321	223	269	284	237	226	301	314	308	276
会听	326	264	306	299	274	274	316	317	317	306
比例/%	83.8/85.1	58.2/68.9	70.2/79.9	74.2/78.1	61.9/71.5	59/71.5	78.6/82.5	82/82.8	80.4/82.8	72.1/79.9

编号	131	132	133	134	135	136	137	138	139	140
普词条	瞌睡	打呼噜	打嗝	游玩	学校	放学	书本	背诵	唱歌	照相
闽词条	丑交睡 duh⁷ ga¹ ze⁶	(起)鼾 ki³ huaN²	拍呃 pah⁷ eh⁷	迌迌 cit⁷ to²	学堂 oh⁸ dng²	放暇 bang⁵ he⁶	册 ceh⁷	越念 uat⁸ liam⁶	吟诗 ggim² si¹	翕像 hip⁷ siong⁶
会讲	264	190	227	321	321	326	325	208	297	279
会听	293	248	274	332	325	334	332	262	317	296
比例/%	68.9/76.5	49.6/64.8	59.3/71.5	83.8/86.7	83.8/84.9	85.1/87.2	84.9/86.7	54.3/68.4	77.5/82.8	72.8/77.3

第三章 闽南方言现状的调查与分析

编号	141	142	143	144	145	146	147	148	149	150
普词条	演戏	钢笔	风筝	逃学	喇叭	店铺	饭馆	亏本	赚钱	账目
闽词条	搬戏 buaN¹hi⁵	铁笔 tih⁷bit⁷	风吹 hong¹ce¹	偷走学 tao¹zao³oh⁸	鼓吹 goo³ce¹	店仔 diam⁵a³	菜馆 cai⁵guan³	蚀本 sih⁸bun³	趁钱 tan⁵ziN²	数（目） siao⁵bbak⁸
会讲	272	237	262	229	188	273	297	218	316	210
会听	296	295	292	286	250	307	317	269	328	269
比例/%	71/77.3	61.9/77	68.4/76.2	59.8/74.7	49.1/65.3	71.3/80.2	77.5/82.8	56.9/70.2	82.5/85.6	54.8/70.2

编号	151	152	153	154	155	156	157	158	159	160
普词条	摊点	钞票	生意	预购	畅销	滞销	惭愧	吵架	帮忙	结伴
闽词条	摊仔 tuaN¹aN³	纸字 zua³li⁶ 镭 lui¹	生理 sing¹li³	交定 ga¹diaN⁶	好市 ho³ci⁶ 好销 ho³siao¹	否市 pai³ci⁶ 否销 pai³siao¹	见笑 gian⁵siao⁵ 否势 paiN³se⁵	冤家 uan¹ge¹	斗相共 dao⁵sio(saN¹)gang⁶	斗阵 dao⁵din⁶
会讲	245	276	289	192	249	196	273	286	260	233
会听	287	317	312	255	290	249	303	320	300	270
比例/%	64/74.9	72.1/82.8	75.5/81.5	50.1/66.6	65/75.7	51.2/65	71.3/79.1	74.7/83.6	67.9/78.3	60.8/70.5

·文化生态保护区的母语方言保护——以闽南话保护为例·

编号	161	162	163	164	165	166	167	168	169	170
普词条	装傻	开玩笑	偏心	吹牛	生气	脾性好	说谎	阔气	小气	我们
闽词条	瞪憨 diN⁵ ggong⁶	滚笑 gun³ cio⁵	大细目 dua⁶ sue⁵ bbak⁸	谤风车 bong⁵ hong¹ gu¹	受气 siu⁶ ki⁵	好性地 ho³ sing⁵ de⁶	白贼 beh⁸ cat⁸	献手 hian⁵ ciu³	鄙厘 pi³ li²	阮 gguan³, ggun³
会讲	213	275	231	187	311	273	219	185	212	268
会听	269	298	266	238	330	313	273	259	265	305
比例/%	55.6/70.2	71.8/77.8	60.3/69.5	48.8/62.1	81.2/86.2	71.3/81.7	57.2/71.3	48.3/67.6	55.4/69.2	70/79.6

编号	171	172	173	174	175	176	177	178	179	180
普词条	你们	他们	咱们	自己	谁	这里	那里	哪里	这个	那个
闽词条	恁 lin³	個 in¹	咱 lan³	家己 ga¹ gi⁶	啥人 siaN³ lang² 偻 siang²	遮 zia²	遐 hia²	倒落（一带）do³ loh⁸ zit⁸ de⁵	即个 zit⁷ le²	迄个 hit⁷ le²
会讲	311	283	311	310	286	302	306	259	302	305
会听	327	315	328	321	324	323	306	300	314	311
比例/%	81.2/85.4	73.9/82.2	81.2/85.6	80.9/83.8	74.7/84.6	78.9/84.3	79.9/79.9	67.6/78.3	78.9/82	79.6/81.2

编号	181	182	183	184	185	186	187	188	189	190
普词条	什么	怎么样	多少（多少钱）	上面	下面	左边	右边	当中,中间	里面	旁边
闽词条	甚物 sim³ mih⁸	安怎 an¹ zuaN³	偌多 lua⁶ zue⁶	顶面 ding³ bbin⁶	下底 e⁶ due³	倒(手)爿 do³ ciu³ bing²	正(手)爿 ziaN⁵ ciu³ bing²	中央 diong¹ ng¹ 中头 diong¹ tao	里底 lai⁶ due³	边仔 biN¹ iaN³
会讲	327	307	318	299	301	291	287	287	305	292
会听	329	317	328	318	315	307	307	302	311	313
比例/%	85.4/85.9	80.2/82.8	83/85.6	78.1/83	78.6/82.2	76/80.2	74.9/80.2	74.9/78.9	79.6/81.2	76.2/81.7

编号	191	192	193	194	195	196	197	198	199	200
普词条	前面	后面	半中央	小	高—低（长度）	高—矮（身材）	细(细沙)	胖—瘦	淡(淡水)	香
闽词条	头前 tao² zing²	后壁 ao⁶ biah⁷	半中央 buaN⁵ diong¹ ng¹	细 sue⁵	悬 guaiN² 一下 ge⁶	躼 lo⁵ 一矮 ue³	幼 iu⁵	肥 bui² 一瘠 san³	簪 ziaN³	芳 pang¹
会讲	313	314	268	306	242	237	241	303	250	307
会听	327	325	299	317	280	284	291	323	285	317
比例/%	81.7/85.4	82/84.9	70/78.1	79.9/82.8	63.2/73.1	61.9/74.2	62.9/76	79.1/84.3	65.3/74.4	80.2/82.8

· 第三章 闽南方言现状的调查与分析 ·

编号	201	202	203	204	205	206	207	208	209	210
普词条	对—错	硬（木头）	快	松—紧（皮带）	干—湿（水分）	浓—稀（稀饭）	晚（很晚）	易—难	饿	浊（水）
闽词条	着 dioh8—诞 daN6	有 ding6	紧 gin3	冗 ling6—恒 an2	焦 da1—澹 dam2	洘 ko3—漖 ga5	晏 uaN5	易 gue6—偃 oh7	枵 iao1	清 cing1—醪 lo2
会讲	282	232	299	201	277	214	281	223	297	179
会听	330	279	323	275	299	278	314	276	322	264
比例/%	73.6/86.2	60.6/72.8	78.1/84.3	52.5/71.8	72.3/78.1	55.9/72.6	73.4/82	58.2/72.1	77.5/84.1	46.7/68.9

编号	211	212	213	214	215	216	217	218	219	220
普词条	宽—窄（地方）	凸—凹	健壮	虚弱	干净	肮脏	漂亮	丑陋	聪明	呆傻
闽词条	阔 kuah7—狭 ueh8	胖 pong5—凹（讷）nah7	勇 iong3	儑 lam3	清气 cing1 ki5	流扬 lao2 siong2	水 sui3	痕势 kiap7 si5	宿 sik7	悫 ggong6
会讲	255	190	264	200	298	249	329	273	219	269
会听	283	249	303	268	313	286	337	300	271	301
比例/%	66.6/73.9	49.6/65	68.9/79.1	52.2/70	77.8/81.7	65/74.7	85.9/88	71.3/78.3	57.2/70.8	70.2/78.6

第三章 闽南方言现状的调查与分析

编号	221	222	223	224	225	226	227	228	229	230
普词条	陌生（陌生人）	勤劳	懒惰	痛苦	富裕	贫穷	疲劳	便宜	小心	凉快
闽词条	生份 siN¹ hun⁶	骨力 gut⁷ lat⁸	贫惰 pin² duaN⁶	艰苦 gan¹ koo³	有康 u⁶ kang¹	宋凶 song⁵ hiong¹	盬癢 ia⁵ sian⁶	俗 siok⁸	细腻 sue⁵ li⁶	秋清 ciu¹ cin⁵
会讲	225	239	230	295	256	165	220	270	274	268
会听	281	273	290	307	288	252	260	303	295	301
比例/%	58.7/73.4	62.4/71.3	60.1/75.7	77/80.2	66.8/75.2	43.1/65.8	57.4/67.9	70.5/79.1	71.5/77	70/78.6

编号	231	232	233	234	235	236	237	238	239	240
普词条	随便	调皮	新鲜[鱼,肉][暖和[天气]	烧烙	撒波	倒霉	站	躺（半躺）	蹲	伏在（伏在桌上）
闽词条	清采 cin⁵ cai³	跳鬼 tiao⁵ gui³ 挈 ggiat⁸	鲜尺 ciN¹ cioh⁷	烧烙 sio¹ lo⁶	（野）赤 ia³ ciah⁷	衰糟 sue¹ bbai³	倚 kia⁶	蹇 te¹	跍 ku²	覆 pak⁷
会讲	342	242	235	279	182	239	306	315	290	273
会听	350	299	291	314	250	301	334	335	322	304
比例/%	89.3/91.4	63.2/78.1	61.4/76	72.8/82	47.5/65.3	62.4/78.6	79.9/87.2	82.2/87.5	75.7/84.1	71.3/79.4

129

·文化生态保护区的母语方言保护——以闽南话保护为例·

编号	241	242	243	244	245	246	247	248	249	250
普词条	躲（躲在厨房）	藏（藏东西）	给（给他钱）	喊	喝[水]	吮（吸奶）	啃（甘蔗）	舔（用舌头）	跑	走
闽词条	宓 bbih[7]	囥 kng[5]	互（与） hoo[6]	喝 huah[7]	啉 lim[1]	嗍 suh[7]	喫 kue[5]	舐 zi[6]	走 zao[3]	行 giaN[2]
会讲	263	260	294	281	333	283	275	272	341	343
会听	304	300	320	312	346	312	313	306	356	350
比例/%	68.7/79.4	67.9/78.3	76.8/83.6	73.4/81.5	86.9/90.3	73.9/81.5	71.8/81.7	71/79.9	89/93	89.6/91.4

编号	251	252	253	254	255	256	257	258	259	260
普词条	追	摘（摘桃子）	绑	捉	爬（爬山）	爬（在地上）	埋	杀	盖（盖被）	举（举手）
闽词条	扷 zip[7]	挽 bban[3]	缚 bak[8]	掠 liah[8]	跁 beh[7]	趖 so[2]	坮 dai[2]	刣 tai[2]	勘 kam[5]	揭 giah[8]
会讲	246	279	278	302	320	255	229	305	268	246
会听	292	308	308	319	340	306	280	321	306	290
比例/%	64.2/76.2	72.8/80.4	72.6/80.4	78.9/83.3	83.6/88.8	66.6/79.9	59.8/73.1	79.6/83.8	70/79.9	64.2/75.7

130

第三章 闽南方言现状的调查与分析

编号	普词条	闽词条	会讲	会听	比例/%
261	嚼(咀嚼)	哺 boo⁶	272	309	71/80.7
262	吻	嗽 zim¹	281	312	73.4/81.5
263	吹(喇叭)	歕 bun²	302	324	78.9/84.6
264	淋[雨]	沃 ak⁷	297	329	77.5/85.9
265	缝[衣服]	纫 tiN⁶	278	314	72.6/82
266	闭[眼]	睨 kueh⁷	229	298	59.8/77.8
267	喂	饲 ci⁶	314	331	82/86.4
268	扔	献 hiN⁵	276	299	72.1/78.1
269	解[绳子]	敨 tao³	257	290	67.1/75.7
270	切[肉]	截 zueh⁸	283	307	73.9/80.2
271	腌[菜]	盐 siN⁶	291	319	76/83.3
272	挖	搗 oo³	270	320	70.5/83.6
273	端[茶、菜]	捀 pang²	294	327	76.8/85.4
274	闻	鼻 piN⁶	322	343	84.1/89.6
275	想念	数念 siao⁵ liam⁶	253	316	66.1/82.5
276	羡慕	欣羡 him¹ suan⁶	202	276	52.7/72.1
277	商量	参详 cam¹ siong²	248	295	64.8/77
278	拼搏	拍拼 pah⁷ biaN⁵	291	324	76/84.6
279	聊天	练仙 lian⁶ sian¹	242	299	63.2/78.1
280	打翻[水]	车倒 cia¹ do³	304	321	79.4/83.8

· 文化生态保护区的母语方言保护——以闽南话保护为例 ·

编号	281	282	283	284	285	286	287	288	289	290
普词条	搅扰	置备	作手	帮助	撑腰	打算	纠缠	起誓	唆使	刚[副]
闽词条	搅吵 $giao^3 ca^3$	备办 $bi^6 ban^6$	创治 $cong^5 di^6$	帮赠 $bang^1 zan^6$	扎气 $zah^7 kui^5$	按算 $an^5 sng^5$	膏膏缠 $go^1 go^1 diN^2$	咒誓 $ziu^5 zua^6$	使唆 $sai^3 so^1$	挂(挂仔) $du^3 du^3 a^3$
会讲	255	210	255	235	211	298	224	192	213	223
会听	283	274	298	285	266	317	256	281	272	279
比例/%	66.6/73.9	54.8/71.5	66.6/77.8	61.4/74.4	55.1/69.5	77.8/82.8	58.5/66.8	50.1/73.4	55.6/71	58.2/72.8

编号	291	292	293	294	295	296	297	298	299	300
普词条	又[副]	曾[副]	马上[副]	都[副]	更加[副]	难道[副]	反正[副]	跟(我跟你讲)	从(从北京来)	和(我和你一起去)
闽词条	佫 goh^7	八 bat^7	随 sui^2 现 $hian^6$	拢 $long^3$	佫较 $goh^7 kah^7$	汰讨 $tai^5 to^3$	横直 $huaiN^2 dit^8$	合(甲) $gap(gah)^7$	对 dui^5, ui^5	共 $gang(ga)^6$
会讲	278	254	275	272	243	175	246	290	272	288
会听	316	297	301	304	293	252	290	319	307	307
比例/%	72.6/82.5	66.3/77.5	71.8/78.6	71/79.4	63.4/76.5	45.7/65.8	64.2/75.7	75.7/83.3	71/80.2	75.2/80.2

132

这 300 条词语是闽南方言最常用的词语。也是二十五年前,周长楫教授在厦门以某中学的初中二年级 30 个闽南籍学生为样本进行抽查,有 5 位学生全都会说会听,有 80% 以上学生会说 250 条以上,会听 270 条以上。那么现在的情况怎样?下面是本次调查综合分析的情况。

下面说"会讲"的:

会讲 240 条(即 80%)及以上词条的学生有 192 人,约占 50.1%;

会讲 180~239 条(即 60%~79.7%)及以上词条的学生有 88 人,约占 23%;

会讲 150~179 条(即 50%~59.7%)及以上词条的学生有 37 人,约占 9.7%;

会讲 149 条及以下词条的学生有 66 人,约占 17.2%。

再说"会听"的:

会听 240 条(即 80%)及以上词条的学生有 254 人,约占 66.3%;

会听 180~239 条(即 60%~79.7%)词条的学生有 86 人,约占 22.5%;

会讲 150~179 条(即 50%~59.7%)词条的学生有 15 人,约占 3.9%;

会听 149 条及以下词条的学生 28 人,约占 7.3%。

但是,厦门、泉州、漳州三地的情况有所不同,见表 3-14。

·文化生态保护区的母语方言保护——以闽南话保护为例·

表 3-14 300 条闽南话词语问卷调查统计分析表

地区	项目	N≥80	79.7≥N≥60	59.7≥N≥50	N<50	总人数
厦门	会讲/人	52	81	86	12	98
	占比/%	53.1	82.7	87.8	12.2	
	会听/人	85	92	94	4	
	占比/%	86.7	93.9	95.9	4.1	
泉州	会讲/人	74	97	110	22	6.1
	占比/%	56.1	73.5	83.3	16.7	
	会听/人	75	115	124	8	
	占比/%	56.8	87.1	93.9	6.1	
漳州	会讲/人	66	102	121	32	153
	占比/%	43.1	66.7	79.1	20.9	
	会听/人	94	133	137	16	
	占比/%	61.4	86.9	89.5	10.5	
夏漳泉三地	会讲/人	192	280	317	66	383
	占比/%	50.1	73.1	82.8	17.2	
	会听/人	254	340	355	28	
	占比/%	66.3	88.8	92.7	7.3	

注：N 代表 300 条闽南话词语的百分比。

我们同样在每个地区各抽一所学校来进行比较。表 3-15 是对厦门市前埔南区小学进行调查的情况，参与调查学生 32 人。

第三章 闽南方言现状的调查与分析

表 3-15 厦门市前埔南区小学 300 条闽南话词语问卷调查情况

编号	001	002	003	004	005	006	007	008	009	010
普词条	太阳	月亮	刮风	响雷	闪电	彩虹	晴天	阴天	山头	潮水
闽词条	日头 lit^8 tao^2	月娘 ggeh^8 niu^2	起风 ki^3 hong^1	唚雷 dan^2 lui^2	闪爁 siNh^7 na^5	共 king^6	好天 ho^3 tiN^1	乌阴天 oo^1 im^1 tiN^1	山尾溜 suaN^1 bbe^3 liu^3	流水 lao^2 zui^3
会讲	24	22	23	19	8	12	26	24	16	22
会听	28	27	31	25	21	17	30	29	22	30
比例/%	75/87.5	68.8/84.4	71.9/96.9	59.4/78.1	25/65.6	37.5/53.1	81.3/93.4	75/90.6	50/68.8	68.8/93.4

编号	011	012	013	014	015	016	017	018	019	020
普词条	海边	沙滩	田	灰尘	涨潮	退潮	街道	去年	前年	大后天
闽词条	海墘 hai^3 giN^2	(海)沙坡 hai^3 sua^1 po^1	塍 can^2	涂粉 too^2 hun^3	水滇 zui^3 diN^6	水洘 zui^3 ko^3	街路 gue^1 loo^6	旧年 gu^6 ni^2	顶年 ding^3 bbe^3 ni^2	落后日 lo^5 hao^6 lit^3
会讲	27	16	9	22	14	15	22	26	25	18
会听	31	26	14	26	20	20	30	31	31	23
比例/%	84.4/96.9	50/81.3	28.1/43.8	68.8/81.3	43.8/62.5	46.9/62.5	68.8/93.4	81.3/96.9	78.1/96.9	56.3/71.9

·文化生态保护区的母语方言保护——以闽南话保护为例·

编号	021	022	023	024	025	026	027	028	029	030
普词条	冬天	夏天	早上	中午	傍晚	晚上	半夜	整天	除夕	春节
闽词条	寒天 guaN² tiN¹	热天 luah⁸ tiN¹	早起 za³ ki³	日昼 lit⁸ dao⁵	暗头仔 am⁵ tao² a³	下昏 e⁶ hng¹	半暝 buaN⁵ mi²	规日 gui¹ lit⁶	二九暝 li⁶ gao³ mi²	正月 zian⁵ ggeh⁸
会讲	26	21	28	24	22	25	27	24	21	25
会听	30	30	30	29	27	29	29	27	26	29
比例/%	81.3/93.8	65.6/93.8	87.5/93.8	75/90.6	68.8/84.4	78.1/90.6	84.4/90.6	75/84.4	65.6/81.3	78.1/90.6

编号	031	032	033	034	035	036	037	038	039	040
普词条	现在	五分钟	星期天	公鸡	母鸡	麻雀	苍蝇	蚂蚁	蟑螂	蚊子
闽词条	即阵 zit⁷ zun⁶	一字久 zit⁸ ji⁶ gu³	礼拜（日） le³ bai⁵ lit⁸	鸡角 gue¹ gak⁷	鸡母 gue¹ bbu³	粟鸟仔 cik⁷ ziao² a³	胡蝇 hoo² sin²	狗蚁 gao³ hia⁶	虼蠽 ga¹ zuah⁸	蠓仔 bbang³ a³
会讲	27	20	29	24	25	15	26	26	28	27
会听	29	20	30	29	26	19	28	28	28	28
比例/%	84.4/90.6	62.5/62.5	90.6/93.8	75/90.6	78.1/81.3	46.9/59.4	81.3/87.5	81.3/87.5	87.5/87.5	84.4/87.5

编号	41	42	43	44	45	46	47	48	49	50
普词条	螃蟹	青蛙	稻子	玉米	白薯	花生	南瓜	西红柿	萝卜	香蕉
闽词条	蟳 zim²	田蛤仔 can² gap⁷ a³	柚 diu⁶	麦穗 bbeh⁸ sui⁶	番薯 han¹ zu²	涂豆 too² dao⁶	金瓜 gim¹ gue¹	臭柿仔 cao⁵ ki⁶ ia³	菜头 cai⁵ tao²	弓蕉 ging (gging)¹ zio¹
会讲	25	21	19	22	26	28	21	26	29	27
会听	25	24	22	24	28	28	25	27	30	28
比例/%	78.1/81.3	65.6/75	59.4/68.8	68.8/75	81.3/87.5	87.5/87.5	65.6/78.1	81.3/84.4	90.6/93.8	84.4/87.5

编号	51	52	53	54	55	56	57	58	59	60
普词条	菠萝	芒果	屋子	门槛	洋楼	走廊	厨房	厕所	床铺	手帕
闽词条	王梨 ong² lai²	檨仔 suaiN⁶ iaN³	厝 cu⁵	户蟶 hoo⁶ ding⁶	番仔楼 huan¹ na³ lao²	走马楼 zao³ bbe³ lao²	灶骹 zao⁵ ka¹	箸仔 hak⁸ a³	眠床 bbin² cng²	手巾 ciu³ gun¹
会讲	25	28	23	11	16	18	28	28	29	28
会听	26	28	26	16	18	18	28	28	29	30
比例/%	78.1/81.3	87.5/87.5	71.9/81.3	34.4/50	50/56.3	56.3/56.3	87.5/87.5	87.5/87.5	90.6/90.6	87.5/93.8

编号	61	62	63	64	65	66	67	68	69	70
普词条	毛巾	牙刷	锅(炒菜)	瓶子	筷子	锅铲(炒菜)	碟子	梭子蟹	青蛙	稻秆
闽词条	面巾 bbin⁶ gun¹	齿抿 ki³ bbin³	鼎 diaN³	矸仔 gan¹ na³	箸 di⁶	煎匙 zian¹ si²	撇仔 piat⁸ la³	蟛 cih⁸	田蛤仔 can² gap⁷ a³	柚稿 diu⁶ go³
会讲	29	26	28	23	24	22	20	25	16	18
会听	29	29	28	27	24	26	22	25	19	19
比例/%	90.6/90.6	81.3/90.6	87.5/87.5	71.9/84.4	75/75	68.8/81.3	62.5/68.8	78.1/78.1	50/59.4	56.3/59.4

编号	71	72	73	74	75	76	77	78	79	80
普词条	案板	身体	眼睛	额头	眉毛	胡须	肚子	脊背	指头	头发
闽词条	刀砧 do¹ diam¹	身躯 sing¹ gu¹	目珠 bbak⁸ ziu¹	头额 tao² hiah⁸	目眉 bbak⁸ bbai²	喙须 cui⁵ ciu¹	腹肚 bak⁷ doo³	胛脊 ga¹ ziah⁷	掌头仔 zng³ tao³ a³	头毛 tao² mng²
会讲	18	29	30	24	24	23	32	25	28	30
会听	21	29	30	26	26	24	32	25	28	30
比例/%	56.3/65.6	90.6/90.6	93.8/93.8	75/81.3	75/81.3	71.9/75	100/100	78.1/78.1	87.5/87.5	93.8/93.8

第三章 闽南方言现状的调查与分析

编号	81	82	83	84	85	86	87	88	89	90
普词条	左手	右手	生病	发热	中暑	腹泻,拉肚子	生脓疮	医院	注射	敷药
闽词条	倒手 do⁵ ciu³	正手 ziaN⁵ ciu³	破病 pua⁵ biN⁶ 艰苦 gan¹ koo³	发烧 huat⁷ sio¹	着痧 dioh⁸ sua¹	落屎 lao⁵ sai³	生粒仔 siN¹ liap⁸ bba³	医馆 i¹ guan³	拍针 pah⁷ ziam¹	糊药 goo² ioh⁸
会讲	26	22	25	29	22	29	15	23	29	25
会听	26	24	26	29	22	29	15	24	29	26
比例/%	81.3/ 81.3	68.8/ 75	78.1/ 81.3	90.6/ 90.6	68.8/ 68.8	90.6/ 90.6	46.9/ 46.9	71.9/ 75	90.6/ 90.6	78.1/ 81.3

编号	91	92	93	94	95	96	97	98	99	100
普词条	祖父	祖母	父亲	母亲	儿子	媳妇	女儿	女婿	伯母	婶婶
闽词条	安公 an¹ gong¹	安妈 an¹ ma³	老爸 lao⁶ be⁶	老母 lao⁶ bbu³	囝 giaN³ 后生 hao³ siN¹	新妇 sim¹ bu⁶	查某囝 za¹ bboo³ giaN³	囝婿 giaN³ sai⁵	阿姆 a¹ m³	阿婶 a¹ zim³
会讲	28	31	30	30	27	28	29	24	29	28
会听	28	31	30	30	28	31	32	29	29	28
比例/%	87.5/ 87.5	96.9/ 96.9	93.8/ 93.8	93.8/ 93.8	84.4/ 87.5	87.5/ 96.9	90.6/ 100	75/ 90.6	90.6/ 90.6	87.5/ 87.5

·文化生态保护区的母语方言保护——以闽南话保护为例·

编号	101	102	103	104	105	106	107	108	109	110
普词条	姑父	舅母	姨妈	公公	婆婆	堂兄	丈夫	妻子	干儿子	男人
闽词条	姑丈 goo¹ diuN⁶	阿妗 a¹ gim⁶	姨母/阿姨 i² bbu³ / a¹ i²	大官 da⁶ guaN¹	大家 da⁶ ge¹	隔腹兄 geh⁷ bak⁷ hiaN¹	翁 ang¹	某 bboo³	契囝 kue⁵ giaN³	丈夫 da⁶ boo¹
会讲	25	23	25	20	25	18	20	25	21	27
会听	25	27	27	24	25	20	22	26	21	27
比例/%	78.1/78.1	71.9/84.4	78.1/84.4	62.5/75	78.1/78.1	56.3/62.5	62.5/68.8	78.1/81.3	65.6/65.6	84.4/84.4
编号	111	112	113	114	115	116	117	118	119	120
普词条	老头子	老师	医生	商人	老板	老太婆	师傅	徒弟	乞丐	邻居
闽词条	老伙仔 lao⁶ he³ ia³	先生 sian¹ siN¹	先生 sian¹ siN¹	生理人 sing¹ i³ lang²	头家 tao² ge¹	老阿婆 lao⁶ a¹ bo²	师父 sai¹ hu⁶	师仔 sai¹ ia³	乞食 kit⁷ ziah⁷	厝边 cu⁵ biN¹
会讲	21	26	26	24	27	26	25	20	27	27
会听	22	26	26	25	27	27	26	21	27	28
比例/%	65.6/68.8	81.3/81.3	81.3/81.3	75/78.1	84.4/84.4	81.3/84.4	78.1/81.3	62.5/65.6	84.4/84.4	84.4/87.5

第三章 闽南方言现状的调查与分析

编号	121	122	123	124	125	126	127	128	129	130
普词条	衣服	棉袄	衬衫	柚子	背心	梳子	盛饭	稀饭	脱衣	歇息、休息
闽词条	衫裤 saN¹ koo⁵	棉裘 mi² hiu²	云衫 hun² sam¹	手碗 ciu³ ng³	胛仔 ga¹ a	捋仔 luah⁸ a³	贮饭 due³ bng⁶	（饮）糜 am¹ bbe²	褪衫（裤）tng⁵ saN¹ koo⁵	歇困 hioh⁷ kun⁵
会讲	30	22	21	19	23	21	26	27	28	26
会听	30	24	22	24	25	24	27	28	29	30
比例/%	93.8/93.8	68.8/75	65.6/68.8	59.4/75	71.9/78.1	65.6/75	81.3/84.4	84.4/87.5	87.5/90.6	81.3/93.8

编号	131	132	133	134	135	136	137	138	139	140
普词条	瞌睡	打呼噜	打呃	游玩	学校	放学	书本	普通	唱歌	照相
闽词条	瓦交睡 duh⁷ ga¹ ze⁶	（起）鼾 ki³ huaN²	拍呃 pah⁷ eh⁷	迌迌 cit⁷ to²	学堂 oh⁸ dng²	放假 bang⁵ he⁶	册 ceh⁷	越念 uat⁸ liam⁶	吟诗 ggim² si¹	翕像 hip⁷ siong⁶
会讲	20	10	23	28	30	30	30	17	25	23
会听	21	13	25	29	30	30	30	25	27	24
比例/%	62.5/65.6	31.3/40.6	71.9/78.1	87.5/90.6	93.8/93.8	93.8/93.8	93.8/93.8	53.1/78.1	78.1/84.4	71.9/75

· 文化生态保护区的母语方言保护——以闽南话保护为例 ·

编号	141	142	143	144	145	146	147	148	149	150
普词条	演戏	钢笔	风筝	逃学	喇叭	店铺	饭馆	亏本	赚钱	账目
闽词条	搬戏 buaN¹ hi⁵	铁笔 tih⁷ bit⁷	风吹 hong¹ ce¹	偷走学 tao¹ zao³ oh⁸	鼓吹 goo³ ce¹	店仔 diam⁵ a³	菜馆 cai⁵ guan³	蚀本 sih⁸ bun³	趁钱 tan⁵ ziN²	数（目） siao³ bbak⁸
会讲	26	24	23	23	15	24	25	16	30	16
会听	27	26	27	26	17	26	27	20	30	19
比例/%	81.3/84.4	75/81.3	71.9/84.4	71.9/81.3	46.9/53.1	75/81.3	78.1/84.4	50/62.5	93.8/93.8	50/59.4

编号	151	152	153	154	155	156	157	158	159	160
普词条	摊点	钞票	生意	预购	畅销	滞销	惭愧	吵架	帮忙	结伴
闽词条	摊仔 tuaN¹ aN³	纸字 zua³ li⁶ 镭 lui¹	生理 sing¹ li³	交定 ga¹ diaN⁶	好市 ho³ ci⁶ 好销 ho³ siao¹	否市 pai³ ci⁶ 否销 pai³ siao¹	见笑 gian⁵ siao⁵ 否势 paiN³ se⁵	冤家 uan¹ ge¹	斗相共 dao⁵ sio (saN)¹ gang⁶	斗阵 dao⁵ din⁶
会讲	19	21	25	14	16	13	22	26	19	24
会听	22	26	26	16	18	15	28	28	25	25
比例/%	59.4/68.8	65.6/81.3	78.1/81.3	43.8/50	50/56.3	40.6/46.9	68.8/87.5	81.3/87.5	59.4/78.1	75/78.1

第三章 闽南方言现状的调查与分析

编号	161	162	163	164	165	166	167	168	169	170
普词条	装傻	开玩笑	偏心	吹牛	生气	脾性好	说谎	阉气	小气	我们
闽词条	橙恣 diN⁵ ggong⁶	滚笑 gun³ cio⁵	大细目 dua⁶ sue⁵ bbak⁸	谤风车 bong⁵ hong¹ gu¹	受气 siu⁶ ki⁵	好性地 ho³ sing⁵ de⁶	白贼 beh⁸ cat⁸	献手 hian⁵ ciu³	鄙厘 pi¹ li²	阮 gguan³, ggun³
会讲	23	25	17	19	29	25	16	10	12	16
会听	25	27	22	26	30	27	21	14	15	24
比例/%	71.9/78.1	78.1/84.4	53.1/68.8	59.4/81.3	90.6/93.8	78.1/84.4	50/65.6	31.3/43.8	37.5/46.9	50/75

编号	171	172	173	174	175	176	177	178	179	180
普词条	你们	他们	咱们	自己	谁	这里	那里	哪里	这个	那个
闽词条	恁 lin³	個 in¹	咱 lan³	家己 ga¹ gi⁶	啥人 siaN³ lang² 侪 siang²	遮 zia²	迌 hia²	倒落（一带） do³ loh⁸ zit⁸ de⁵	即个 zit⁷ le²	迄个 hit⁷ le²
会讲	26	26	28	27	26	28	27	26	28	30
会听	28	28	29	28	27	28	27	27	28	30
比例/%	81.3/87.5	81.3/87.5	87.5/90.6	84.4/87.5	81.3/84.4	87.5/87.5	84.4/84.4	81.3/84.4	87.5/87.5	93.8/93.8

编号	181	182	183	184	185	186	187	188	189	190
普词条	什么	怎么样	多少（多少钱）	上面	下面	左边	右边	当中、中间	里面	旁边
闽词条	甚物 sim³ mih⁸	安怎 an¹ zuaN³	偌多 lua⁶ zue⁶	顶面 ding³ bbin⁶	下底 e⁶ due³	倒(手)爿 do³ ciu³ bing²	正(手)爿 ziaN⁵ ciu³ bing²	中央 diong¹ ng¹ / 中头 diong¹ tao	里底 lai⁶ due³	边仔 biN¹ iaN³
会讲	31	25	27	25	27	28	28	29	27	27
会听	31	29	29	31	30	28	28	29	30	30
比例/%	96.9/96.9	78.1/90.6	84.4/90.6	78.1/96.9	84.4/93.8	87.5/87.5	87.5/87.5	90.6/90.6	84.4/93.8	84.4/93.8

编号	191	192	193	194	195	196	197	198	199	200
普词条	前面	后面	半中间	小	高—低（长度）	高—矮（身材）	细（细沙）	胖—瘦	淡（淡水）	香
闽词条	头前 tao² zing²	后壁 ao⁶ biah⁷	半中央 buaN⁵ diong¹ ng¹	细 sue⁵	悬 guaiN² 一下 ge⁶	躼 lo⁵ 一矮 ue³	幼 iu⁵	肥 bui² 一瘦 san³	饗 ziaN³	芳 pang¹
会讲	30	30	25	27	27	20	19	24	24	27
会听	31	31	27	28	29	23	20	27	28	28
比例/%	93.8/96.9	93.8/96.9	78.1/84.4	84.4/87.5	84.4/90.6	62.5/71.9	59.4/62.5	75/84.4	75/87.5	84.4/87.5

第三章 闽南方言现状的调查与分析

编号	201	202	203	204	205	206	207	208	209	210
普词条	对—错	硬（木头）	快	松—紧（皮带）	干—湿（水分）	浓—稀（稀饭）	晚（很晚）	易—难	饿	浊（水）
闽词条	着 $dioh^8$—诞 daN^6	有 $ding^6$	紧 gin^3	冗 $ling^6$—桓 an^2	焦 da^1—澹 dam^2	洘 ko^3—漱 ga^5	晏 uaN^5	易 gue^6—僫 oh^1	枵 iao^1	清 $cing^1$—醪 lo^2
会讲	27	19	25	22	28	22	26	14	24	20
会听	28	20	27	26	30	26	29	18	27	23
比例/%	84.4/87.5	59.4/62.5	78.1/84.4	68.8/81.3	87.5/93.8	68.8/81.3	81.3/90.6	43.8/56.3	75/84.4	62.5/71.9

编号	211	212	213	214	215	216	217	218	219	220
普词条	宽—窄（地方）	凸—凹	健壮	虚弱	干净	肮脏	漂亮	丑陋	聪明	呆傻
闽词条	阔 $kuah^7$—狭 ueh^8	胖 $pong^5$—凹（圳）nah^7	勇 $iong^3$	㜥 lam^3	清气 $cing^1 ki^5$	流扬 $lao^2 siong^2$	水 sui^3	怯势 $kiap^7 si^5$	宿 sik^7	悾 $ggong^6$
会讲	19	13	23	19	23	25	29	19	17	26
会听	22	18	26	24	27	30	31	22	25	30
比例/%	59.4/68.8	40.6/56.3	71.9/81.3	59.4/75	71.9/84.4	78.1/93.8	90.6/96.9	59.4/68.8	53.1/78.1	81.3/93.8

文化生态保护区的母语方言保护——以闽南话保护为例

编号	221	222	223	224	225	226	227	228	229	230
普词条	陌生（陌生人）	勤劳	懒惰	痛苦	富裕	贫穷	疲劳	便宜	小心	凉快
闽词条	生份 siN¹hun⁶	骨力 gut⁴lat⁸	贫惰 pin²duaN⁶	艰苦 gan¹koo³	有康 u⁶kang¹	宋凶 song⁵hiong¹	癀癣 ia⁵sian⁶	俗 siok⁸	细腻 sue⁵li⁶	秋清 ciu¹cin⁵
会讲	20	23	26	30	19	11	12	25	26	27
会听	23	24	28	31	22	14	16	26	27	29
比例/%	62.7/71.9	71.9/75	81.3/87.5	93.8/96.9	59.4/68.8	34.4/43.8	37.5/50	78.1/81.3	81.3/84.4	84.4/90.6

编号	231	232	233	234	235	236	237	238	239	240
普词条	随便	调皮	新鲜[鱼、肉]	暖和[天气]	撒泼	倒霉	站	躺（半躺）	蹲	伏（伏在桌上）
闽词条	清采 cin⁵cai³	跳鬼 tiao⁵gui³ 撆ggiat⁸	鲜尺 ciN²cioh⁷	烧烙 sio¹lo⁶	（野）赤 ia³ciah⁷	衰穗 sue⁵bbai³	倚 kia⁶	氐 te¹	跍 ku²	覆 pak⁷
会讲	32	17	17	23	8	18	27	25	25	23
会听	32	20	24	25	11	22	30	27	27	27
比例/%	100/100	53.1/62.5	53.1/75	71.9/78.1	25/34.4	56.3/68.8	84.4/93.8	78.1/84.4	78.1/84.4	71.9/84.4

第三章 闽南方言现状的调查与分析

编号	241	242	243	244	245	246	247	248	249	250
普词条	躲（躲在厨房）	藏（藏东西）	给（给他钱）	喝	喝[水]	吮（吸奶）	啃（甘蔗）	舔（用舌头）	跑	走
闽词条	奡 bbih[7]	囥 kng[5]	互（与） hoo[6]	喝 huah[7]	啉 lim[1]	嗍 suh[7]	喫 kue[5]	舐 zi[6]	走 zao[3]	行 giaN[2]
会讲	23	20	26	26	29	24	22	21	29	29
会听	26	24	28	28	31	26	26	24	31	30
比例/%	71.9/81.3	62.5/75	81.3/87.5	81.3/87.5	90.6/96.9	75/81.3	68.8/81.3	65.6/75	90.6/96.9	90.6/93.8

编号	251	252	253	254	255	256	257	258	259	260
普词条	造	摘（摘桃子）	绑	捉	爬（爬山）	爬（在地上）	埋	杀	盖（盖被）	举（举手）
闽词条	执 zip[7]	挽 bban[3]	缚 bak[8]	掠 liah[8]	距 beh[7]	趖 so[2]	坮 dai[2]	刣 tai[2]	勘 kam[5]	揭 giah[8]
会讲	21	26	24	23	28	27	17	26	26	21
会听	24	27	26	25	28	28	23	27	28	23
比例/%	65.6/75	81.3/84.4	75/81.3	71.9/78.1	87.5/87.5	84.4/87.5	53.1/71.9	81.3/84.4	81.3/87.5	65.6/71.9

· 文化生态保护区的母语方言保护——以闽南话保护为例 ·

编号	261	262	263	264	265	266	267	268	269	270
普词条	嚼[咀嚼]	吻	吹(喇叭)	淋[雨]	缝[衣服]	闭[眼]	喂	扔	解[绳子]	切[肉]
闽词条	哺 boo⁶	噆 zim¹	喷 bun²	沃 ak⁷	组 tiN⁶	眙 kueh⁷	饲 ciˉ⁶	献 hiN⁵	敨 tao³	截 zueh⁸
会讲	25	24	25	23	23	20	27	25	22	23
会听	29	28	28	27	28	28	29	28	25	26
比例/%	78.1/90.6	75/87.5	78.1/87.5	71.9/84.4	71.9/87.5	62.5/87.5	84.4/90.6	78.1/87.5	68.8/78.1	71.9/81.3

编号	271	272	273	274	275	276	277	278	279	280
普词条	腌[菜]	挖	端[茶、菜]	闻	想念	羡慕	商量	拼搏	聊天	打翻(水)
闽词条	盐 siN⁶	搙 oo³	捀 pang²	鼻 piN⁶	数念 siao⁵ liam⁶	欣羡 him¹ suan⁶	参详 cam¹ siong²	拍拼 pah⁷ biaN⁵	练仙 lian⁶ sian¹	车倒 ciaˉ¹ do³
会讲	22	20	27	29	17	14	17	26	20	24
会听	25	24	29	31	23	20	21	29	21	29
比例/%	68.8/78.1	62.5/75	84.4/90.6	90.6/96.9	53.1/71.9	43.8/62.5	53.1/65.6	81.3/90.6	62.5/65.6	75/90.6

148

第三章 闽南方言现状的调查与分析

编号	281	282	283	284	285	286	287	288	289	290
普词条	搅扰	置备	作弄	帮助	撑腰	打算	纠缠	起誓	唆使	刚[副]
闽词条	搅吵 giao³ ca³	备办 bi⁶ ban⁶	创治 cong⁵ di⁶	帮赠 bang¹ zan⁶	扎气 zah⁷ kui⁵	按算 an⁵ sng⁵	膏膏缠 go¹ go¹ diN⁵	咒誓 ziu⁵ zua⁶	使唆 sai³ so¹	拄(仔) du³ du³ a³
会讲	19	12	21	17	16	25	19	16	16	25
会听	26	18	24	22	19	28	20	19	20	28
比例/%	59.4/81.3	37.5/56.3	65.6/75	53.1/68.8	50/59.4	78.1/87.5	59.4/62.5	50/59.4	50/62.5	78.1/87.5

编号	291	292	293	294	295	296	297	298	299	300
普词条	又[副]	曾[副]	马上[副]	都[副]	更加[副]	难道[副]	反正[副]	跟(我跟你讲)	从(从北京来)	和(我和你一起去)
闽词条	佫 goh⁷	八 bat⁷	随 sui² 现 hian⁶	拢 long³	佫较 goh⁷ kah⁷	汰讨 tai⁵ to³	横直 huaiN² dit⁸	合(甲) gap(gah)⁷	对 dui⁵·ui⁵	共 gang(ga)⁶
会讲	23	20	27	23	25	11	17	27	23	24
会听	28	27	28	26	27	16	20	28	24	28
比例/%	71.9/87.5	62.5/84.4	84.4/87.5	71.9/81.3	78.1/84.4	34.4/50	53.1/62.5	84.4/87.5	71.9/75	75/87.5

下面是本次调查综合分析的情况。

厦门市，调查对象小学生共32人，这300条词语在前埔南区小学32位学生中——

先说"会讲"的：

1.会讲240条（即80%）及以上词条的学生有15人，约占46.9%；

2.会讲180～239条（即60%～79.7%）及以上词条的学生有9人，约占28.1%；

3.会讲150～179条（即50%～59.7%）及以上词条的学生有3人，约占9.4%；

4.会讲149条及以下词条的学生有5人，约占15.6%。

再说"会听"的：

1.会听240条（即80%）及以上词条的学生有22人，约占68.8%；

2.会听180～239条（即60%～79.7%）词条的学生有7人，约占21.9%；

3.会听150～179条（即50%～59.7%）词条的学生有1人，约占3.1%；

4.会听149条及以下词条的学生有2人，约占6.3%。

表3-16是对泉州市实验小学进行调查的情况，参与调查学生33人。

第三章 闽南方言现状的调查与分析

表 3-16 泉州市实验小学 300 条闽南话词语问卷调查情况

编号	001	002	003	004	005	006	007	008	009	010
普词条	太阳	月亮	刮风	响雷	闪电	彩虹	晴天	阴天	山头	潮水
闽词条	日头 lit⁸ tao²	月娘 ggeh⁸ niu²	起风 ki³ hong¹	瞑雷 dan² lui²	闪爁 siNh⁷ na⁵	共 king⁶	好天 ho³ tiN¹	乌阴天 co¹ im¹ tiN¹	山尾溜 suaN¹ bbe³ liu¹	流水 lao² zui³
会讲	33	26	33	31	22	16	33	32	25	32
会听	33	29	33	32	25	19	33	33	28	33
比例/%	100/100	78.8/87.9	100/100	93.9/97	66.7/75.8	48.5/57.6	100/100	97/100	75.8/84.8	97/100

编号	011	012	013	014	015	016	017	018	019	020
普词条	海边	沙滩	田	灰尘	涨潮	退潮	街道	去年	前年	大后天
闽词条	海墘 hai³ giN²	(海)沙坡 hai³ sua¹ po¹	塍 can²	涂粉 too² hun³	水滇 zui³ diN⁶	水洘 zui³ ko³	街路 gue¹ loo⁶	旧年 gu⁶ ni²	顶年 ding³ ni²	落后日 lo⁵ hao⁶ lit
会讲	32	29	28	31	18	17	32	33	31	29
会听	33	31	29	32	25	18	33	33	33	32
比例/%	97/100	87.9/93.9	84.8/87.9	93.9/97	54.5/75.8	51.5/54.5	97/100	100/100	93.9/100	87.9/97

文化生态保护区的母语方言保护——以闽南话保护为例

编号	021	022	023	024	025	026	027	028	029	030
普词条	冬天	夏天	早上	中午	傍晚	晚上	半夜	整天	除夕	春节
闽词条	寒天 guaN² tiN¹	热天 luah⁸ tiN¹	早起 za² ki³	日昼 lit⁸ dao⁵	暗头仔 am⁵ tao² a³	下昏 e⁶ hng¹	半暝 buaN⁵ mi²	规日 gui¹ lit⁸	二九暝 li⁶ gao³ mi²	正月 zianN¹ ggeh⁸
会讲	31	32	32	33	32	31	32	33	21	31
会听	32	32	32	33	33	33	32	33	26	33
比例/%	93.9/97	97/97	97/97	100/100	97/100	93.9/100	97/97	100/100	63.6/78.8	93.9/100

编号	031	032	033	034	035	036	037	038	039	040
普词条	现在	五分钟	星期天	公鸡	母鸡	麻雀	苍蝇	蚂蚁	蟑螂	蚊子
闽词条	即阵 zit⁷ zun⁶	一字久 zit⁸ li⁸ gu³	礼拜（日）le³ bai⁵ lit⁸	鸡角 gue¹ gak⁷	鸡母 gue¹ bbu³	粟鸟仔 cik⁷ ziao³ a³	胡蝇 hoo² sin²	狗蚁 gao³ hia⁶	家蠽 ga¹ zuah⁸	蠓仔 bbang³ a³
会讲	33	25	32	29	32	21	30	27	31	33
会听	33	25	32	30	33	26	33	28	32	32
比例/%	100/100	75.8/75.8	97/97	87.9/90.9	97/100	63.6/78.8	90.9/100	81.8/84.8	93.9/97	100/97

第三章 闽南方言现状的调查与分析

编号	41	42	43	44	45	46	47	48	49	50
普词条	螃蟹	青蛙	稻子	玉米	白薯	花生	南瓜	西红柿	萝卜	香蕉
闽词条	蟳 zim²	田蛤仔 can² gap⁷ a³	柚 diu⁶	麦穗 bbeh⁸ sui⁶	番薯 han¹ zu²	涂豆 too² dao⁶	金瓜 gim¹ gue¹	臭柿仔 cao⁵ ki⁶ ia¹	菜头 cai⁵ tao²	弓蕉 ging¹ zio¹
会讲	31	27	22	30	33	33	29	27	33	31
会听	33	30	26	31	32	33	30	29	33	33
比例/%	93.9/100	81.8/90.9	66.7/78.8	90.9/93.9	100/97	100/100	87.9/90.9	81.8/87.9	100/100	93.9/100

编号	51	52	53	54	55	56	57	58	59	60
普词条	菠萝	芒果	屋子	门槛	洋楼	走廊	厨房	厕所	床铺	手帕
闽词条	王梨 ong² lai²	檨仔 suaiN⁶ iaN³	厝 cu⁵	户碇 hoo⁶ ding⁶	番仔楼 huan¹ na³ lao²	走马楼 zao³ bbe³ lao²	灶跤 zao⁵ ka¹	礐仔 hak⁸ a³	眠床 bbin² cng²	手巾 ciu³ gun¹
会讲	29	29	31	22	28	25	32	23	30	32
会听	32	31	32	26	29	30	32	26	30	32
比例/%	87.9/97	87.9/93.9	93.9/97	66.7/78.8	84.8/87.9	75.8/90.9	97/97	69.7/78.8	90.9/90.9	97/97

153

· 文化生态保护区的母语方言保护——以闽南话保护为例 ·

编号	61	62	63	64	65	66	67	68	69	70
普词条	毛巾	牙刷	锅(炒菜)	瓶子	筷子	锅铲(炒菜)	碟子	梭子蟹	青蛙	稻秆
闽词条	面巾 bbin⁶ gun¹	齿抿 ki³ bbin³	鼎 diaN⁶	矸仔 gan¹ na³	箸 di⁶	煎匙 zian¹ si²	撇仔 piat⁸ la³	蟳 cih⁸	田蛤仔 can² gap⁷ a³	䄺稿 diu⁶ go³
会讲	32	32	31	32	33	30	31	21	30	24
会听	33	32	33	33	33	31	31	21	31	28
比例/%	97/100	97/97	93.9/100	97/100	100/100	90.9/93.9	93.9/93.9	63.6/63.6	90.9/93.9	72.7/84.8

编号	71	72	73	74	75	76	77	78	79	80
普词条	案板	身体	眼睛	额头	眉毛	胡须	肚子	脊背	指头	头发
闽词条	刀砧 do¹ diam¹	身躯 sing¹ gu¹	目珠 bbak⁸ ziu¹	头额 tao² hiah⁸	目眉 bbak⁸ bbai²	喙须 cui⁵ ciu¹	腹肚 bak⁷ doo³	胛脊 ga¹ ziah⁷	掌头仔 zng³ tao² a³	头毛 tao² mng²
会讲	26	30	31	30	30	31	33	31	31	32
会听	31	32	32	32	30	32	32	31	31	33
比例/%	78.8/93.9	90.9/97	93.9/97	90.9/97	90.9/90.9	93.9/97	100/97	93.9/93.9	93.9/93.9	97/100

第三章 闽南方言现状的调查与分析

编号	81	82	83	84	85	86	87	88	89	90
普词条	左手	右手	生病	发热	中暑	腹泻·拉肚子	生脓疱	医院	注射	敷药
闽词条	倒手 do⁵ciu³	正手 ziaN⁵ciu³	破病 pua⁵biN⁶ / 艰苦 gan¹koo³	发烧 huat⁷sio¹	着痧 dioh⁸sua¹	洛屎 lao⁵sai³	生粒仔 siN¹liap⁸bba³	医馆 i¹guan³	拍针 pah⁷ziam¹	糊药 goo²ioh⁸
会讲	32	31	33	33	31	32	30	33	32	29
会昕	32	32	33	32	32	32	29	32	32	31
比例/%	97/97	93.9/97	100/100	100/97	93.9/97	97/97	90.9/87.9	100/97	97/97	87.9/93.9

编号	91	92	93	94	95	96	97	98	99	100
普词条	祖父	祖母	父亲	母亲	儿子	媳妇	女儿	女婿	伯母	婶婶
闽词条	安公 an¹gong¹	安妈 an¹ma³	老爸 lao⁶be⁶	老母 lao⁶bbu³	囝 giaN³ / 后生 hao⁶siN¹	新妇 sim¹bu⁶	查某囝 za¹bboo³giaN³	囝婿 giaN³sai⁵	阿姆 a¹m³	阿婶 a¹zim³
会讲	33	32	31	32	31	31	31	26	32	32
会昕	33	33	33	32	33	32	32	28	32	32
比例/%	100/100	97/100	93.9/100	97/97	93.9/100	93.9/97	93.9/97	78.8/84.8	97/97	97/97

155

· 文化生态保护区的母语方言保护——以闽南话保护为例 ·

编号	101	102	103	104	105	106	107	108	109	110
普词条	姑父	舅母	姨妈	公公	婆婆	堂兄	丈夫	妻子	干儿子	男人
闽词条	姑丈 goo¹ diuN⁶	阿妗 a¹ gim⁶	姨母 i² bbu³ 阿姨 a¹ i²	大官 da⁶ guaN¹	大家 da⁶ ge¹	隔腹兄 geh⁷ bak⁷ hiaN¹	翁 ang¹	某 bboo³	契囝 kue⁵ giaN³	丈夫 da⁶ boo¹
会讲	33	30	32	28	31	28	30	31	31	31
会听	32	30	33	31	32	30	30	33	32	33
比例/%	100/97	90.9/90.9	97/100	84.8/93.9	93.9/97	84.8/90.9	90.9/90.9	93.9/100	93.9/97	93.9/100

编号	111	112	113	114	115	116	117	118	119	120
普词条	老头子	老师	医生	商人	老板	老太婆	师傅	徒弟	乞丐	邻居
闽词条	老伙仔 lao⁶ he³ ia³	先生 sian¹ siN¹	先生 sian¹ siN¹	生理人 sing¹ li³ lang²	头家 tao² ge¹	老阿婆 lao⁶ a¹ bo²	师父 sai¹ hu⁶	师仔 sai¹ ia¹	乞食 kit⁷ ziah⁷	厝边 cu⁵ biN¹
会讲	31	30	31	29	30	29	31	27	31	31
会听	32	33	31	30	32	30	30	30	30	31
比例/%	93.9/97	90.9/100	93.9/93.9	87.9/90.9	90.9/97	87.9/90.9	93.9/90.9	81.8/90.9	93.9/90.9	93.9/93.9

第三章 闽南方言现状的调查与分析

编号	121	122	123	124	125	126	127	128	129	130
普词条	衣服	棉袄	衬衫	柚子	背心	梳子	盛饭	稀饭	脱衣	歇息,休息
闽词条	衫裤 saN¹ koo⁵	棉裘 mi² hiu²	云衫 hun² sam¹	手帕 ciu³ ng³	胛仔 ga¹ a	捋仔 luah⁸ a³	贮饭 due³ bng⁶	（饮）糜 am³ bbe²	褪衫(裤) tng⁵ saN¹ koo⁵	歇困 hioh⁷ kun⁵
会讲	33	32	29	31	29	30	32	33	33	32
会听	33	33	31	31	31	32	33	33	32	33
比例/%	100/100	97/100	87.9/93.9	93.9/93.9	87.9/93.9	90.9/97	97/100	100/100	100/97	97/100

编号	131	132	133	134	135	136	137	138	139	140
普词条	瞌睡	打呼噜	打嗝	游玩	学校	放学	书本	背诵	唱歌	照相
闽词条	丑交睡 duh⁷ ga¹ ze⁵	（起）鼾 ki³ huaN²	拍呃 pah⁷ eh⁷	迌迌 cit⁷ to²	学堂 oh⁸ dng²	放瞑 bang⁵ he⁶	册 ceh⁷	越念 uat⁸ liam⁶	吟诗 ggim² si¹	翕像 hip⁷ siong⁶
会讲	31	26	28	33	32	32	33	24	33	32
会听	32	28	29	33	32	33	33	26	32	31
比例/%	93.9/97	78.8/84.8	84.8/87.9	100/100	97/97	97/100	100/100	72.7/78.8	100/97	97/93.9

·文化生态保护区的母语方言保护——以闽南话保护为例·

编号	141	142	143	144	145	146	147	148	149	150
普词条	演戏	钢笔	风筝	逃学	喇叭	店铺	饭馆	亏本	赚钱	账目
闽词条	搬戏 buaN¹hi⁵	铁笔 tih⁷bit⁷	风吹 hong¹ce¹	偷走学 tao¹zao³oh⁸	鼓吹 goo³ce¹	店仔 diam⁵a³	菜馆 cai⁵guan³	蚀本 sih⁸bun³	趁钱 tan⁵ziN²	数（目） siao⁵bbak⁸
会讲	33	30	33	28	29	33	32	23	33	30
会听	33	31	32	30	27	32	33	27	33	30
比例/%	100/100	90.9/93.9	100/97	84.8/90.9	87.9/81.8	100/97	97/100	69.7/81.8	100/100	90.9/90.9

编号	151	152	153	154	155	156	157	158	159	160
普词条	摊点	钞票	生意	预购	畅销	滞销	惭愧	吵架	帮忙	结伴
闽词条	摊仔 tuaN¹aN³	纸字 zua³li⁶ 镭 lui¹	生理 sing¹li³	交定 ga¹diaN⁶	好市 ho³ci⁶ 好销 ho³siao¹	否市 pai³ci⁶ 否销 pai³siao¹	见笑 gian⁵siao⁵ 否势 paiN³se⁵	冤家 uan¹ge¹	斗相共 dao⁵sio(saN)gang⁶	斗阵 dao⁵din⁶
会讲	32	31	32	27	29	28	29	31	31	29
会听	32	31	32	27	30	28	32	31	31	30
比例/%	97/97	93.9/93.9	97/97	81.8/81.8	87.9/90.9	84.8/84.8	87.9/97	93.9/93.9	93.9/93.9	87.9/90.9

第三章 闽南方言现状的调查与分析

编号	161	162	163	164	165	166	167	168	169	170
普词条	装傻	开玩笑	偏心	吹牛	生气	脾性好	说谎	调气	小气	我们
闽词条	瞪恣 diN⁵ ggong⁶	滚笑 gun³ cio⁵	大细目 dua⁶ sue⁵ bbak⁸	谤风车 bong⁵ hong¹ gu¹	受气 siu⁶ ki⁵	好性地 ho³ sing⁵ de⁶	白贼 beh⁸ cat⁸	献手 hian⁵ ciu³	鄙里 pi³ li⁵	阮 gguan³, ggun³
会讲	27	32	28	22	33	31	25	26	23	30
会听	29	33	28	25	33	32	25	30	25	32
比例/%	81.8/87.9	97/100	84.8/84.8	66.7/75.8	100/100	93.9/97	75.8/75.8	78.8/90.9	69.7/75.8	90.9/97

编号	171	172	173	174	175	176	177	178	179	180
普词条	你们	他们	咱们	自己	谁	这里	那里	哪里	这个	那个
闽词条	恁 lin³	伊 in¹	咱 lan³	家己 ga¹ gi⁶	啥人 siaN³ lang² 佮 siang²	遮 zia²	遐 hia²	倒落(一带) do³ loh⁸ zit⁸ de⁵	即个 zit⁷ le²	迄个 hit⁷ le²
会讲	33	32	33	33	33	32	31	30	33	33
会听	33	33	32	32	32	31	30	30	32	31
比例/%	100/100	97/100	100/97	100/97	100/97	97/93.9	93.9/90.9	90.9/90.9	100/97	100/93.9

・文化生态保护区的母语方言保护——以闽南话保护为例・

编号	181	182	183	184	185	186	187	188	189	190
普词条	什么	怎么样	多少（多少钱）	上面	下面	左边	右边	当中，中间	里面	旁边
闽词条	甚物 sim³ mih⁸	安怎 an¹ zuaN³	偌多 lua⁶ zue⁶	顶面 ding³ bbin⁶	下底 e⁶ due³	倒（手）爿 do³ ciu³ bing²	正（手）爿 ziaN⁵ ciu³ bing²	中央 diong¹ ng¹ 中头 diong¹ tao	里底 lai⁶ due³	边仔 biN¹ iaN³
会讲	33	32	31	32	32	32	32	30	32	32
会听	32	31	32	32	33	33	33	31	32	33
比例/%	100/97	97/93.9	93.9/97	97/97	97/100	97/100	97/100	90.9/93.9	97/97	97/100

编号	191	192	193	194	195	196	197	198	199	200
普词条	前面	后面	半中间	小	高-低（长度）	高-矮（身材）	细（细沙）	胖-瘦	淡（淡水）	香
闽词条	头前 tao² zing²	后壁 ao⁶ biah⁷	半中央 buaN⁵ diong¹ ng¹	细 sue⁵	悬 guaiN² 一下 ge⁶	朕 lo⁵ 一矮 ue³	幼 iu⁵	肥 bui² 一猪 san³	饔 ziaN³	芳 pang¹
会讲	33	33	33	33	32	30	32	32	27	33
会听	32	33	33	33	32	30	32	32	28	33
比例/%	100/97	100/100	100/100	100/100	97/97	90.9/90.9	97/97	97/97	81.8/84.8	100/100

编号	普词条	闽词条	会讲	会听	比例/%
201	对—错	着 dioh⁸—诞 daN⁶	33	33	100/100
202	硬(木头)	有 ding⁶	28	29	84.8/87.9
203	快	紧 gin³	32	32	97/97
204	松—紧(皮带)	冗 ling⁶—絚 an²	27	30	81.8/90.9
205	干—湿(水分)	焦 da¹—澹 dam²	30	32	90.9/97
206	浓—稀(稀饭)	洘 ko³—潡 ga⁵	27	28	81.8/84.8
207	晚(很晚)	晏 uaN⁵	32	33	97/100
208	易—难	易 gue⁶—僫 oh⁷	28	30	84.8/90.9
209	饿	枵 iao¹	30	31	90.9/93.9
210	浊(水)	清 cing¹—醪 lo²	26	27	78.8/81.8
211	宽—窄(地方)	阔 kuah⁷—狭 ueh⁸	30	33	90.9/100
212	凸—凹	胖 pong⁵—凹(训)nah⁷	25	27	75.8/81.8
213	健壮	勇 iong³	31	31	93.9/93.9
214	虚弱	瘰 lam³	31	30	93.9/90.9
215	干净	清气 cing¹ ki⁵	33	32	100/97
216	肮脏	流扬 lao² siong²	31	30	93.9/90.9
217	漂亮	水 sui³	33	33	100/100
218	丑陋	痉势 kiap⁷ si⁵	27	30	81.8/90.9
219	聪明	宿 sik⁷	31	32	93.9/97
220	呆傻	悫 ggong⁶	31	30	93.9/90.9

·文化生态保护区的母语方言保护——以闽南话保护为例·

编号	221	222	223	224	225	226	227	228	229	230
普词条	陌生(陌生人)	勤劳	懒惰	痛苦	富裕	贫穷	疲劳	便宜	小心	凉快
闽词条	生份 siN¹hun⁶	骨力 gut⁷lat⁸	贫惰 pin²duaN⁶	艰苦 gan¹koo³	有康 u⁶kang¹	宋凶 song⁵hiong¹	瘍瘤 ia⁵sian⁶	俗 siok⁸	细腻 sue⁵li⁶	秋清 ciu¹cin⁵
会讲	30	32	31	32	31	22	24	32	33	32
会听	30	32	31	32	33	23	29	33	32	31
比例/%	90.9/90.9	97/97	93.9/93.9	97/97	93.9/100	66.7/69.7	72.7/87.9	97/100	100/97	97/93.9

编号	231	232	233	234	235	236	237	238	239	240
普词条	随便	调皮	新鲜[鱼,肉]	暖和[天气]	撒泼	倒霉	站	躺(半躺)	蹲	伏(伏在桌上)
闽词条	清采 cin⁵cai³	跳鬼摹 tiao⁵gui³ ggiat⁸	鲜尺 ciN¹cioh⁷	烧烙 sio¹lo⁶	(野)赤 ia³ciah⁷	衰穤 sue¹bbai³	倚 kia⁶	覷 te¹	跍 ku²	覆 pak⁷
会讲	33	33	30	29	30	29	33	31	32	32
会听	32	32	30	32	31	30	33	32	32	32
比例/%	100/97	100/97	90.9/90.9	87.9/97	90.9/93.9	87.9/90.9	100/100	93.9/97	97/97	97/97

162

第三章 闽南方言现状的调查与分析

编号	241	242	243	244	245	246	247	248	249	250
普词条	躲（躲在厨房）	藏（藏东西）	给（给他钱）	喊	喝［水］	吮（吸奶）	啃（甘蔗）	舔（用舌头）	跑	走
闽词条	觅 bbih^7	囥 kng^5	互（与）hoo^6	喝 huah^7	啉 lim^1	嗍 suh^7	喫 kue^5	舐 zi^6	走 zao^3	行 giaN^2
会讲	32	30	31	30	33	32	28	33	33	32
会听	32	32	32	31	33	32	29	32	33	32
比例/%	97/97	90.9/97	93.9/97	90.9/93.9	100/100	97/97	84.8/87.9	100/97	100/100	97/97

编号	251	252	253	254	255	256	257	258	259	260
普词条	追	摘（摘桃子）	绑	捉	爬（爬山）	爬（在地上）	埋	杀	盖（盖被）	举（举手）
闽词条	扱 zip^7	挽 bban^3	缚 bak^8	掠 liah^8	距 beh^7	趖 so^2	拾 dai^2	刣 tai^2	勘 kam^5	揭 giah^8
会讲	32	31	32	32	32	31	28	28	32	31
会听	33	33	32	33	33	32	30	30	32	33
比例/%	97/100	93.9/100	97/97	97/100	97/100	93.9/97	84.8/90.9	84.8/90.9	97/97	93.9/100

编号	261	262	263	264	265	266	267	268	269	270
普词条	嚼(咀嚼)	吻	吹(喇叭)	淋[雨]	缝[衣服]	闭[眼]	喂	扔	解[绳子]	切[肉]
闽词条	哺 boo⁶	唚 zim¹	歕 bun²	沃 ak⁷	组 tiN⁶	睸 kueh⁷	饲 ci⁶	擲 hiN⁵	敨 tao³	截 zueh⁸
会讲	33	30	32	31	31	31	31	31	31	32
会听	33	31	32	31	32	32	32	32	32	33
比例/%	100/100	90.9/93.9	97/97	93.9/93.9	93.9/97	93.9/97	93.9/97	93.9/97	93.9/97	97/100

编号	271	272	273	274	275	276	277	278	279	280
普词条	腌[菜]	挖	端[茶菜]	闻	想念	羡慕	商量	拼搏	聊天	打翻(水)
闽词条	盐 siN⁶	掊 oo³	捧 pang²	鼻 piN⁶	数念 siao⁵ liam⁶	欣羡 him¹ suan⁶	参详 cam¹ siong²	拍拼 pah⁷ biaN⁵	练仙 lian⁶ sian³	车倒 cia¹ do³
会讲	33	33	30	32	29	21	30	31	31	33
会听	32	33	31	33	33	21	31	32	32	33
比例/%	100/97	100/100	90.9/93.9	97/100	87.9/100	63.6/63.6	90.9/93.9	93.9/97	93.9/97	100/100

第三章 闽南方言现状的调查与分析

编号	281	282	283	284	285	286	287	288	289	290
普词条	搅扰	置备	作弄	帮助	撑腰	打算	纠缠	起誓	唆使	刚[副]
闽词条	搅吵 giao³ ca³	备办 bi⁶ ban⁶	创治 cong⁵ di⁶	帮赠 bang¹ zan⁶	扎气 zah⁷ kui⁵	按算 an⁵ sng⁵	膏膏缠 go¹ go¹ diN⁵	咒誓 ziu⁵ zua⁶	使唆 sai³ so¹	挂(仔) du³ du³ ‧a³
会讲	28	31	28	27	28	32	29	27	29	28
会听	30	32	30	30	29	33	29	28	32	27
比例/%	84.8/90.9	93.9/97	84.8/90.9	81.8/90.9	84.8/87.9	97/100	87.9/87.9	81.8/84.8	87.9/97	84.8/81.8

编号	291	292	293	294	295	296	297	298	299	300
普词条	又[副]	曾[副]	马上[副]	都[副]	更加[副]	难道[副]	反正[副]	跟(我跟你讲)	从(从北京来)	和(我和你一起去)
闽词条	佫 goh⁷	八 bat⁷	随 sui² 现 hian⁶	拢 long³	佫较 goh⁷ kah⁵	汰讨 tai⁵ to³	横直 huaiN² dit⁸	合(甲) gap⁵(gah⁷)	对 dui⁵ ‧ui⁵	共 gang¹(ga⁶)
会讲	32	31	32	31	32	23	29	30	31	33
会听	32	30	31	32	32	27	30	32	33	32
比例/%	97/97	93.9/90.9	97/93.9	93.9/97	97/97	69.7/81.8	87.9/90.9	90.9/97	90.9/100	100/97

泉州市实验小学参与调查的 33 人中,会讲的:

1.会讲 240 条(即 80%)及以上词条的学生有 28 人,约占 84.8%;

2.会讲 180～239 条(即 60%～79.7%)及以上词条的学生 4 人,约占 12.1%;

3.会讲 150～179 条(即 50%～59.7%)及以上词条的学生有 1 人,约占 3%;

4.会讲 149 条或及以下词条的学生有 0 人。

再说会听的:

1.会听 240 条(即 80%)及以上词条的学生有 31 人,约占 93.9%;

2.会听 180～239 条(即 60%～79.7%)词条的学生有 2 人,约占 6.1%;

3.会听 150～179 条(即 50%～59.7%)词条的学生有 0 人;

4.会听 149 条及以下词条的学生有 0 人。

表 3-17 是对漳州市北京小学进行调查的情况,参与调查学生 31 人。

第三章 闽南方言现状的调查与分析

表3-17 漳州市北京小学300条闽南话词语问卷调查情况

编号	001	002	003	004	005	006	007	008	009	010
普词条	太阳	月亮	刮风	响雷	闪电	彩虹	晴天	阴天	山头	潮水
闽词条	日头 lit^8 tao^2	月娘 ggeh^8 niu^2	起风 ki^3 hong^1	唪雷 dan^2 lui^2	闪爁 siNh^7 na^5	共 king^6	好天 ho^3 tiN^1	乌阴天 oo^1 im^1 tiN^1	山尾溜 suaN^1 bbe^3 liu^1	流水 lao^2 zui^3
会讲	28	10	29	17	6	6	29	29	11	30
会听	31	25	29	26	17	15	31	30	16	31
比例/%	90.3/100	32.3/80.6	93.5/93.5	54.8/83.9	19.4/54.8	19.4/48.4	93.5/100	93.5/96.8	35.5/51.6	96.8/100
编号	011	012	013	014	015	016	017	018	019	020
普词条	海边	沙滩	田	灰尘	涨潮	退潮	街道	去年	前年	大后天
闽词条	海墘 hai^3 giN^2	(海)沙坡 hai^3 sua^1 po^1	塍 can^2	涂粉 too^2 hun^3	水滇 zui^3 diN^6	水洘 zui^3 ko^3	街路 gue^1 loo^6	旧年 gu^6 ni^2	顶年 ding^3 ni^2	落后日 lo^5 hao^6 lit
会讲	22	14	12	26	18	8	28	29	23	19
会听	28	22	20	28	25	14	30	31	28	25
比例/%	71/90.3	45.2/71	38.7/64.5	83.9/90.3	58.1/80.6	25.8/45.2	90.3/96.8	93.5/100	74.2/90.3	61.3/80.6

·文化生态保护区的母语方言保护——以闽南话保护为例·

编号	021	022	023	024	025	026	027	028	029	030
普词条	冬天	夏天	早上	中午	傍晚	晚上	半夜	整天	除夕	春节
闽词条	寒天 guaN² tiN¹	热天 luah⁸ tiN¹	早起 za³ ki³	日昼 lit⁸ dao⁵	暗头仔 am⁵ tao³ a³	下昏 e⁶ hng¹	半暝 buaN⁵ mi²	规日 gui¹ lit⁸	二九暝 li⁶ gao³ mi²	正月 zianN¹ ggeh⁸
会讲	31	30	28	26	22	28	25	27	23	13
会听	30	30	29	26	29	29	29	30	24	20
比例/%	100/96.8	96.8/96.8	90.3/93.5	83.9/83.9	71/93.5	90.3/93.5	80.6/93.5	87.1/96.8	74.2/77.4	41.9/64.5

编号	031	032	033	034	035	036	037	038	039	040
普词条	现在	五分钟	星期天	公鸡	母鸡	麻雀	苍蝇	蚂蚁	蟑螂	蚊子
闽词条	即阵 zit⁷ zun⁶	一字久 zit⁸ li⁶ gu³	礼拜(日) le³ bai⁵ lit⁸	鸡角 gue¹ gak⁷	鸡母 gue¹ bbu⁷	粟鸟仔 cik⁷ ziao² a³	胡蝇 hoo² sin²	狗蚁 gao³ hia⁶	家蟴 ga¹ zuah⁸	蠓仔 bbang² a³
会讲	19	20	27	15	18	18	24	19	24	25
会听	24	26	30	19	23	22	28	24	26	27
比例/%	61.3/77.4	64.5/83.9	87.1/96.8	48.4/61.3	58.1/74.2	58.1/71	77.4/90.3	61.3/77.4	77.4/83.9	80.6/87.1

第三章 闽南方言现状的调查与分析

编号	41	42	43	44	45	46	47	48	49	50
普词条	螃蟹	青蛙	稻子	玉米	白薯	花生	南瓜	西红柿	萝卜	香蕉
闽词条	蟳 zim²	田蛤仔 can² gap⁷ a³	秫 diu⁶	麦穗 bbeh⁸ sui⁶	番薯 han¹ zu²	涂豆 too² dao⁶	金瓜 gim¹ gue¹	臭柿仔 cao⁵ ki⁶ ia³	菜头 cai⁵ tao²	弓蕉 gíng¹ zio¹
会讲	13	16	12	18	30	22	25	28	30	20
会听	17	17	15	20	31	25	26	31	30	26
比例/%	41.9/54.8	51.6/54.8	38.7/48.4	58.1/64.5	96.8/100	71/80.6	80.6/83.9	90.3/100	96.8/96.8	64.5/83.9

编号	51	52	53	54	55	56	57	58	59	60
普词条	菠萝	芒果	屋子	门槛	洋楼	走廊	厨房	厕所	床铺	手帕
闽词条	王梨 ong² lai²	檨仔 suaiN⁶ iaN³	厝 cu⁵	户碇 hoo⁶ ding⁶	番仔楼 huan¹ na³ lao²	走马楼 zao³ bbe³ lao²	灶骹 zao⁵ ka¹	𪮁仔 hak⁸ a³	眠床 bbin² cng²	手巾 ciu³ gun¹
会讲	28	22	26	14	13	18	18	15	22	28
会听	28	22	29	20	18	21	23	18	23	29
比例/%	90.3/90.3	71/71	83.9/93.5	45.2/64.5	41.9/58.1	58.1/67.7	58.1/74.2	48.4/58.1	71/74.2	90.3/93.5

·文化生态保护区的母语方言保护——以闽南话保护为例·

编号	61	62	63	64	65	66	67	68	69	70
普词条	毛巾	牙刷	锅(炒菜)	瓶子	筷子	锅铲(炒菜)	碟子	梭子蟹	青蛙	稻杆
闽词条	面巾 bbin⁶ gun¹	齿抿 ki³ bbin³	鼎 diaN³	矸仔 gan¹ na³	箸 di⁶	煎匙 zian² si²	撇仔 piat⁸ la³	蠘 cih⁸	田蛤仔 can² gap⁷ a³	稻稿 diu⁶ go³
会讲	27	26	26	25	29	18	21	17	28	10
会听	28	27	27	27	29	24	26	20	30	14
比例/%	87.1/ 90.3	83.9/ 87.1	83.9/ 87.1	80.6/ 87.1	93.5/ 93.5	58.1/ 77.4	67.7/ 83.9	54.8/ 64.5	90.3/ 96.8	32.3/ 45.2

编号	71	72	73	74	75	76	77	78	79	80
普词条	案板	身体	眼睛	额头	眉毛	胡须	肚子	脊背	指头	头发
闽词条	刀坫 do¹ diam¹	身躯 sing¹ gu¹	目珠 bbak⁸ ziu¹	头额 tao² hian⁸	目眉 bbak⁸ bbai²	喙须 cui⁵ ciu¹	腹肚 bak⁷ doo³	胛脊 ga¹ ziah⁷	掌头仔 zng⁵ tao² a³	头毛 tao² mng²
会讲	21	30	31	28	19	20	27	13	27	26
会听	24	31	31	30	23	23	28	19	30	29
比例/%	67.7/ 77.4	96.8/ 100	100/ 100	90.3/ 96.8	61.3/ 74.2	64.5/ 74.2	87.1/ 90.3	41.9/ 61.3	87.1/ 96.8	83.9/ 93.5

· 第三章 闽南方言现状的调查与分析 ·

编号	81	82	83	84	85	86	87	88	89	90
普词条	左手	右手	生病	发热	中暑	腹泻·拉肚子	生脓疱	医院	注射	敷药
闽词条	倒手 do⁵ ciu³	正手 ziaN⁵ ciu³	破病 pua⁵ biN⁶ 艰苦 gan¹ koo³	发烧 huat⁷ sio¹	着痧 dioh⁸ sua¹	落屎 lao⁵ sai³	生粒仔 siN¹ liap⁸ bba³	医馆 i¹ guan³	拍针 pah⁷ ziam¹	糊药 goo² ioh⁸
会讲	25	25	26	27	24	19	13	20	29	20
会听	28	28	30	30	28	31	19	26	29	25
比例/%	80.6/90.3	80.6/90.3	83.9/96.8	87.1/96.8	77.4/90.3	61.3/100	41.9/61.3	64.5/83.9	93.5/93.5	64.5/80.6

编号	91	92	93	94	95	96	97	98	99	100
普词条	祖父	祖母	父亲	母亲	儿子	媳妇	女儿	女婿	伯母	婶婶
闽词条	安公 an¹ gong¹	安妈 an¹ ma³	老爸 lao⁶ be⁶	老母 lao⁶ bbu³	囝 giaN³ 后生 hao⁶ siN¹	新妇 sim⁵ bu⁶	查某囝 za¹ bboo³ giaN³	囝婿 giaN³ sai⁵	阿姆 a¹ m³	阿婶 a¹ zim³
会讲	26	28	29	30	30	28	28	26	29	26
会听	30	30	31	31	31	29	28	29	29	28
比例/%	83.9/96.8	90.3/96.8	93.5/100	96.8/100	96.8/100	90.3/93.5	90.3/90.3	83.9/93.5	93.5/93.5	83.9/90.3

171

·文化生态保护区的母语方言保护——以闽南话保护为例·

编号	101	102	103	104	105	106	107	108	109	110
普词条	姑父	舅母	姨妈	公公	婆婆	堂兄	丈夫	妻子	干儿子	男人
闽词条	姑丈 goo¹ diuN⁶	阿妗 a¹ gim⁶	姨母 i² bbu³ 阿姨 a¹ i²	大官 da⁶ guaN¹	大家 da⁶ ge¹	隔腹兄 geh⁷ bak⁷ hiaN¹	翁 ang¹	某 bboo³	契囝 kue⁵ giaN³	丈夫 da⁶ boo¹
会讲	23	28	28	25	26	19	23	26	22	25
会听	26	28	29	27	27	23	26	28	27	26
比例/%	74.2/83.9	90.3/90.3	90.3/93.5	80.6/87.1	83.9/87.1	61.3/74.2	74.2/83.9	83.9/90.3	71/87.1	80.6/83.9

编号	111	112	113	114	115	116	117	118	119	120
普词条	老头子	老师	医生	商人	老板	老太婆	师傅	徒弟	乞丐	邻居
闽词条	老伙仔 lao⁶ he³ ia³	先生 sian¹ siN¹	先生 sian¹ siN¹	生理人 sing¹ li³ lang²	头家 tao² ge¹	老阿婆 lao⁶ a¹ bo²	师父 sai¹ hu⁶	师仔 sai¹ ia³	乞食 kit⁷ ziah⁷	厝边 cu⁵ biN¹
会讲	28	23	21	22	24	28	28	19	21	20
会听	30	27	28	25	27	28	29	22	24	25
比例/%	90.3/96.8	74.2/87.1	67.7/90.3	71/80.6	77.4/87.1	90.3/90.3	90.3/93.5	61.3/71	67.7/77.4	64.5/80.6

第三章 闽南方言现状的调查与分析

编号	121	122	123	124	125	126	127	128	129	130
普词条	衣服	棉袄	衬衫	袖子	背心	梳子	盛饭	稀饭	脱衣(裤)	歇息·休息
闽词条	衫裤 saN¹ koo⁵	棉裘 mi² hiu²	云衫 hun² sam¹	手䘼 ciu³ ng³	胛仔 ga¹ a	捋仔 luah⁸ a³	贮饭 due³ bng⁶	(饮)糜 am³ bbe²	褪衫(裤) tng⁵ saN¹ koo⁵	歇困 hioh⁷ kun⁵
会讲	30	19	22	27	11	16	29	27	28	27
会听	30	23	25	30	24	21	30	29	31	30
比例/%	96.8/96.8	61.3/74.2	71/80.6	87.1/96.8	35.5/77.4	51.6/67.7	93.5/96.8	87.1/93.5	90.3/100	87.1/96.8

编号	131	132	133	134	135	136	137	138	139	140
普词条	瞌睡	打呼噜	打呃	游玩	学校	放学	书本	普通	唱歌	照相
闽词条	乱交睡 duh⁷ ga¹ ze⁶	(起)鼾 ki³ huaN²	拍呃 pah⁷ eh⁷	迌迌 cit³ to²	学堂 oh⁸ dng²	放暇 bang⁵ he⁶	册 ceh⁷	越念 uat⁸ liam⁶	吟诗 ggim² si¹	翕像 hip⁷ siong⁶
会讲	28	14	19	30	27	28	30	13	24	23
会听	29	16	20	31	28	30	31	20	27	25
比例/%	90.3/93.5	45.2/51.6	61.3/64.5	96.8/100	87.1/90.3	90.3/96.8	96.8/100	41.9/64.5	77.4/87.1	74.2/80.6

编号	141	142	143	144	145	146	147	148	149	150
普词条	演戏	钢笔	风筝	逃学	喇叭	店铺	饭馆	亏本	赚钱	账目
闽词条	搬戏 buaN¹ hi⁵	铁笔 tih⁷ bit⁷	风吹 hong¹ ce¹	偷走学 tao¹ zao³ oh⁸	鼓吹 goo³ ce¹	店仔 diam⁵ a³	菜馆 cai⁵ guan³	蚀本 sih⁸ bun³	趁钱 tan⁵ ziN²	数（目）siao⁵ bbak⁸
会讲	21	19	18	23	15	24	23	21	29	16
会听	25	22	24	28	20	27	25	23	31	23
比例/%	67.7/80.6	61.3/71	58.1/77.4	74.2/90.3	48.4/64.5	77.4/87.1	74.2/80.6	67.7/74.2	93.5/100	51.6/74.2

编号	151	152	153	154	155	156	157	158	159	160
普词条	摊点	钞票	生意	预购	畅销	滞销	惭愧	吵架	帮忙	结伴
闽词条	摊仔 tuaN¹ aN³	纸字 zua³ li⁶ 镭 lui¹	生理 sing¹ li³	交定 ga¹ diaN⁶	好市 ho³ ci⁶ 好销 ho³ siao¹	否市 pai³ ci⁶ 否销 pai³ siao¹	见笑 gian⁵ siao⁵ 否势 paiN³ se⁵	冤家 uan¹ ge¹	斗相共 dao⁵ sio (saN)¹ gang⁶	斗阵 dao⁵ din⁶
会讲	19	26	18	19	21	12	25	27	19	16
会听	24	28	23	24	24	17	27	30	21	19
比例/%	61.3/77.4	83.9/90.3	58.1/74.2	61.3/77.4	67.7/77.4	38.7/54.8	80.6/87.1	87.1/96.8	61.3/67.7	51.6/61.3

·文化生态保护区的母语方言保护——以闽南话保护为例·

第三章 闽南方言现状的调查与分析

编号	161	162	163	164	165	166	167	168	169	170
普词条	装傻	开玩笑	偏心	吹牛	生气	脾性好	说谎	阔气	小气	我们
闽词条	戆态 diN⁵ ggong⁶	滚笑 gun³ cio⁵	大细目 dua⁶ sue⁵ bbak⁸	谤风车 bong⁵ hong¹ gu¹	受气 siu⁶ ki⁵	好性地 ho³ sing⁵ de⁶	白贼 beh⁸ cat⁸	献手 hian⁵ ciu³	鄙厘 pi³ li²	阮 gguan³, ggun³
会讲	20	23	14	7	24	25	21	19	14	24
会听	22	24	17	13	28	29	23	25	15	25
比例/%	64.5/71	74.2/77.4	45.2/54.8	22.6/41.9	77.4/90.3	80.6/93.5	67.7/74.2	61.3/80.6	45.2/48.4	77.4/80.6

编号	171	172	173	174	175	176	177	178	179	180
普词条	你们	他们	咱们	自己	谁	这里	那里	哪里	这个	那个
闽词条	恁 lin³	個 in¹	咱 lan³	家己 ga¹ gi⁶	啥人 siaN³ lang² 偌 siang²	遮 zia²	遐 hia²	佗落（一带）do³ loh⁸ zit⁸ de⁵	即个 zit⁷ le²	迄个 hit⁷ le²
会讲	26	24	26	28	25	28	28	18	27	28
会听	26	24	27	29	29	30	31	24	28	28
比例/%	83.9/83.9	77.4/77.4	83.9/87.1	90.3/93.5	80.6/93.5	90.3/96.8	90.3/100	58.1/77.4	87.1/90.3	90.3/90.3

·文化生态保护区的母语方言保护——以闽南话保护为例·

编号	181	182	183	184	185	186	187	188	189	190
普词条	什么	怎么样	多少（多少钱）	上面	下面	左边	右边	当中·中间	里面	旁边
闽词条	甚物 sim³ mih⁸	安怎 an¹ zuaN³	偌多 lua⁶ zue⁶	顶面 ding³ bbin⁶	下底 e⁶ due³	倒（手）爿 do³ ciu³ bing²	正（手）爿 ziaN⁵ ciu³ bing²	中央 diong¹ ng¹ 中头 diong¹ tao	里底 lai⁶ due³	边仔 biN¹ iaN³
会讲	29	30	31	23	23	27	27	24	26	28
会听	30	31	31	26	28	30	30	29	28	30
比例/%	93.5/96.8	96.8/100	100/100	74.2/83.9	74.2/90.3	87.1/96.8	87.1/96.8	77.4/93.5	83.9/90.3	90.3/96.8

编号	191	192	193	194	195	196	197	198	199	200
普词条	前面	后面	半中间	小	高一低（长度）	高一矮（身材）	细一细沙	胖一瘦	淡（淡水）	香
闽词条	头前 tao² zing²	后壁 ao⁶ biah⁷	半中央 buaN⁵ diong¹ ng¹	细 sue⁵	悬 guaiN² 一下 ge⁶	躼 lo⁵ 一矮 ue³	幼 iu⁵	肥 bui² 一瘠 san³	饔 ziaN³	芳 pang¹
会讲	31	29	28	26	13	18	19	28	21	27
会听	31	30	30	28	16	22	20	31	22	27
比例/%	100/100	93.5/96.8	90.3/96.8	83.9/90.3	41.9/51.6	58.1/71	61.3/64.5	90.3/100	67.7/71	87.1/87.1

第三章 闽南方言现状的调查与分析

编号	201	202	203	204	205	206	207	208	209	210
普词条	对—错	硬（木头）	快	松—紧（皮带）	干—湿（水分）	浓—稀（稀饭）	晚（很晚）	易—难	饿	浑（水）
闽词条	着 dioh⁸—诞 daN⁶	有 ding⁶	紧 gin³	冗 ling⁶—佴 an²	焦 da¹—澹 dam²	洘 ko³—潲 ga⁵	晏 uaN⁵	易 gue⁶—僫 oh⁷	枵 iao¹	清 cing¹—醪 lo²
会讲	26	22	28	11	21	15	26	6	29	17
会听	28	22	29	20	21	20	28	9	31	18
比例 %	83.9/90.3	71/71	90.3/93.5	35.5/64.5	67.7/67.7	48.4/64.5	83.9/90.3	19.4/29	93.5/100	54.8/58.1

编号	211	212	213	214	215	216	217	218	219	220
普词条	宽—窄（地方）	凸—凹	健壮	虚弱	干净	肮脏	漂亮	丑陋	聪明	呆傻
闽词条	阔 kuah⁷—狭 ueh⁸	胖 pong⁵—凹(训) nah⁷	勇 iong³	㾪 lam³	清气 cing¹ ki⁵	流墘 lao² siong²	水 sui³	挟势 kiap⁷ si⁵	宿 sik⁷	憨 ggong⁶
会讲	23	11	22	11	26	22	29	24	12	25
会听	24	16	25	17	29	24	30	29	18	28
比例 %	74.2/77.4	35.5/51.6	71/80.6	35.5/54.8	83.9/93.5	71/77.4	93.5/96.8	77.4/93.5	38.7/58.1	80.6/90.3

177

· 文化生态保护区的母语方言保护——以闽南话保护为例 ·

编号	221	222	223	224	225	226	227	228	229	230
普词条	陌生（陌生人）	勤劳	懒惰	痛苦	富裕	贫穷	疲劳	便宜	小心	凉快
闽词条	生份 siN¹hun⁶	骨力 gut⁷lat⁸	贫惰 pin²duaN⁶	艰苦 gan¹koo³	有康 u⁶kang¹	宋凶 song⁵hiong¹	痪瘫 ia⁵sian⁶	俗 siok⁸	细腻 sue⁵li⁶	秋清 ciu⁵cin⁵
会讲	24	16	18	22	18	12	24	16	18	10
会听	24	20	22	28	24	18	27	22	24	19
比例/%	77.4/77.4	51.6/64.5	58.1/71	71/90.3	58.1/77.4	38.7/58.1	77.4/87.1	51.6/71	58.1/77.4	32.3/61.3

编号	231	232	233	234	235	236	237	238	239	240
普词条	随便	调皮	新鲜[鱼,肉]	暖和[天气]	撒泼	倒霉	站	躺（半躺）	蹲	伏（伏在桌上）
闽词条	清采 cin⁵cai³	跳鬼 tiao⁵gui³ 挈 ggiat⁸	鲜尺 ciN¹cioh⁷	烧烙 sio¹lo⁶	(野)赤 ia³cioh⁷	衰穗 sue⁵bbai³	徛 kia⁶	呢 te¹	跍 ku²	覆 pak⁷
会讲	31	15	16	20	14	16	26	26	23	17
会听	31	23	21	21	15	21	29	27	25	20
比例/%	100/100	48.4/74.2	51.6/67.7	64.5/67.7	45.2/48.4	51.6/67.7	83.9/93.5	83.9/87.1	74.2/80.6	54.8/64.5

第三章 闽南方言现状的调查与分析

编号	241	242	243	244	245	246	247	248	249	250
普词条	躲（躲在厨房）	藏（藏东西）	给（给他钱）	喊	喝[水]	吮（吸奶）	嚼（甘蔗）	舔（用舌头）	跑	走
闽词条	覕 bbih^7	囥 kng^5	互（与）hoo^6	喝 huah^7	啉 lim^1	嗍 suh^7	喫 kue^5	舐 zi^6	走 zao^3	行 giaN^2
会讲	18	20	24	19	27	20	15	22	29	28
会听	28	29	27	25	29	27	21	25	31	29
比例/%	58.1/ 90.3	64.5/ 93.5	77.4/ 87.1	61.3/ 80.6	87.1/ 93.5	64.5/ 87.1	48.4/ 67.7	71/ 80.6	93.5/ 100	90.3/ 93.5

编号	251	252	253	254	255	256	257	258	259	260
普词条	造	摘（摘桃子）	绑	捉	爬（爬山）	爬（在地上）	埋	杀	盖（盖被）	举（举手）
闽词条	抾 zip^7	挽 bban^3	缚 bak^8	掠 liah^8	距 beh^7	蹉 so^2	坮 dai^2	刣 tai^2	勘 kam^5	摜 giah^8
会讲	17	20	18	26	25	16	14	21	17	19
会听	23	24	20	28	27	20	19	25	23	25
比例/%	54.8/ 74.2	64.5/ 77.4	58.1/ 64.5	83.9/ 90.3	80.6/ 87.1	51.6/ 64.5	45.2/ 61.3	67.7/ 80.6	54.8/ 74.2	61.3/ 80.6

· 文化生态保护区的母语方言保护——以闽南话保护为例 ·

编号	261	262	263	264	265	266	267	268	269	270
普词条	嚼（咀嚼）	吻	吹（喇叭）	淋[雨]	缝[衣服]	闭[眼]	喂	扔	解[绳子]	切[肉]
闽词条	哺 boo⁶	唚 zim¹	歕 bun²	沃 ak⁷	纫 tiN⁶	瞌 kueh⁷	饲 ci⁶	献 hiN⁵	敨 tao³	截 zueh⁸
会讲	23	28	26	23	26	11	27	24	17	24
会听	26	28	27	29	27	18	29	29	19	27
比例/%	74.2/83.9	90.3/90.3	83.9/87.1	74.2/93.5	83.9/87.1	35.5/58.1	87.1/93.5	77.4/93.5	54.8/61.3	77.4/87.1

编号	271	272	273	274	275	276	277	278	279	280
普词条	腌[菜]	挖	端[茶、菜]	闻	想念	羡慕	商量	拼搏	聊天	打翻（水）
闽词条	盐 siN⁶	搙 oo³	捧 pang²	鼻 piN⁶	数念 siao⁵ liam⁶	欣羡 him¹ suan⁶	参详 cam¹ siong²	拍拼 pah⁷ biaN⁵	练仙 lian⁶ sian¹	车倒 cia¹ do³
会讲	23	22	26	27	19	12	15	25	18	27
会听	26	25	27	29	24	18	23	27	22	29
比例/%	74.2/83.9	71/80.6	83.9/87.1	87.1/93.5	61.3/77.4	38.7/58.1	48.4/74.2	80.6/87.1	58.1/71	87.1/93.5

第三章 闽南方言现状的调查与分析

编号	281	282	283	284	285	286	287	288	289	290
普词条	搅扰	置备	作弄	帮助	撑腰	打算	纠缠	起誓	唆使	刚[副]
闽词条	搅吵 giao³ ca³	备办 bi⁶ ban⁶	创治 cong⁵ di⁶	帮赞 bang¹ zan⁶	扎气 zah⁷ kui⁵	按算 an⁵ sng⁵	膏膏缠 go¹ go¹ diN²	咒誓 ziu⁵ zua⁶	使咳 sai³ so¹	拄(拄仔) du³ du³ a³
会讲	23	10	23	13	16	26	16	12	12	11
会听	26	18	26	21	21	30	23	18	19	17
比例/%	74.2/83.9	32.3/58.1	74.2/83.9	41.9/67.7	51.6/67.7	83.9/96.8	51.6/74.2	38.7/58.1	38.7/61.3	35.5/54.8

编号	291	292	293	294	295	296	297	298	299	300
普词条	又[副]	曾[副]	马上	都[副]	更加[副]	难道[副]	反正[副]	跟(我跟你讲)	从(从北京来)	和(我和你一起去)
闽词条	佫 goh⁷	八 bat⁷	随 sui² 现 hian⁶	拢 long³	佫较 goh⁷ kah⁵	汰讨 tai⁵ to³	横直 huaiN² dit⁸	合(甲) gap(gah) gap⁷	对 dui⁵·ui⁵	共 gang(ga) gang(ga)⁶
会讲	21	19	20	22	21	10	15	25	22	24
会听	23	26	23	24	23	18	20	29	28	25
比例/%	67.7/74.2	61.3/83.9	64.5/74.2	71/77.4	67.7/74.2	32.3/58.1	48.4/64.5	80.6/93.5	71/90.3	77.4/80.6

漳州市北京小学参与调查的 31 人中,会讲的:

1.会讲 240 条(即 80%)及以上词条的学生有 13 人,约占 41.9%;

2.会讲 180～239 条(即 60%～79.7%)及以上词条的学生 11 人,约占 35.5%;

3.会讲 150～179 条(即 50%～59.7%)及以上词条的学生有 0 人;

4.会讲 149 条及以下词条的学生有 7 人,约占 22.6%;

再说会听的:

1.会听 240 条(即 80%)及以上词条的学生有 20 人,约占 64.5%;

2.会听 180～239 条(即 60%～79.7%)词条的学生有 6 人,约占 19.4%;

3.会听 150～179 条(即 50%～59.7%)词条的学生有 1 人,约占 3.2%;

4.会听 149 条及以下词条的学生 4 人,约占 12.9%。

表 3-18 是对漳浦一中进行调查的情况,参与调查学生 35 人。

· 第三章 闽南方言现状的调查与分析 ·

表 3-18 漳浦一中 300 条闽南话词语问卷调查情况

编号	001	002	003	004	005	006	007	008	009	010
普词条	太阳	月亮	刮风	响雷	闪电	彩虹	晴天	阴天	山头	潮水
闽词条	日头 lit⁸ tao²	月娘 ggeh⁸ niu²	起风 ki³ hong¹	霆雷 dan² lui²	闪爁 siNh⁷ na⁵	共 king⁶	好天 ho³ tiN¹	乌阴天 oo¹ im¹ tiN¹	山尾溜 suaN¹ bbe³ liu¹	流水 lao² zui³
会讲	32	15	32	21	11	5	35	32	11	23
会听	34	28	35	30	20	13	35	35	22	29
比例/%	91.4/97.1	42.9/80	91.4/100	60/85.7	31.4/57.1	14.3/37.1	100/100	91.4/100	31.4/62.9	65.7/82.9

编号	011	012	013	014	015	016	017	018	019	020
普词条	海边	沙滩	田	灰尘	涨潮	退潮	街道	去年	前年	大后天
闽词条	海墘 hai³ giN²	（海）沙坡 hai³ sua¹ po¹	塍 can²	涂粉 too² hun³	水滇 zui³ diN⁶	水洘 zui³ ko³	街路 gue¹ loo⁶	旧年 gu⁶ ni²	顶年 ding³ ni²	落后日 lo⁵ hao⁶ lit
会讲	34	13	33	35	5	6	34	33	34	19
会听	35	20	35	35	11	11	35	35	35	31
比例/%	97.1/100	37.1/57.1	94.3/100	100/100	14.3/31.4	17.1/31.4	97.1/100	94.3/100	97.1/100	54.3/88.6

· 文化生态保护区的母语方言保护——以闽南话保护为例 ·

编号	021	022	023	024	025	026	027	028	029	030
普词条	冬天	夏天	早上	中午	傍晚	晚上	半夜	整天	除夕	春节
闽词条	寒天 guaN² tiN¹	热天 luah⁸ tiN¹	早起 za³ ki³	日昼 lit⁸ dao⁵	暗头仔 am⁵ tao³ a³	下昏 e⁶ hng¹	半暝 buaN⁵ mi²	规日 gui¹ lit⁸	二九暝 li⁶ gao³ mi²	正月 ziaN³ ggeh⁸
会讲	35	35	35	31	22	33	35	35	34	24
会听	35	35	35	35	33	35	35	35	35	30
比例/%	100/100	100/100	100/100	88.6/100	62.9/94.3	94.3/100	100/100	100/100	97.1/100	68.6/85.7

编号	031	032	033	034	035	036	037	038	039	040
普词条	现在	五分钟	星期天	公鸡	母鸡	麻雀	苍蝇	蚂蚁	蟑螂	蚊子
闽词条	即阵 zit⁷ zun⁶	一字久 zit⁸ li⁶ gu³	礼拜（日）le³ bai¹ lit⁸	鸡角 gue¹ gak⁷	鸡母 gue¹ bbu³	粟鸟仔 cik⁷ ziao³ a³	胡蝇 hoo² sin²	狗蚁 gao³ hia⁶	家蠽 ga¹ zuah⁸	蠓仔 bbang³ a³
会讲	30	10	35	29	30	5	35	35	35	35
会听	35	20	35	35	34	11	35	35	35	35
比例/%	85.7/100	28.6/57.1	100/100	82.9/100	85.7/97.1	14.3/31.4	100/100	100/100	100/100	100/100

编号	41	42	43	44	45	46	47	48	49	50
普词条	螃蟹	青蛙	稻子	玉米	白薯	花生	南瓜	西红柿	萝卜	香蕉
闽词条	蟳 zim²	田蛤仔 can² gap⁷ a³	秫 diu⁶	麦穗 bbeh⁸ sui⁶	番薯 han¹ zu²	涂豆 too² dao⁶	金瓜 gim¹ gue¹	臭柿仔 cao⁵ ki⁶ ia³	菜头 cai⁵ tao²	弓蕉 gíng¹ zio¹
会讲	35	24	20	19	35	5	35	34	35	35
会听	35	31	25	25	35	11	35	35	35	35
比例/%	100/100	68.6/88.6	57.1/71.4	54.3/71.4	100/100	14.3/31.4	100/100	97.1/100	100/100	100/100

编号	51	52	53	54	55	56	57	58	59	60
普词条	波萝	芒果	屋子	门槛	洋楼	走廊	厨房	厕所	床铺	手帕
闽词条	旺梨 ong² lai²	檨仔 suaiN⁶ iaN³	厝 cu⁵	户𣳸 hoo⁶ ding⁶	番仔楼 huan¹ na³ lao²	走马楼 zao³ bbe³ lao²	灶骹 zao⁵ ka¹	簐仔 hak⁸ a³	眠床 bbin² cng²	手巾 ciu³ gun¹
会讲	35	31	34	27	10	9	35	12	7	34
会听	35	33	35	32	22	14	35	26	20	35
比例/%	100/100	88.6/94.3	97.1/100	77.1/91.4	28.6/62.9	25.7/40	100/100	34.3/74.3	20/57.1	97.1/100

· 第三章 闽南方言现状的调查与分析 ·

编号	61	62	63	64	65	66	67	68	69	70
普词条	毛巾	牙刷	锅(炒菜)	瓶子	筷子	锅铲(炒菜)	碟子	檩条	上火	稻秆
闽词条	面巾 bbin⁶ gun¹	齿抿 ki³ bbin³	鼎 diaN³	矸仔 gan¹ na³	箸 di⁶	煎匙 zian¹ si²	撇仔 piat⁸ la³	椊仔 iN² a³	火气 he³ ki⁷ a⁵	釉稿 diu⁶ go³
会讲	35	33	34	20	29	25	2	6	27	4
会听	35	35	35	24	30	28	6	13	32	14
比例/%	100/100	94.3/100	97.1/100	57.1/68.6	82.9/85.7	71.4/80	5.7/17.1	17.1/37.1	77.1/91.4	11.4/40

编号	71	72	73	74	75	76	77	78	79	80
普词条	案板	身体	眼睛	额头	眉毛	胡须	肚子	脊背	指头	头发
闽词条	刀砧 do¹ diam¹	身躯 sing¹ gu¹	目珠 bbak⁸ ziu¹	头额 tao² hiah⁸	目眉 bbak⁸ bbai²	喙须 cui⁵ ciu¹	腹肚 bak⁷ doo³	胛脊 ga¹ ziah⁷	掌头仔 zng³ tao² a³	头毛 tao² mng²
会讲	26	31	35	12	16	35	35	1	32	35
会听	29	32	35	18	22	35	35	4	33	35
比例/%	74.3/82.9	88.6/91.4	100/100	34.3/51.4	45.7/62.9	100/100	100/100	2.9/11.4	91.4/94.3	100/100

第三章 闽南方言现状的调查与分析

编号	81	82	83	84	85	86	87	88	89	90
普词条	左手	右手	生病	发热	中暑	腹泻·拉肚子	生脓疱	医院	注射	敷药
闽词条	倒手 do⁵ ciu³	正手 ziaN⁵ ciu³	破病 pua⁵ biN⁶ 艰苦 gan¹ koo³	发烧 huat⁷ sio¹	着痧 dioh⁸ sua¹	落屎 lao⁵ sai³	生粒仔 siN¹ liap⁸ bba³	医馆 i¹ guan³	拍针 pah⁷ ziam¹	糊药 goo² ioh⁸
会讲	35	35	35	35	34	35	19	14	35	21
会听	35	35	35	35	34	35	27	28	35	31
比例 %	100/100	100/100	100/100	100/100	97.1/97.1	100/100	54.3/77.1	40/80	100/100	60/88.6

编号	91	92	93	94	95	96	97	98	99	100
普词条	祖父	祖母	父亲	母亲	儿子	媳妇	女儿	女婿	伯母	婶婶
闽词条	安公 an¹ gong¹	安妈 an¹ ma³	老爸 lao⁶ be⁶	老母 lao⁶ bbu³	囝 giaN³ 后生 hao⁶ siN¹	新妇 sim¹ bu⁶	查某囝 za¹ bboo³ giaN³	囝婿 giaN³ sai⁵	阿姆 a¹ m³	阿婶 a¹ zim³
会讲	35	35	31	31	35	34	32	32	35	34
会听	35	35	34	34	35	35	34	34	35	34
比例 %	100/100	100/100	88.6/97.1	88.6/97.1	100/100	97.1/100	91.4/97.1	91.4/97.1	100/100	97.1/97.1

·文化生态保护区的母语方言保护——以闽南话保护为例·

编号	101	102	103	104	105	106	107	108	109	110
普词条	姑父	舅母	姨妈	公公	婆婆	堂兄	丈夫	妻子	干儿子	男人
闽词条	姑丈 goo¹ diuN⁶	阿妗 a¹ gim⁶	姨母/阿姨 i² bbu³ / a¹ i²	大官 da⁶ guaN¹	大家 da⁶ ge¹	隔腹兄 geh⁷ bak⁷ hiaN¹	翁 ang¹	某 bboo³	契囝 kue⁵ giaN³	丈夫 da⁶ boo¹
会讲	33	33	30	29	29	8	32	33	27	34
会听	35	35	34	35	35	17	34	35	33	35
比例/%	94.3/ 100	94.3/ 100	85.7/ 97.1	82.9/ 100	82.9/ 100	22.9/ 48.6	91.4/ 97.1	94.3/ 100	77.1/ 94.3	97.1/ 100

编号	111	112	113	114	115	116	117	118	119	120
普词条	老头子	老师	医生	商人	老板	老太婆	师傅	徒弟	乞丐	邻居
闽词条	老伙仔 lao⁶ he³ ia³	先生 sian¹ siN¹	先生 sian¹ siN¹	生理人 sing¹ li³ lang²	头家 tao² ge¹	老阿婆 lao⁶ a¹ bo²	师父 sai¹ hu⁶	师仔 sai¹ ia³	乞食 kit⁷ ziah⁷	厝边 cu⁵ biN¹
会讲	33	35	30	31	31	34	35	27	34	34
会听	34	35	33	34	35	35	35	31	35	35
比例/%	94.3/ 97.1	100/ 100	85.7/ 94.3	88.6/ 97.1	88.6/ 100	97.1/ 100	100/ 100	77.1/ 88.6	97.1/ 100	97.1/ 100

第三章 闽南方言现状的调查与分析

编号	121	122	123	124	125	126	127	128	129	130
普词条	衣服	棉袄	衬衫	柚子	背心	梳子	盛饭	稀饭	脱衣	歇息·休息
闽词条	衫裤 saN¹ koo⁵	棉裘 mi²hiu²	云衫 hun²sam¹	手帕 ciu⁵ng³	胛仔 ga¹a	捋仔 luah⁸a³	贮饭 due³bng⁶	（饮）糜 am¹bbe²	褪衫（裤）tng⁵saN¹koo⁵	歇困 hioh⁷kun⁵
会讲	35	9	33	34	28	3	34	31	35	32
会听	35	24	33	34	31	10	35	33	35	34
比例/%	100/100	25.7/68.6	94.3/94.3	97.1/97.1	80/88.6	8.6/28.6	97.1/100	88.6/94.3	100/100	91.4/97.1

编号	131	132	133	134	135	136	137	138	139	140
普词条	瞌睡	打呼噜	打嗝	游玩	学校	放学	书本	背诵	唱歌	照相
闽词条	伫交睡 duh⁷ga¹ze⁶	（起）鼾 ki³huaN²	拍呃 pah⁷eh⁷	𨑨迌 cit⁷to²	学堂 oh⁸dng²	放暇 bang⁵he⁶	册 ceh⁷	越念 uat⁸liam⁶	吟诗 ggim²si¹	翕像 hip⁷siong⁶
会讲	34	3	34	35	35	27	35	8	6	10
会听	35	8	34	35	35	31	35	20	9	22
比例/%	97.1/100	8.6/22.9	97.1/97.1	100/100	100/100	77.1/88.6	100/100	22.9/57.1	17.1/25.7	28.6/62.9

· 文化生态保护区的母语方言保护——以闽南话保护为例 ·

编号	141	142	143	144	145	146	147	148	149	150
普词条	演戏	钢笔	风筝	逃学	喇叭	店铺	饭馆	亏本	赚钱	账目
闽词条	搬戏 buaN¹ hi⁵	铁笔 tih⁷ bit⁷	风吹 hong¹ ce¹	偷走学 tao¹ zao³ oh⁸	鼓吹 goo³ ce¹	店仔 diam⁵ a³	菜馆 cai⁵ guan³	蚀本 sih⁸ bun³	趁钱 tan⁵ ziN²	数（目） siao⁵ bbak⁸
会讲	26	27	14	21	0	34	24	7	32	10
会听	28	33	21	33	6	35	32	17	35	22
比例/%	74.3/80	77.1/94.3	40/60	60/94.3	0/17.1	97.1/100	68.6/91.4	20/48.6	91.4/100	28.6/62.9
编号	151	152	153	154	155	156	157	158	159	160
普词条	摊点	钞票	生意	预购	畅销	滞销	惭愧	吵架	帮忙	结伴
闽词条	摊仔 tuaN¹ aN³	纸字镭 zua³ li⁶ lui¹	生理 sing¹ li³	交定 ga¹ diaN⁶	好市 ho³ ci⁶ 好销 ho³ siao¹	否市 pai³ ci⁶ 否销 pai³ siao¹	见笑 gian⁵ siao⁵ 否势 paiN³ se⁵	冤家 uan¹ ge¹	斗相共 dao⁵ sio (saN)¹ gang⁶	斗阵 dao⁵ din⁶
会讲	24	34	33	19	32	31	32	21	32	25
会听	30	35	35	26	34	34	34	30	35	32
比例/%	68.6/85.7	97.1/100	94.3/100	54.3/74.3	91.4/97.1	88.6/97.1	91.4/97.1	60/85.7	91.4/100	71.4/91.4

第三章 闽南方言现状的调查与分析

编号	161	162	163	164	165	166	167	168	169	170
普词条	装傻	开玩笑	偏心	吹牛	生气	脾性好	说谎	阔气	小气	我们
闽词条	譄悫 diN⁵ ggong⁶	滚笑 gun³ cio⁵	大细目 dua⁶ sue⁵ bbak⁸	谤风车 bong⁵ hong¹ gu¹	爱气 siu⁶ ki⁵	好性地 ho³ sing⁵ de⁶	白贼 beh⁸ cat⁸	献手 hian⁵ ciu³	鄙厘 pi³ li²	阮 gguan³, ggun³
会讲	15	28	7	11	30	34	35	0	3	35
会听	22	33	27	20	34	35	35	5	8	35
比例/%	42.9/62.9	80/94.3	20/77.1	31.4/57.1	85.7/97.1	97.1/100	100/100	0/14.3	8.6/22.9	100/100

编号	171	172	173	174	175	176	177	178	179	180
普词条	你们	他们	咱们	自己	谁	这里	那里	哪里	这个	那个
闽词条	恁 lin³	個 in¹	咱 lan³	家己 ga¹ gi⁶	啥人 siaN³ lang² 佮 siang²	遮 zia²	遐 hia²	(遰落一带) do³ loh⁸ zit⁸ de⁵	即个 zit⁷ le²	迄个 hit⁷ le²
会讲	35	35	35	34	33	35	35	35	35	35
会听	35	35	35	35	35	35	35	35	35	35
比例/%	100/100	100/100	100/100	97.1/100	94.3/100	100/100	100/100	100/100	100/100	100/100

191

·文化生态保护区的母语方言保护——以闽南话保护为例·

编号	181	182	183	184	185	186	187	188	189	190
普词条	什么	怎么样	多少（多少钱）	上面	下面	左边	右边	当中·中间	里面	旁边
闽词条	甚物 sim³ mih⁸	安怎 an¹ zuaN³	偌多 lua⁶ zue⁶	顶面 ding³ bbin⁶	下底 e⁶ due³	倒（手）爿 do³ ciu³ bing²	正（手）爿 ziaN⁵ ciu³ bing²	中央 diong¹ ng¹ 中头 diong¹ tao	里底 lai⁶ due³	边仔 biN¹ iaN³
会讲	35	35	34	31	35	35	35	34	35	33
会听	35	35	34	31	35	35	35	34	35	35
比例/%	100/100	100/100	97.1/97.1	88.6/88.6	100/100	100/100	100/100	97.1/97.1	100/100	94.3/100

编号	191	192	193	194	195	196	197	198	199	200
普词条	前面	后面	半中中间	小	高一低（长度）	高一矮（身材）	细·细沙	胖一瘦	淡(淡水)	香
闽词条	头前 tao² zing²	后壁 ao⁶ biah⁷	半中央 buaN⁵ diong¹ ng¹	细 sue⁵	悬 guaiN² 一下 ge⁶	躼 lo⁵ 一矮 ue³	幼 iu⁵	肥 bui² 一瘦 san³	饔 ziaN³	芳 pang¹
会讲	35	35	32	34	32	26	32	34	31	35
会听	35	35	34	35	35	33	34	35	32	35
比例/%	100/100	100/100	91.4/97.1	97.1/100	91.4/100	74.3/94.3	91.4/97.1	97.1/100	88.6/91.4	100/100

第三章 闽南方言现状的调查与分析

编号	201	202	203	204	205	206	207	208	209	210
普词条	对—错	硬(木头)	快	松—紧(皮带)	干—湿(水分)	浓—稀(稀饭)	晚(很晚)	易—难	饿	浊(水)
闽词条	着 dioh⁸—诞 daN⁶	有 ding⁶	紧 gin³	冗 ling⁶—恒 an²	焦 da¹—澹 dam²	洘 ko³—漱 ga⁵	晏 uaN⁵	易 gue⁶—偠 oh⁷	枵 iao¹	清 cing¹—醪 lo²
会讲	18	30	34	23	32	20	34	19	33	25
会听	23	33	35	35	35	32	35	30	34	31
比例/%	51.4/65.7	85.7/94.3	97.1/100	65.7/100	91.4/100	57.1/91.4	97.1/100	54.3/85.7	94.3/97.1	71.4/88.6

编号	211	212	213	214	215	216	217	218	219	220
普词条	宽—窄(地方)	凸—凹	健壮	虚弱	干净	肮脏	漂亮	丑陋	聪明	呆傻
闽词条	阔 kuah⁷—狭 ueh⁸	胖 pong⁵—凹(训)nah⁷	勇 iong³	潭 lam³	清气 cing¹ ki⁵	流场 lao² siong²	水 sui³	痊势 kiap⁷ si⁵	宿 sik⁷	悫 ggong⁶
会讲	33	18	20	10	34	34	33	7	8	28
会听	35	28	27	22	35	35	35	13	13	28
比例/%	94.3/100	51.4/80	57.1/77.1	28.6/62.9	97.1/100	97.1/100	94.3/100	20/37.1	22.9/37.1	80/80

文化生态保护区的母语方言保护——以闽南话保护为例

编号	普词条	闽词条	会讲	会听	比例/%
221	陌生（陌生人）	生份 $siN^1 hun^6$	30	34	85.7/97.1
222	勤劳	骨力 $gut^7 lat^8$	6	10	17.1/28.6
223	懒惰	贫惰 $pin^2 duaN^6$	25	27	71.4/77.1
224	痛苦	艰苦 $gan^1 koo^3$	33	35	94.3/100
225	富裕	有康 $u^6 kang^1$	32	33	91.4/94.3
226	贫穷	宋凶 $song^5 hiong^1$	2	6	5.7/17.1
227	疲劳	瘖瘠 $ia^5 sian^6$	23	25	65.7/71.4
228	便宜	俗 $siok^8$	2	7	5.7/20
229	小心	细腻 $sue^5 li^6$	30	32	85.7/91.4
230	凉快	秋清 $ciu^1 cin^5$	32	35	91.4/100
231	随便	清采 $ciN^5 cai^3$	35	35	100/100
232	调皮	跳鬼 $tiao^5 gui^3$ 孽 $ggiat^8$	10	14	28.6/40
233	新鲜[鱼,肉]	鲜尺 $ciN^1 cioh^7$	7	14	20/40
234	暖和[天气]	烧烙 $sio^1 lo^6$	21	31	60/88.6
235	撒泼	（野）赤 $ia^3 ciah^7$	3	10	8.6/28.6
236	倒霉	衰糜 $sue^5 bbai^3$	25	27	71.4/77.1
237	站	倚 kia^6	34	35	97.1/100
238	躺（半躺）	觉 te^1	13	21	37.1/60
239	蹲	跍 ku^2	30	33	85.7/94.3
240	伏（伏在桌上）	覆 pak^7	32	34	91.4/97.1

第三章 闽南方言现状的调查与分析

编号	241	242	243	244	245	246	247	248	249	250
普词条	躲（躲在厨房）	藏（藏东西）	给（给他钱）	喊	喝[水]	吮（吸奶）	啃（甘蔗）	舔（用舌头）	跑	走
闽词条	覕 bbih⁷	囥 kng⁵	互（与）hoo⁶	喝 huah⁷	啉 lim¹	嗍 suh⁷	喫 kue⁵	舐 zi⁶	走 zao³	行 giaN²
会讲	16	30	34	33	34	30	30	31	35	35
会听	24	31	35	34	35	31	32	32	35	35
比例/%	45.7/68.6	85.7/88.6	97.1/100	94.3/97.1	97.1/100	85.7/88.6	85.7/91.4	88.6/91.4	100/100	100/100

编号	251	252	253	254	255	256	257	258	259	260
普词条	追	摘（摘桃子）	绑	捉	爬（爬山）	爬（在地上）	埋	杀	盖（盖被）	举（举手）
闽词条	执 zip⁷	挽 bban³	缚 bak⁸	掠 liah⁸	距 beh⁷	逤 so⁷	坮 dai²	刣 tai²	勘 kam⁵	揭 giah⁸
会讲	29	33	34	33	35	15	21	33	13	28
会听	31	34	35	34	35	21	26	34	23	31
比例/%	82.9/88.6	94.3/97.1	97.1/100	94.3/97.1	100/100	42.9/60	60/74.3	94.3/97.1	37.1/65.7	80/88.6

·文化生态保护区的母语方言保护——以闽南话保护为例·

编号	261	262	263	264	265	266	267	268	269	270
普词条	嚼（咀嚼）	吻	吹（喇叭）	淋[雨]	缝[衣服]	闭[眼]	喂	扔	解[绳子]	切[肉]
闽词条	哺 boo⁶	唚 zim¹	歕 bun²	沃 ak⁷	组 tiN⁶	眙 kueh⁷	饲 ci⁶	献 hiN⁵	敨 tao³	截 zueh⁸
会讲	34	34	33	33	29	31	32	23	33	33
会听	35	35	35	35	34	34	35	30	34	35
比例/%	97.1/100	97.1/100	94.3/100	94.3/100	82.9/97.1	88.6/97.1	91.4/100	65.7/85.7	94.3/97.1	94.3/100

编号	271	272	273	274	275	276	277	278	279	280
普词条	腌[菜]	挖	端[茶、菜]	闻	想念	羡慕	商量	拼搏	聊天	打翻（水）
闽词条	盐 siN⁶	搞 oo³	捀 pang²	鼻 piN⁶	数念 siao⁵ liam⁶	欣羡 him¹ suan⁶	参详 cam¹ siong²	拍拼 pah⁷ biaN⁵	练仙 lian⁶ sian¹	车倒 cia¹ do³
会讲	30	30	31	34	26	3	9	33	5	27
会听	33	33	33	35	33	6	18	35	9	32
比例/%	85.7/94.3	85.7/94.3	88.6/94.3	97.1/100	74.3/94.3	8.6/17.1	25.7/51.4	94.3/100	14.3/25.7	77.1/91.4

编号	281	282	283	284	285	286	287	288	289	290
普词条	搅扰	置备	作手	帮助	撑腰	打算	纠缠	起誓	唆使	刚[副]
闽词条	搅吵 giao³ ca³	备办 bi⁶ ban⁶	创洽 cong⁵ di⁶	帮赠 bang¹ zan⁶	扎气 zah⁷ kui⁵	按算 an⁵ sng⁵	膏膏缠 go¹ go¹ diN²	咒誓 ziu⁵ zua⁶	使唆 sai³ so¹	拄(拄仔) du³ du³ a³
会讲	25	19	31	6	10	24	17	4	2	30
会听	32	30	34	14	20	28	29	8	7	33
比例/%	71.4/91.4	54.3/85.7	88.6/97.1	17.1/40	28.6/57.1	68.6/80	48.6/82.9	11.4/22.9	5.7/20	85.7/94.3

编号	291	292	293	294	295	296	297	298	299	300
普词条	又[副]	曾[副]	马上[副]	都[副]	更加	难道[副]	反正[副]	跟(我跟你讲)	从(从北京来)	和(我和你一起去)
闽词条	佫 goh⁷	八 bat⁷	随 sui² 现 hian⁶	拢 long³	佫较 goh⁷ kah⁷	汰讨 tai⁵ to³	横直 huaiN² dit⁸	合(甲) gap(gah)⁷	对 dui⁵, ui⁵	共 gang(ga)⁶
会讲	32	26	33	33	26	11	10	33	22	33
会听	33	29	34	35	30	17	20	34	28	34
比例/%	91.4/94.3	74.3/82.9	94.3/97.1	94.3/100	74.3/85.7	31.4/48.6	28.6/57.1	94.3/97.1	62.9/80	94.3/97.1

漳州市漳浦县第一中学参与调查的35人中,会讲的:

1.会讲240条(即80%)及以上词条的学生有16人,约占45.7%;

2.会讲180～239条(即60%～79.7%)及以上词条的学生16人,约占45.7%;

3.会讲150～179条(即50%～59.7%)及以上词条的学生有1人,约占2.9%;

4.会讲149条及以下词条的学生有2人,约占5.7%。

再说会听的:

1.会听240条(即80%)及以上词条的学生有27人,约占77.1%;

2.会听180～239条(即60%～79.7%)词条的学生有8人,约占22.9%;

3.会听150～179条(即50%～59.7%)词条的学生有0人;

4.会听149条及以下词条的学生0人。

看来,漳浦农村的青年学生讲、听闽南方言的能力情况并不比厦门、泉州和漳州三市区的情况乐观。

令人感到惊奇的是,一些日常词语,如普通话的闪电、彩虹、稻子、青蛙、门槛、洋楼、螃蟹、麻雀、喇叭、阔气、小气、吹牛、贫穷、(水)浊、涨潮、退潮、案板、大后天、生脓疮、打呼噜,闽南方言怎么说,在我们上面抽查的三所小学和漳浦第一中学的学生中,不懂得讲的比例大部分在一半左右,有的甚至不到30%。

可以看出,闽南方言与文化在闽南地区,无论城乡,总的来说,跟三十至四十年前相比,地位受到很大的冲击。

闽南方言在今天许多四十岁以下闽南人特别是青少年学生中的衰退,还表现在两个方面。

第一是闽南方言中许多非常有特色的口语词大量消失,而代之以普通话词语的"音译词"。例子举不胜举,简单举几个例子来说,见表3-19。

表3-19 音译词与地道闽南方言词对照表

音译词	闽南方言词	音译词	闽南方言词
学校 hak^8 hao^{61}	学堂 oh^8 dng^2	力气 lat^8 ki^5	气力 kui^5 lat^8
菠菜 bo^1 cai^5	菠菱菜 be^1 ling^2 cai^5	老师 lo^3 su^1,lao^5 su^1	先生 sian^1 siN^1
中间 diong^1 gan^1	中央 diong^1 ng^1	背心 bue^6 sim^1	胛仔 gah^7 a
医院 i^1 IN^6	医馆 i^1 guan^3	床铺 cng^2 poo^1	眠床 bbin^2 cng^2
公鸡 gong^1 gue^1	鸡角 gue^1 gak^7	门槛 mng^2 kam^3	户填 hoo^6 ding^6
凉快 liang^2 kuai^5	秋清 ciu^1 cin^5	想念 siuN^6 liam^6	数念 siao^5 liam^6
小心 sio^3 sim^1	细腻 sue^5 li^6	勤劳 kun^5 lo^2	骨力 gut^7 lat^8
干净 gan^1 zing^6	清气 cing^1 ki^5	称赞 cing^1 zan^5	阿咾 o^1 lo^3
调皮 tiao^2 pi^2	孽(死)ggiat^8 si^3	随便 sui^2 bian^6	清采 cin^5 cai^3
商量 siong^1 liong^2	参详 cam^1 siong^2	准备 zun^3 bi^6	备办 bi^6 ban^6

世世代代闽南人创造出来的、极富地域特色的闽南方言词语,逐渐失传、消失。访问周长楫教授时,他跟笔者讲了一件很有趣的事。几年前,台湾地区一位叫陈亚兰的艺人应邀来厦门卫视主持一档名叫《娱乐斗阵行》的节目。一次,她在节目中用闽南方言这样说:"厦门真水,下礼拜,我要招我的一寡朋友来厦门爽(损 sng^3)。"(厦门很美,下周我要邀我一些朋友来厦门玩。)没想到当天晚上,她就接了二十几个电话,来电话的有厦大的教授,还有中小学老师、干部以及她的一些朋友。他们有些气愤,说厦门是全国卫生模范城市,亚兰怎么要带她台湾地区的朋友来厦门糟蹋、弄脏我们美丽的城市。原来人们都是冲着亚兰在电视节目里说的"sng^3"这个词而来的。其实亚兰并无恶意,她说的这个读"sng^3"音的词是"游玩、旅游"的意思,就是要请台湾地区的朋友来游览我们厦门这座干净温馨的滨海旅游城市。

问题就在于"sng³"这个读音在闽南方言中有好几个同音词,其中有两个是褒贬义截然相悖的词。一个是"损",在闽南方言里除了有损坏、损失的意思外,还引申有糟蹋、摧残、破坏等意思,是贬义的。另一个是"赏",是游玩、赏玩的意思,宋代韵书《集韵·养韵》记载:"赏,始两切,一曰玩也。""赏"这个词,在闽南方言的文读音(读书音)是siong³(漳州读siang³),说话音(白读音)读sng³。这是古语词在闽南方言里保留并流传至今的一个例子。但现在多数闽南人,尤其是四十至五十岁的闽南人还有一大批年轻人只懂得"sng³"音就是"损",不清楚或不懂得它还有"游玩、赏玩"这个意思,所以很容易一听到"sng³"音,就想到"损"这个词,因此就不能理解亚兰的好意了。有人怀疑"赏"这个词可能是台湾地区闽南方言的特有词。但我们在闽南许多地方调查时,就听到不少七十至八十岁的老年人说"赏"这个词。当我们问他们怎么会说这个词时,他们许多人都说他们的曾祖先辈就是这么说的。可见,台湾地区说"赏",是我们的祖先当年唐山过台湾地区时,从闽南老家带过去的,一直传到现在;在台湾地区,不但老人,中青年甚至连青少年都会说。而在闽南,在大多数人当中已经失传甚至消失了。这些失传或丢失的词,有一些还是汉语其他方言不说而在闽南方言里还是很活跃的口语词,类似的例子还可以举很多。我们不是说从普通话引进到闽南方言里的音译词不好,不应该说这些音译词,我们认为这些音译词的引进,对扩充闽南方言的词汇库,丰富闽南方言同义词,增强闽南方言的表现力有好处,只是让世世代代闽南人创造的具有闽南方言特色的形象而生动的词语失传是十分可惜的。

  第二是普通话与闽南方言混用,出现一段话甚至一句话里交叉掺和普通话和闽南方言两种不同话语的怪异现象。由于现在五十岁以下特别是年轻一代、少年儿童主要接受普通话的教育而又很少用闽南方言作为交际工具,所以不大会讲闽南方言,因此这些闽南人在与人们用闽南方言交流时,一句话经常有几个词说不出闽南方言的词和读音来时,这时他们就用普通话的词和读音掺和或代替。从表面上来看,在一段话甚至在一个句子里掺杂普通话读音(包括用普通话词语)与闽南方言读音(包括用闽南方言词语),虽然闽南人多能听得懂,解决了交流中一时的尴尬或困难,有时还有引人发笑的效果,但这样做,无论是对普通话还是对闽南方言的规范和纯正,都起到阻碍作用。试想,如果说普通话的人,也在跟闽南人交流过程中,一句话也掺杂着几句他自己的方言,闽南人能听懂吗?所以这种做法是不能提倡的。

第三节　闽南方言衰退的原因分析

从上述调查材料可以看出,闽南方言近几十年来在青少年中的衰退程度是相当严重的。下面就这种衰退现象的原因进行分析与探讨。

一、执行国家关于推广普通话与保留方言关系政策的偏差

人们对语言或方言的观念,或者更清楚地说,对语言或方言的价值评价,以及由此采取的行为,也就是使用时取舍的倾向,是综合衡量所处社会环境、语言或方言的文化因素以及使用者个人的文化、心理因素等后采取相应措施的结果。二十世纪六十年代之前很长的时间里,从祖辈开始世代沿袭传承的闽南方

· 文化生态保护区的母语方言保护——以闽南话保护为例 ·

言及其文化长期占有绝对优势地位,这就使这里的人将闽南方言及其文化作为个人乃至整个社会行为的取向。但是,到了二十世纪五十年代末六十年代初,国家制定了简化汉字、推广普通话、制订和推行汉语拼音方案的三大语言政策,在全国范围内推广普及普通话,尤其是在将"国家推广全国通用的普通话"列入国家的根本大法宪法之后,政府又采取一系列有利于推广普及普通话的政策与措施,加快了全国推广普及普通话工作的速度。国家在全民中实行推广普及普通话的政策,是完全正确的、必要的,是带有战略意义的大事。因为语言也是国家的形象,国家没有统一而标准的共同语怎么能行呢?但是,中国幅员辽阔,拥有五十六个民族,汉族里还存在着复杂的汉语方言,它们不仅成为各个地区人们重要的交际工具,还拥有悠久的历史与多样的文化。各地方言及其文化同样是国家宝贵的文化财富。因此,国家在推广与普及普通话的同时,也应该面对各地方言及其文化存在的事实及它们在各地人们生活中不可忽视的作用。普及普通话的工作,要正确处理好普通话与方言的关系。其实,中央早就意识到处理好普通话和方言关系的必要性和重要性。最能说明中央试图妥善处理这两者关系的有力证据就是 1958 年周恩来总理在全国政协会议报告会上所做的《当前文字改革的任务》报告。周总理指出,推广普通话,不是要消灭方言。他还特别强调说,方言是消灭不了的。这就告诫各级政府和各个单位,在推广和普及普通话的工作中,要注意保护好方言,不要伤害方言,更不能以伤害甚至牺牲方言作为代价来推广普及普通话。这应该成为各级政府在领导推广普及普通话工作中的指导方针。可惜,各级政府中有些人并未贯彻好这个方针,相反地,为了推广普通话,他们甚至把自己对方言的偏见或错误观念,带到推广普及普通话的工作中,说了一些错话,做了一些错事,出了一些比较严重的偏差,甚至还打击伤害了一些人。例如说闽南方言粗俗没品位,是低级的,是没有文化的;把爱说常说闽南方言的人,尤其身份是国家工作人员如干部、教师的,视为怪异,轻者认为他们是在搞小圈子、小团体、小帮派,重者认为他们是在搞地方主义,等等。有些部门和单位,特别是学校,干脆明令只能说普通话,不许说闽南方言。本来,强调工作中使用普通话,课堂教学使用普通话,在与外地人交际中使用普通话,这都是应该也是必需的;工作和上课以外的环境和时间,在与闽南老乡接触交流中说闽南方言却无可非议。可是在那个年代,不少单位和学校规定只要说闽南方言,就是违规违法,还制定了一些处罚办法,如不能评先进,学生不能评三好学生,班级的荣誉也要受到影响。这无形中给人们造成了思想压力,给人错误的看法,好像闽南方言是不容存在的可怕怪物。为了管理语言文字工作,中央和各地政府都设立了语言文字工作管理机构。中央一层的叫中国文字改革委员会,首任主任是资历很高的德高望重的革命老前辈吴玉章;后改为国家语言文字工作委员会,部一级的建制。各地也都相应设立语言文字工作委员会,由当地副职领导兼任主任,下设专门编制的语言文字委员会办公室(简称"语委办"),多挂靠在同级教育部门,由教育部门的副职领导兼主任,负责语言文字日常的管理工作。依规而言,各级语言文字管理部门,尤其是方言区的各级语委办,理所当然要处理好普通话推广普及和方言保留的相互关系。这样,不但可以使方言区推广普及普通话做得好一些快一些,也可以协调和处理好普通话和方言两者的关系,不会把方言当作推广普通话的拦路虎而采取压制、排挤甚至伤害方言的错误做法,能及时对排挤、伤害方言的错误做法进行干预和处理,以保证国家推广普及普通话和保留方言的政策能沿着健康的道路前进。只可惜,工作中出现了偏差和失误,导致全国各地方言都受到不同程度的伤害,陷于日益萎缩的境地,闽南方言也不例外。

二、闽南方言的生存环境受到较严重的破坏

二十世纪六十年代之前,闽南方言及其文化在闽南地区的语言文化生活中占绝对优势地位。二十世纪六十年代后推广普及普通话工作的开展,为闽南地区的语言生活注入新鲜血液。人们期待普通话的推广和普及,期待普通话进入闽南地区,能与原有的方言两翼齐飞,创造出普通话与闽南方言并存的双语生活区,让闽南地区的语言及其文化呈现绚丽多彩的画面。但党和政府关于普通话和方言并存共赢的政策未得到认真、严肃而忠实的贯彻,致使虽然普通话的推广和普及取得一定的成绩,但方言及其文化的生态环境遭受到比较大的损伤与破坏。这种损伤与破坏,至少表现在以下三个方面。

其一,从闽南方言生态环境的角度讲。推广和普及闽南方言及其文化的媒体和文化宣传演出不断减少、被取消。二十世纪六十年代,厦门广播电台为各家各户安装有线小音箱接收器。这个有线小音箱接受器除了半夜零点至天亮六点停播外,一天有将近十八小时的时间播音,其中用闽南方言播送的新闻消息、歌曲戏曲和讲古说唱等节目占有近半时间,大人小孩从白天到晚上都能收听到有关闽南方言与文化的节目。当时有一档闽南方言讲古节目,讲的是《说唐》等历史故事,特别受青少年的青睐。另外,各乡镇也都有广播站,这些广播站不仅为每户村民的家里安装有线的收音喇叭器,还在田间地头以及许多公共场所安装有线的收音喇叭器,这些喇叭器几乎都用闽南方言向村民播放新闻消息和闽南文化节目。这种有线小音箱接收器和有线

的收音喇叭器,星罗棋布地覆盖整个闽南地区,男女老少都能收听到。这对营造闽南方言与文化的生态环境起了很大的作用。可是,从二十世纪末开始,这些有线小音箱接收器和有线的收音喇叭器逐渐被拆除。第二个例子是当时闽南地方的许多专业剧团和群众业余文艺宣传队经常下乡、下厂、上街头,在城乡大大小小的广场演戏,特别是节日期间,城乡都有丰富多彩的闽南文化活动,群众浓烈的闽南文化熏陶中,在长期的耳濡目染中潜移默化中接受和继承闽南方言与文化。随着电视的普及以及市场经济带来的影响,如今许多群众业余文艺队解散了,群众业余宣传演出大大减少。部分闽南人不大会听或讲闽南方言,对闽南传统文化兴趣不大,现在就是一些专业剧团的公益演出,也没多少人愿意看。整个社会闽南方言与文化的氛围大不如前了。第三个例子,过去在闽南城乡,经常可以看到专业或业余的"讲古仙"。他们善于用生动形象又饶有风趣的闽南方言讲述古今中外的历史故事,英雄人物故事和百姓喜闻乐听的各种新闻和生活故事,所以很招引听众。通过这种方式,许多听众不但增长见识,还学习到丰富而生动的闽南方言词语、俗语。这些讲古点、讲古仙渐渐消失,对闽南方言与文化的生态环境来说也是严重的损害。

其二,从闽南地区人们受到错误思想观念的影响来讲。闽南地区,有人称母语闽南方言是"土话",讲闽南方言就是说"土话"。"土",在闽南方言有土里土气的意思,就是说闽南方言粗俗,粗话脏话的词语多,词语不够高雅,品位不高。有的人带有偏见,看不起母语闽南方言,认为闽南方言是低级的语言,自我矮化。一些人,其中相当一部分是有些文化知识的读书人,学得了一些闽南方言,但对方言又知之不多,在大力推广普及普通话潮流的影响下,除非碰见对方讲闽南方言而不得已跟着回应外,在多数情况下,他们是不讲闽南方言而只说普通话的。其实,任何语言、方言都有粗话脏话,有人做过研究,认为闽南方言的粗话脏话并不比汉语其他方言多。闽南方言中有许多生动形象、言简意赅而又风趣通俗的词语和俗语,又有大量同义词,这是要认真学习、理解才能掌握的。举个最简单的例子,普通话"小心"一词,闽南方言除了跟普通话一样也说"小心[sio³ sim¹]"外,还可以说"细腻[sue⁵ li⁶]"和"斟酌"[zim¹ ziok⁷]。这"细腻"和"斟酌"不也很高雅、有品位吗?普通话说"一毛不拔",闽南方言用俗语"一圆拍册八结[zit⁸ iN⁷ pah⁷ siap⁷ bueh⁷ gat⁷]"(一个铜板用布包起来,外面用绳子缠绕后又打了四十八个死结,形容非常吝啬)来说,不也很形象生动而风趣幽默吗?普通话"死有余辜",闽南方言用俗语"十身无够死[zap⁸ sin¹ bbo² gao⁵ si³]"(这个人罪大恶极,就是用十个身子的死来抵罪也还不够)来形容不也明白易懂而且也很具体而深刻吗?另外,闽南方言许多词其实是可以用汉字写出来的。只不过有些字是古汉语词语的字,有的是你想不到的,如"男人"闽南方言叫"查甫[da⁶ boo¹]",用汉字写就是"丈夫"两个常用字,因为"丈夫"在古代最早的意义就是"男性"。再如洗米水,闽南方言叫"潘",其汉字就是"潘",因为"潘"这个字在古汉语就是"淅米汁"的意思。有些是古生僻字,难写难认难记。一种语言的词语是不断发展丰富的,文字是人为的,有了词语人们才去创造的。这种创造方式是多样的,如可用同音字取代,也可用近音字取代,还可造字。不能把识字的多少作为衡量人知识水平高低的标准。闽南地区的老百姓过去由于各种原因,识字的人少,文盲较多,但这些百姓对闽南方言的词语、俗语十分精通。总之,闽南方言有丰富的历史文化底蕴,对自我贬低闽南方言、妄自菲薄的错误思想要纠正,否则它会成为大众使用闽南方言的障碍。

其三,政策执行的偏差和错误造成许多闽南人不讲或讲不好闽南方言,整个社会,特别是六十岁以下的闽南人会讲闽南方言的大大减少。为了说清楚这个问题,让我们来做个推算。二十世纪六十年代以前,闽南地区的人从一生下来就接受闽南方言的熏陶,就在祖辈父辈的教育下自觉地把闽南方言作为母语一句句地学习和继承下来。到二十世纪六十年代情况就开始变了。就以二十世纪六十年代时是五至六岁的闽南孩子来说,他们从上学就接受普通话的教育,由于各种限制,他们接受闽南方言及其文化的机会日渐减少。这批人到八十年代中期都已成人,有的也结婚生小孩了。同样,他们的孩子也接受普通话教育,这些孩子所处的闽南方言环境比父母更差。这些孩子到了二十一世纪第一个十年,又都成人,有的可能结婚生孩子了。这批孩子是二十世纪五十年代中期那批人的孙辈,这批新生代也受普通话教育,他们所处的闽南方言与文化的环境就更加差了。现在六十岁以下的闽南人,一方面受到普通话强势的影响,另一方面又渐渐远离或失去早期闽南人拥有的闽南方言及其文化的浓厚氛围的熏陶,因而造成一代代闽南人的闽南方言水平逐步下滑的现实,反过来也给闽南方言及其文化的生态环境带来相当严重的损害。

当然,今天闽南地区语言生活呈现的双语生态的局面令人可喜。只不过,这个双语生态中,闽南方言变成弱势的一方。往外看,今天的闽南方言及其文化,已经不再局限于闽南地区了,它已随着闽南地区历代的移民,走出闽南地区,到省外许多地方,流行到祖国的宝岛台湾,甚至跨洋过海,到东南亚许多国家和地区,慢慢地向世界各地传播。这些移民仍把闽南方言及其文化留在心中,日常生活中传习而不忘,许多闽南地区忘却甚至丢掉的闽南方言词语以及闽南文化的一些习俗,他们还保留着。

党中央国务院已发文指示要保护继承中华优秀传统文化,2017年1月25日,中共中央办公厅、国务院办公厅《关于实施中华优秀传统文化传承发展工程的意见》特别指出要进行方言传统文化的学习、继承。时不我待,我们应该总结经验教训,采取最迅速而有力的措施,奋起直追,把消退萎缩的闽南方言及其文化抢救回来,保护继承下来。让闽南地区的普通话与闽南方言两翼齐飞,创造普通话和闽南方言双语生机勃勃、和谐共生的局面。

第四章　切实保护好闽南文化生态保护区的闽南方言

方言是地方文化的载体,二者相互依存,不可分割。当前闽南方言的生存与传承面临严重的危机,保护、传承和发展闽南文化,当务之急就是保护好传承好闽南方言,就是要及时采取行之有效的措施来抢救和保护闽南方言,否则,闽南文化生态的保护、传承和发展将是空话。

第一节　提高认识,凝聚共识,增强保护闽南方言的自觉、自信与责任感

要不要保护包括闽南方言在内的汉语方言,长期以来,人们思想上存在误区。只有走出误区,提高认识,凝聚共识,才能增强保护闽南方言的自觉、自信与责任感。

长期以来,人们总有一种观念:既然国家的根本大法《中华人民共和国宪法》第十九条规定,国家推广全国通用的普通话,那就意味着,不能使用方言。所以,在很长的一段时间里,人们不敢提保护方言。有些人也因此产生一些糊涂的认识,认为要推广普通话,就是要压制方言,排挤方言,叫方言让路;禁止说方言,很可能就是要消灭方言,只有这样,才不会因为方言的干扰

而学不好普通话。这些人主观地把方言的存在当成推广普通话的拦路虎,粗暴地把方言和普通话对立起来。为了确保普通话的顺利推广,甚至提出要采取措施加速消灭方言,使其退出历史舞台。这种糊涂观念是错误的,十分片面,十分有害且危险,它已在客观上使有千年以上历史的某些地方的方言以及方言文化濒临消亡,这严重曲解甚至破坏了党和国家的语言政策。

关于普通话与汉语方言的关系,早在二十世纪五十年代末,周恩来总理就在全国政协会议全国委员会报告会上的报告《当前文字改革的任务》中讲得十分透彻:"我们推广普通话,是为的消除方言之间的隔阂,而不是禁止和消灭方言。推广普通话是不是要禁止或者消灭方言?自然不是的。方言是会长期存在的。方言不能用行政命令来禁止,也不能用人为的办法来消灭。推广普通话,要区别老年和青年,要区别全国性活动和地方性活动,要区别今天和明天,不能一概而论。相反地,只会说普通话的人,也要学点各地方言,才能深入各个方言区的劳动群众。"由于我们国家地域广阔,人口众多,五十六个民族各有自己的语言,而汉族的语言里还有相当大的方言差异。语言是人类最重要的交际工具和信息载体。如果各说各的语言,各讲自己的方言,彼此都听不懂,就难以交际,这对国家政治、经济和文化的建设与发展十分不利,对我国先进生产力和先进文化的发展、构建和谐社会和全面建设小康社会非常不利。所以必须要有一个大家彼此都能听得懂,说得来,能相互交流生活和思想的共同语言。这个语言就是以北京语音为标准音,以北方话(官话)为基础方言,以典范的现代白话文著作为语法规范的现代标准汉语,叫作普通话。推广普及普通话,符合全国各族人民的根本利益。周总理在报告里特别强调,推广普通话,是要消除方言之间的隔阂,并不是要禁止方言;方言在一定领域和特定地区将长期存在。这是总结历史经验得出的科学判断。汉语方言,是古汉语在长期发展过程中形成的地域分支。它是地域人民长期共同使用的语言,承载着富有深厚文化底蕴的内容与信息。闽南方言,承载着丰厚的闽南文化,对传承和弘扬闽南文化,促进闽南地区政治、经济、文化和社会协调发展,增强中华民族凝聚力,促进祖国统一大业,团结台湾同胞和海外广大闽南籍华侨华人,共同建设社会主义和谐社会和实现中华民族伟大复兴的中国梦,有着重要的现实和历史意义。方言是地域的软实力、向心力和凝聚力的内在精髓,它维系着地域历史的持续和发展,是地域人民的灵魂。正因为这样,汉语方言才会长期存在,它不是简单用行政命令就可以禁止的,也不能用人为的办法来消灭。只要正确对待和认真处理好方言与普通话的关系,它们是可以并存。它们富有地方特色的语言与文化,是族群或民系的灵魂和身份的象征,必须传承与发展。再则,当今世界就有不少国家和地区是双语共存并长的,这些国家和地区语言使用并未陷入混乱,而是双语二者相互吸收对方的语言与文化要素,充实自己的内容。许多伟人和革命领袖也是操持双语或多语的大家。他们认为,多学一门语言就多掌握了一种工作和生活的工具,就如周恩来总理在报告里特别强调的,"只会说普通话的人,也要学点各地方言,才能深入各个方言区的劳动群众"。我们常说"入乡随俗",这个"俗",就是地方习俗。一个人到一个自己不熟悉的外地,为了适应生活和工作的需要,就要学习当地的语言或者方言,了解并遵从当地人的生活习俗,才能深入当地人,跟当地人打成一片,做好工作。

有人说,普通话不好学,要学好普通话已经不容易,再受方言的干扰,就更不容易。特别是像包括闽南方言在内的南方各地方言,跟普通话的差异比较大,如果在学习普通话时受到这些方言的干扰,就不容易学好普通话。要学普通话,讲普通话,只能单打一,于是有意或无意挤压方言的生存空间,认为只有把方言排挤掉,清除掉,才能学好、讲好普通话。这个观点也是错误的。人的大脑分为左脑和右脑两个部分,其功能有明显分工:左半球同抽象思维、象征性关系、细节逻辑分析有关;右半球的具体思维能力、空间认识能力、对复杂关系的理解能力比左半球优越,但计算能力和语言能力不及左半球。人的左脑支配右半身的神经和器官,是理解语言的中枢,主要完成语言、分析、逻辑、代数的思考、认识和行为。左脑擅长有条不紊的条理化思维,即逻辑思维。与此不同,右脑支配左半身的神经和器官,是没有语言中枢的哑脑。但右脑有接受音乐的中枢,负责可视的、综合的、几何的、绘画的思考行为。观赏绘画、欣赏音乐、凭直觉观察事物、纵览全局都由右脑负责。总之,人的大脑,尤其是左半脑,是掌控语言认知的器官。人脑究竟可以认知多少语言,虽然没有人做过精细的研究,但可以肯定的是,可以认知许多语言。籍贯福建同安的清代名贤辜鸿铭掌握了九种语言;现在许多留学生,一般都先在国内学习汉语普通话,方言区的人还会方言,上学后又学英语。世界本来就应该是多元的。在科技教育高度发展的时代,人们掌握的语言从单语向双语、三语,甚至多语过渡,多语共存、和谐相处是社会进步的表现。世界上许多国家、许多民族的不少人不仅能掌握好母语,还能掌握其他语言。这些事实都证明,一个人是可以学习多种语言的。因此,认为要学普通话就要排斥别的语言或方言,甚至禁止其他语言和方言,是十分荒谬的。

还有一种糊涂认识,以为讲方言,让人家听不懂,还会造成拉帮结派,搞小集团的后果,为排外、闹地方主义提供方便,这更是无稽之谈。方言是地方性的语言,它不是为少数人服务的,而是某一地域里全体百姓长期交际的工具,是为地域全体百姓服务的,它所负载的精神财富与物质内容是该地域百姓共同拥有的。不能把拉帮结派、搞小集团、闹地方主义这些罪状强加在方言使用者的头上。人们常说爱国要先从爱家乡做起,只有爱家乡才能爱国家,因为家乡是国家的组成部分之一。爱家乡,当然包括爱家乡的语言与文化。具体说来,闽南人就要爱家乡闽南的方言与文化。把爱家乡方言和文化与说方言说成拉帮结派、搞小集团、闹地方主义毫无逻辑条理,是在制造错误舆论,让人们思想混乱,让社会动荡不安,是极端不负责任的。

  从二十世纪六十年代推广和普及普通话到现在,已有半个多世纪了。当年那些在幼儿园、小学读书的儿童,现在已经六十至七十岁。这些人由于一开始就接受普通话教育,学习使用方言的环境氛围受到严重摧残,导致他们说的方言里生动、活泼的词语丢失很多了;自己都说不好闽南方言,又怎能传承给儿孙。现在有一大部分闽南籍厦门人,不能用闽南方言跟子女交流,而只能用普通话。有些人认为闽南方言的前途暗淡可悲,于是产生悲观情绪,认为保护闽南方言这项工作十分艰难或难有成效,因而知难而退,消极应付,坐以待毙。这种思想也十分有害。闽南方言与闽南文化确实面临危机,但党和政府已觉察到这种危机的存在及其严重后果,开始采取有效措施。亡羊补牢,犹未晚矣,只要下定决心,团结一心,百折不挠,一定能把濒危的闽南方言与文化抢救过来,做好闽南文化生态保护区的工作。因此,扫除错误思想,提高对保护地方语言与文化的认识,凝聚共识,才能树立、提高保护闽南方言及其文化的自觉、自信与责任感。

第二节　加强领导,制定法规,是做好闽南文化生态保护的根本保证

语言和人类社会有紧密的联系,是组成社会的不可缺少的因素。语言在社会生活中最基本的功能是信息的传递功能,没有语言,人与人之间的联系就会中断,社会就会解体。语言也是国家或民族的象征。每个国家都要制定符合本国国情的语言政策。我国十分重视语言文字工作。二十世纪五十年代至六十年代,党和政府为了制定语言政策做了大量调查研究工作,比如,设立隶属国务院的、以吴玉章为主任的中国文字改革委员会;调查和研究了我国语言与汉字发展的历史,获得了丰富的资料;与各界人士进行了广泛而民主的反复协商、讨论,向他们征询意见,制定了党与国家的语言文字政策。《当前文字改革的任务》提出简化汉字、推广普通话、制定和推行汉语拼音方案等三大任务,在阐述推广普通话的问题时特别强调处理好普通话和汉语方言的关系。如果全国上下都能认真照办,不但普通话的推广与普及工作能做得很好,而且各地汉语方言以及文化仍然可以保持生机勃勃的状态,甚至会有新的发展和变化。只因后来各地在执行党的语言文字政策时抱持宁"左"勿"右"的思想,在处理普通话和汉语方言关系时采取了许多错误或偏激的做法,导致普通话与汉语方言出现不该有的不和谐局面。周恩来总理当年提出要正确处理推广普通话的工作和处理好普通话和汉语方言并存不悖的关系,是语言政策的重要组成部分,在今天仍然有重要的现实意义。

随着时代的进步,我们对许多问题的认识有了新的发展。根据《中华人民共和国非物质文化遗产法》第二条,"非物质文化

遗产,是指各族人民世代相传并视为其文化遗产组成部分的各种传统文化表现形式,以及与传统文化表现形式相关的实物和场所。包括:(一)传统口头文学以及作为其载体的语言"。这里明确指出,非物质文化遗产包括了作为传统口头文学载体的语言。也就是说,方言也属于非物质文化遗产的范围。2007年6月9日,文化部正式批准在福建省厦门、漳州、泉州三市设立我国第一个文化生态保护实验区——闽南文化生态保护实验区,标志着我国文化遗产保护工作进入重视保护文化生态的整体性保护阶段。2009年5月,《国务院关于支持福建省加快建设海峡西岸经济区的若干意见》①指出,"充分发挥海峡西岸经济区的自然和文化资源优势,增强武夷山、闽西南土楼、鼓浪屿等景区对两岸游客的吸引力,拓展闽南文化、客家文化、妈祖文化等两岸共同文化内涵,突出'海峡旅游'主题,使之成为国际知名的旅游目的地和富有特色的自然文化旅游中心";"加强祖地文化、民间文化交流,进一步增强闽南文化、客家文化、妈祖文化连接两岸同胞感情的文化纽带作用"。2014年《福建省人民政府办公厅关于印发闽南文化生态保护区总体规划的通知》②中,第五部分"非物质文化遗产保护"里面的第七条"支持学校开展非物质文化遗产教育传承"指出:

"(一)县级以上人民政府、有关部门要按照国务院教育主管部门的有关规定,组织非物质文化遗产项目代表性传承人、教师、研究人员共同编写专业性和通俗性、知识性和趣味性、科学

---

① 国务院.国务院关于支持福建省加快建设海峡西岸经济区的若干意见[EB/OL].(2009-05-14)[2020-06-23].https://www.gov.cn/zwgk/2009/05/14/content_1314194.htm.

② 福建省人民政府办公厅.福建省人民政府办公厅关于印发闽南文化生态保护区总体规划的通知[EB/OL].(2014-04-23)[2020-06-23].https://www.fujian.gov.cn/zwgk/zfxxgk/szfwj/jgzz/xzgfxwj/202211/t20221115_6048739.htm.

性和普及性有机结合的非物质文化遗产教材,包括幼儿园、小学、初中、高中教材以及教师参考书,在有条件的幼儿园、小学、中学里推广。

（二）县级以上人民政府、有关部门要对非物质文化遗产进学校、进课堂、进教材进行协调,科学安排教学内容,组织非物质文化遗产项目代表性传承人进各级学校授课辅导、传授技艺。"根据中央和福建省人民政府的文件指示,厦门、泉州和漳州三地政府分别设立闽南文化生态保护实验区领导小组。以厦门为例,这个领导小组由厦门市委常委、副市长为组长,成员包括市政府办公厅、市委宣传部、市文化和旅游局、市台办、市发展和改革委、市经发局、市教育局、市民族宗教局、市公安局、市民政局、市财政局、市建设局等十几个有关部门的主要领导。闽南三地闽南文化生态保护实验区的领导小组加强对各自地区闽南文化生态保护工作的领导,立即行动,很快就制定出各自的闽南文化生态保护区总体规划和实施方案。2015年,泉州市人民政府办公室关于印发《〈闽南文化生态保护区总体规划〉泉州市实施方案》的通知[1]指出:"（六）继续开展学校教育传承活动,鼓励中小学校开设乡土教材课程,职业技术（艺术）院校对学生进行有关非物质文化遗产代表性项目教学传习,高校培养文化遗产保护、研究的专业人才,构建幼儿园、小学、中学、职业院校、高等院校阶梯式的非物质文化遗产教育传承体系。评选、扶持100个学校教育传承示范基地。"

2009年,漳州市出台《漳州市闽南文化生态保护实验区建设规划》（试行）,提出,"注重闽南方言语言环境的修复。在确保

---

① 泉州市人民政府办公室.泉州市人民政府办公室关于印发《〈闽南文化生态保护区总体规划〉泉州市实施方案》的通知[EB/OL].(2015-03-12)[2020-06-23]. http://www.huanjing100.com/p-7934.html.

实施《中华人民共和国语言文字法》的前提下,鼓励青少年学讲闽南话,在各级学校设立闽南文化选修课程。举办民间戏剧比赛或展演;开展闽南方言的民歌童谣吟诵、演讲比赛,提倡公务员学习闽南话。在广播、电视中增加闽南方言节目,形成有利于闽南文化保护的语言环境"。①"开展学校教育传承活动,鼓励中小学校开设乡土教育课程,职业技术(艺术)院校对学生进行有关非物质文化遗产代表性项目教学传习,高校培养文化遗产保护、传承、研究的专业人才,构建幼儿园、小学、中学、职业院校、高等院校阶梯式的非物质文化遗产教育传承体系";"发挥高校和社会有关团体的学术力量,开展闽南文化、文化生态保护区建设、政策法规等研究,构建一套与实践紧密结合的文化生态保护理论体系"。② 厦门市文化局于2008年制定《厦门市闽南文化生态保护实验区建设规划》③,提出:"注重闽南方言环境的修复。在普及普通话前提下,提倡青少年讲闽南话;推进闽南文化进学校工作,将闽南语教育列入学校选修课程;在市教师进修学院设立相关师资培训;在各类学校开展闽南民歌、童谣等的吟诵、演讲比赛;提倡公务员学习闽南话;在广播、电视中增加闽南方言节目,形成有利于闽南文化保护的语言环境。"厦门市人民政府于2015年以厦门市政府159号令发布政府法规《厦门市闽

---

① 2016年《闽南文化生态保护区总体规划》漳州市实施方案提出。
② 漳州市人民政府办公室.漳州市人民政府办公室关于印发《闽南文化生态保护区总体规划》漳州市实施方案的通知[EB/OL].(2016-04-18)[2021-12-01]. https://www.zhangzhou.gov.cn/cms/sitemanage/applicationIndex.shtml?applicationName=normativeDocument&pageName=normativeDocumentRequest&id=60510805797660000&siteId=6204168119084400000.
③ 厦门市人民政府办公厅.厦门市人民政府办公厅转发市文化局关于厦门市闽南文化生态保护实验区建设规划的通知[EB/OL].(2008-10-22)[2021-12-01].https://www.xm.gov.cn/zwgk/flfg/sfbwj/200810/t20081022_281246.htm.

南文化生态保护区建设办法》(以下简称《办法》)①。它是从厦门闽南文化生态保护实验区八年建设实践中陆续总结出的。最初草拟出来的《办法》有七十多条细目,经多次征询各有关部门、专家和群众的意见,经过多次讨论,从七十多条压缩到五十几条,再压缩到三十几条,后来又扩展到定稿的四十一条。《办法》的第五条规定:"市、区人民政府建立闽南文化生态保护区工作领导协调机制。市、区文化主管部门负责闽南文化生态保护区建设的具体牵头协调工作。各相关部门在各自职责范围内负责闽南文化生态保护区建设工作。"《办法》第四条要求:"市、区人民政府应当将闽南文化生态保护区建设纳入国民经济和社会发展规划。"这两条明确指出各级政府必须要建立强有力的领导机构,要把闽南文化保护作为政府国民经济和社会发展规划的工作内容,要求各相关部门各司其职。该《办法》非常详细,对规范非物质文化遗产项目保护单位、传习中心建设,扶持代表性传承人开展工作,开展重点区域整体性保护,闽南方言与文化进校园,在中小学开设闽南文化课程,支持闽南方言水平测试工作,设立闽南文化遗产档案及相关数据库,为闽南文化生态保护提供必要经费等做了规定。有了党政领导的重视,有了详尽的规划,做好闽南文化生态的保护工作就有了切实而可靠的保证。

要特别指出的是,2015年3月4日下午,习近平参加政协民革、台盟、台联委员联组讨论。有委员发言时说起在境外用闽南方言表演受到同胞厚待的故事。习近平说……大陆去台湾地区的以闽南地区为主,讲的就是闽南方言。血缘相亲,文源相同。闽南文化作为两岸文化交流的重要部分,大有文章可做。②

---

① 厦门市人民政府.厦门市闽南文化生态保护区建设办法[EB/OL].(2015-09-22)[2021-12-01].https://sf.xm.gov.cn/gzcx/flfgsd/201905/t20190507_2253771.htm.

② 新华网.《习近平:两岸文化交流大有文章可做》[EB/OL].(2015-03-04)[2021-09-01].http://www.xinhuanet.com/politics/2015-03/04/c_1114523227.htm.

作为党和国家最高领导人,习近平对闽南文化的价值与前景做出如此重要的评价和指示,给闽南文化生态的保护工作予以极大的支持,对保护好闽南方言及其文化生态是极大的鼓舞和鞭策。

2017年年初,中共中央办公厅、国务院办公厅印发《关于实施中华优秀传统文化传承发展工程的意见》[①],文中指出,要"大力推广和规范使用国家通用语言文字,保护传承方言文化"。这个对中华优秀传统文化传承发展具有重要战略意义的文件再次重申并强调,执行党和政府的语言政策时要认真处理好推广普通话和保护汉语方言及其文化的关系。

中央对闽南方言及其文化的生态保护工作的重要指示,闽南厦、泉、漳三地政府的重视与相应的规划和法规的制定,为闽南方言及其文化生态的保护提供了有力的政策、法律支持与保证。厦门市政府从时代发展趋势和现实的要求,从文化生态角度创造性地提出对闽南方言与文化进行活态的整体性保护,制定采取有地方特色、风格和时代精神的保护措施,促进文化表现形式的多样性,标志着厦门市闽南文化生态保护区法规建设已走在全国前列,也为闽南其他地区的文化保护立法提供了可资参考的宝贵经验。闽南方言与文化生态的保护工作是系统工程,不仅需要各级党政机关加强领导,制定规划、政策,以法制手段来推进这项工程,以引导人们形成文化自觉,还需要制定制细切实可行的具体措施和办法,层层落实,建立相关部门与人员的责任制和检查、验收等办法,把闽南方言与闽南文化生态保护的工作做好做扎实。

---

① 中共中央办公厅,国务院办公厅.关于实施中华优秀传统文化传承发展工程的意见[EB/OL].(2017-01-15)[2020-06-23].https://www.gov.cn/zhengce/2017-01/25/content_5163472.htm.

第三节　从娃娃抓起，力推闽南方言与文化进校园，是保护传承闽南文化的重要举措

吸引青少年儿童，力推闽南方言与文化进校园是闽南方言及其文化保护的重要措施。

闽南方言承载着其地域在历史长河中独特的文化积淀，闽南人对它充满感情。闽南人充分肯定半个多世纪以来闽南地区在推广普通话工作方面取得的巨大成绩，只是遗憾于闽南地区在推广普通话工作中不能完整地执行党的语言政策，正确处理好普通话和方言之间的关系，反而采取了一些排斥或禁止使用闽南方言的错误做法，导致闽南方言及其文化的生存空间受到严重的挤压，从而造成今天闽南方言的生存环境受到严重的破坏。据调查，现在多数六十岁以下的闽南人方言已经讲得不怎么好，许多生动活泼、通俗易懂的闽南方言词语不会说了，反而要用普通话表白。他们使用普通话的熟练程度远远超过闽南方言了。甚至在家里跟亲人交谈，也多用普通话而不用方言。有些年轻的家长自己不怎么会讲闽南方言，怕跟子女交谈时出洋相，也不让孩子说闽南方言。其实，大多数孩童天生就拥有语言天赋，关键要看教育方式。方言学习从人生下来说话就开始了，孩子从父母亲或者其他长辈一句句的传授中习得方言。现在的情况变了，孩童从一开始接受的不是来自家庭的方言教育，而是普通话教育，以致他们失去了方言教育的良好机会而不会说方言。

推广普通话工作取得的巨大成绩是以极大削弱闽南方言地位或牺牲闽南方言的代价换来的。在闽南地区，特别是城镇地区，外来人口不断增加，尤其像厦门市中心地区，外来人口的比

例已跟本地闽南人的比例相差不大,以致整个社会讲闽南方言的人越来越少。本来,到闽南人高比例说闽南方言的闽南地区,受到周围方言及文化的影响,只要有融入的愿望,学习闽南方言和熟悉闽南文化就有优势条件。但现实中,某些人过于严厉地否定方言,给外来人员学习闽南方言造成不利影响。目前闽南方言在闽南地区的衰颓,如不能得到迅速的抑制和改变,将对保护闽南方言及其文化生态十分不利。

为扭转这种态势,应该采取多种措施和手段。针对儿童青少年,力推闽南方言与文化进校园是闽南方言及其文化保护的重要措施。这是因为,第一,儿童和青少年是民族和国家未来的栋梁和希望。这些生活在闽南地区的儿童和青少年,包括外来人员的子女,再过十几二十年,将成为闽南社会的中坚和顶梁柱。抓住他们就是抓住未来。第二,这些儿童和青少年,包括外来人员的子女,正值求知欲旺盛、吸收知识能力最强的时期,学习语言比其他年龄层的人有优势得多,处于学习语言的最佳时期。第三,其他年龄阶段的人由于各种原因,要把他们集中在一起学习不容易,而这些儿童和青少年,包括外来人员子女,在这个年龄阶段,基本上都在幼儿园或中小学集中学习,如果组织和安排得当,他们学习闽南方言及其文化的效果肯定要比其他年龄阶段的人好得多。特别是外来人员的子女若能学好闽南方言及其文化,就能尽早融入闽南社会并成为新闽南人。第四,这些儿童和青少年可以影响、带动或促进他们的家庭成员来学习闽南方言及其文化,成为保护、继承闽南方言及其文化的得力助手。

如何针对儿童和青少年,做好闽南方言与文化进校园的工作?目前,闽南地区厦门、泉州和漳州三地都做了不少工作,也取得了一定的成效,受到社会各方面的支持和肯定。这里主要以厦门为例,介绍做法和经验。

厦门市政府在《办法》第四章第二十七条规定:"教育主管部门应当开展'闽南方言与文化进校园'活动,幼儿园、小学、初中应当将闽南文化列入教学课程;鼓励高中、中等职业学校将闽南文化列入选修课程;鼓励市属高校在相关专业开设闽南文化和文化遗产保护课程。"

第一,明确闽南方言与文化进校园是教育主管部门的主要职责之一。经厦门市教育主管部门认真研究,闽南方言与文化进校园工作的具体落实由厦门市语言文字工作委员会办公室(简称"厦门市语委办")负责,由厦门市语委办牵头联系教育局相关处室,制定闽南方言与文化进校园的实施计划和管理细则,使负责和经办这件事的领导将工作真正落实到位。各校的领导班子都要指定分管此工作的领导,根据学校的特点制定既有特色,又能达到上级主管部门要求的全面规划。例如有的学校的学生本地人的子弟较多,又接近歌仔戏剧团,就把开展歌仔戏作为重点。有的学校音乐老师和青年教师能歌善舞,他们就把闽南童谣谱成歌曲并设计舞蹈的编排。

第二,明确闽南方言与文化列入教学课程的范围是幼儿园、小学和初中。只到初中是因为,按国家现行的规定,小学和初中实行义务教育。从幼儿园到初中是十来年时间,每个儿童少年,都有享受国家义务教育的权利,国家也要求他们必须接受义务教育。同学习其他文化知识一样,在义务教育阶段,必须让受教育者基本学习和掌握闽南方言及闽南文化的基础知识,为他们日后进一步的学习和提高打下基础。如果这些儿童少年有机会继续升学,不管是到高中还是到中等职业学校学习,由于学习的课程比较多,有的还要准备升入高等学校,就不一定在这个阶段强求他们学习闽南方言与文化的课程,而是通过诸如与社会接触等其他办法,继续学习和提高。采用选修课的形式,可以对那些愿意继续学习闽南方言和文化的学生提供便利和条件。在市属高校，针对学习相关专业的学生，可以开设涉及闽南方言和文化以及非物质文化遗产的相对高深的课程，为他们将来的职业生涯提供更丰富的知识。这种考虑合乎实际，切实可行。

第三，明确要编写专用教材。既然要将闽南方言及其文化列入课程，那么就必须要有教材——课本。义务教育阶段，长期以来主要是通过语文课本这样一个主要教材的教学来教会学生学习普通话及其所承载的中华文化。虽然各个年级的语文课本在使用中不断修订更改，但经过长期的教学实践和经验积累，为教材的逐步修订与质量的提高提供了宝贵的材料与经验。闽南方言及其文化长期存在，其传承主要通过家庭、社会的口头传播和宣传，《办法》出台前虽见到一些闽南方言的学话手册和宣传介绍闽南文化的文章或小册子，却没有见到专门为学生编写的课本。所以要优先编制好教材，这是让闽南文化进校园先要完成的迫切任务。

厦门市闽南文化生态保护区领导小组十分重视这个问题，决定从两个方面着手编写教材。一是发动有条件学校自己组织力量，聘任专家进行指导，急就编写，不要求全面或系统，可以边编写边用。二是由领导小组设立《闽南方言与文化》教材编写委员会，由领导小组组长任编委会主任，厦门市教育部门、厦门市文化部门主要领导等为副主任，相关部门的领导与专家为成员。具体指定教育部门语委办负责，由厦门市闽南文化研究会和语委办联合聘请有关专家学者和幼儿园、小学和初中有丰富经验的高级教师组成义务教育阶段《闽南方言与文化》教材编写组。第一步先系统地编写幼儿园以及小学到初中义务教育阶段的试用教材。编写组经过反复讨论，制定了这套教材编写的总目标：通过从幼儿园、小学到初中十来年的学习，学生应学会闽南方言日常生活词语五千到六千条、八百句日常对话的句子,达到会听会讲会用的要求,还要初步了解闽南文化主要方面,如美食文化、建筑文化、民间工艺文化、名胜古迹文化、婚丧礼俗文化、岁时节日文化、民间信仰文化、商贸文化、民间口传文学和戏剧、曲艺、舞蹈、音乐、美术、体育、游艺以及先贤的学术思想文化。为便于教学,目前已编写《闽南方言与文化》教材五本,分别是幼儿园一本;小学阶段三本,即低年级(一、二年级)、中年级(三、四年级)和高年级(五、六年级)各一本;初中一本。为方便教师理解教材和备课,还编写供不同年段教师使用的教学参考书。课文的内容有:闽南方言常用词语4 800～5 500条,闽南方言常用俗语200～300条,40个常用情景对话800句,闽南童谣100首,闽南方言说唱、故事、答嘴鼓、歌仔戏、高甲戏片段及演讲稿等20篇,古诗词50首。幼儿园、小学低年级以浅显的日常词语,简单日常对话,短篇童谣、古诗词为主,中年级开始逐渐增加较深较复杂的内容。每册参考书都有课文背景介绍与主题、内容的分析,教学重点提示,教学方法建议以及有关的语文知识。经过一年多的编写,到2009年年底,从幼儿园、小学到初中共五本试用教材和四本教师教学参考书先后出齐,每本教材和教学参考用书都对课文与有关部分做了录音并制成光盘附于书后。厦门、泉州和漳州三地的闽南方言读音或词语的说法有一些小差别。如"飞"字,厦门读[be^1],泉州读[bə^1],漳州读[bue^1];词语"肮脏",厦门叫"流疡[lao^2 siong^2]",泉州叫"腌臜[a^1 zam^1]",漳州叫"淤渍[i^5 zi^5]";等等。但三地的差异很小,通话基本可以通畅无阻。由于学术界多认为厦门话是闽南方言的代表,所以书本的注音、录音以厦门市区(思明区中心地区)的读音为准,但不反对各地教学时用各地的读音。这样做,有利于闽南方言的保护和继承。

根据厦门市教育部门的部署,2009年开始使用这套试用教材,先是在厦门市思明、湖里、集美、海沧、同安、翔安等6个区共18所小学与10所幼儿园进行试点工作,2010年试点校扩大到50所,2011年扩大到100所,逐年增加。海沧区教育局非常重视,他们决定自2012年起把全区54所公办、民办小学、幼儿园全部纳入,完成全覆盖。现在全市小学已有80%以上开设了闽南方言与文化的课程。2013年有些中学的初中也开设了闽南方言与文化的课程。

试用教材经过八年的实践,厦门市教委广泛收集了在第一线从事教学工作的老师的意见,决定从2016年起开始对教材进行修改。这次修改主要是改用以单元组织课文的方式,每个单元根据所确定的中心主题选择相应的课文的具体内容,增加学生课堂互动和练习的部分以及课外作业。幼儿园、小学低年级的课本增加不少插图,使教材内容所表现的事物更有直观感。2018年初完成整个修订工作。现在各学校使用的是修改后的教材。厦门市教育局语委办计划今后每隔几年,都对这套《闽南方言与文化》教材进行修订,使教材内容更符合时代和生活的要求,日臻完善。

部分学校自己组织力量,自编校本教材。据不完全统计,全市各区近20所学校自编校本教材。这些根据本区本校的实际情况和条件自编的校本教材,各富特色。这些校编教材和《闽南方言与文化》配合使用,有力地提升了学校闽南方言与文化的教学和活动的成效。

根据《办法》第二十七条"鼓励高中、中等职业学校将闽南文化列入选修课程;鼓励市属高校在相关专业开设闽南文化和文化遗产保护课程"的规定,厦门市语委办在编完幼儿园和小学初中义务教育阶段的闽南方言与文化的教材后,开始着手开展这方面的工作。2017年,厦门市语委与厦门市闽南文化研究会邀请闽南文化研究专家学者和部分高中、中专、职高有经验的教师以及部分有一定闽南文化素养的老知青开会,探讨高中、中专和职高的闽南方言与文化的教材编写工作,设立高中、中专职高闽南文化教材编写小组。经讨论,确定这套教材应是义务教育阶段闽南方言与文化教材的衔接与扩展,重点传输闽南文化的知识。决定用专题的形式重点介绍闽南文化的基本知识。经过一年多的努力,这套教材最终编写为十个专题,每个专题单独出一本,每本十万字。它们分别是闽南历史、闽南方言与口传文学、闽南人的民间信仰、闽南民间艺术、闽南民俗、闽南建筑、闽南文化生产技术、闽南自然与文化遗产、英雄闽南等。每个专题由二十课到二十课以上组成,每课简明地突出这一专题一个方面的重要内容,课后还列出了课外作业题、思考题或提出参与某些活动的要求。使用本套教材时,可安排一定的课时讲完这些专题,也可确定每个学生在高中、中专或职高阶段至少必须学习的专题,然后让学生自由选修。

在相关专业开设闽南文化和文化遗产保护课程,厦门许多高校在这方面都有所行动。厦门市部属高校厦门大学目前开设的跟闽南方言与文化有关的课程有两门。一门是全校性的通识课,叫"闽南方言与文化",全校各系的闽南籍学生均可报名,但总人数控制在七十名,主要介绍闽南方言的特点和闽南文化有关方面的知识。一学期有十五六周的课,每周两个课时。除讲课外,还请外校和台湾的专家学者来讲专题课,组织学生实地参观非物质文化遗产的场所或展厅,观看闽南戏曲等。所用教材是由该校教师自编并出版的《闽南方言与文化》,属于提高班性质。另一门课是"闽南方言教程",由人文学院开设,主要是让外地学生学习闽南方言,课程内容包括闽南方言一些常用词语和不同生活场景的对话句子。该班人数约五十名。一学期也是十五或十六周的课,每周两课时。教材是教师编写出版的《闽南方言口语教程》。厦门理工学院也开设闽南方言课,使用该校教师自编的闽南方言教材开展教学。这些都属于闽南方言及其文化的初级班性质。此外,该校还设有培养闽南方言播音员的专业。厦门城市职业学院也开设了闽南方言课程,主要培养空乘服务人员学闽南方言,也为学生讲授闽南文化的知识。

除出版闽南方言与文化的教材外,厦门音像出版社近几年来陆续出版像闽南童谣、答嘴鼓、高甲戏、歌仔戏、南音等图文并茂还配上录音光盘的碟片或小画册,作为孩童和学生们的闽南方言与文化读物,颇受孩童和学生们的青睐,但这远远不够。建议有关部门有意识地发动和组织更多的专家学者、研究人员、专业作家、教师、非物质文化遗产项目代表性传承人以及社会人士等,多编写适合幼儿园、小学、初中、高中学生阅读的通俗性、知识性、趣味性、科学性与普及性有机结合的闽南方言与文化的课外读物,如趣谈闽南方言,闽南方言俗语典故故事,闽南童谣、讲古、地方掌故的图文并茂、标注读音的小册子,特别是连环画等。

第四,落实师资培训。教师是学校办学的重要决定因素。由于经济、文化的迅速发展,厦门引进不少外地专业人才和干部、教师。据调查,市区幼儿园、小学、中学的师资队伍中,闽南籍教师不太多。有相当一部分学校,外地教师所占的比例相当高,有的与闽南籍教师的比例相当,有的甚至超过闽南籍教师。就是这些闽南籍教师,大多都比较年轻,自己闽南方言都讲得不太好,水平不高,许多人对闽南文化也了解甚少,而闽南方言与文化课程教学必须由懂得闽南方言与文化,尤其是闽南方言讲得比较好的老师来承担,这就造成闽南方言与文化的师资严重短缺的情况。为了解决这个问题，厦门市教育局语委办与各区教育局紧密配合，采取了紧急培训和互帮互学的办法。

所谓紧急培训，就是由厦门市教育局统一组织和部署，由各区承办"闽南方言与文化"教学师资培训班或"闽南方言与文化"教学师资培训夏令营，发动各校轮流派闽南籍的教师参加。2009—2017年，厦门市教育局语委办一共举办12期"闽南方言与文化"教学师资培训夏令营，接受培训的教师在1 700人次以上。培训班聘请对闽南方言与文化有教学和研究经验的专家学者，特别是跟台湾地区合作，邀请台湾地区闽南方言与文化的专家学者授课，以及邀请富有闽南方言与文化教学和科研水平经验的中小学高级教师亲自进行教学示范。许多参加培训的教师认为，参加这样的培训班或夏令营，犹如对闽南方言与文化知识进行了一次大补课，普遍认为这些培训和学习让人大开眼界，大有收益，不但对闽南方言及其文化的丰厚底蕴有了前所未闻的认识，还给自己打了强心剂，提高了教好"闽南方言与文化"课程的信心。

厦门市闽南文化研究会还发动以老知青为主的闽南方言沙龙成员帮助教育部门语委办解决师资不足的问题。这些在二十世纪四十至五十年代出生的老知青，小时候都受过家庭父辈祖辈闽南方言与文化的传授和社会熏陶，都会说闽南方言，基础还不错。现在多已退休了。于是老知青沙龙便组织他们参加由厦门市语委办组织的闽南方言水平测试培训班，再经过一段时间的自修学习后，参加厦门市语委办组织的闽南方言水平测试。通过闽南方言水平测试培训班的培训和一段时间的自修学习，其中不少人的成绩达到良好和优秀的水平，有的还拿到闽南方言水平测试的测试员证书。这些人经闽南文化研究会和市语委的介绍或自己联系，到小学去当闽南方言与文化课程的教师、教师助理或辅导员,帮助教授闽南方言与文化的课程或组织学校内相关的闽南文化活动。这不仅缓解了学校师资短缺的困难,而且极大发挥了老知青退休后的余热。他们在闽南方言与文化进校园的工作中受到了学校和学生的欢迎。

所谓教师互帮互学,指学校把承担"闽南方言与文化"教学任务的老师组织起来互相帮助、学习。有的学校为此特意成立"闽南方言与文化"课程临时教研组,教研组集体备课,集体讨论教学方案,组织观摩教学、教学经验交流会,走出校门到外校参观学习或请进学校来传经送宝,以提高教师闽南方言与文化课程的教学水平;用教师传帮带和互帮互学等方法来解决教学中遇到的问题。据不完全统计,近三年来由厦门市语委办组织的教学观摩、交流经验的活动起码有十二次,各区、片组织的教学观摩和教学经验交流会还不计算在内。由于这一系列措施,加上教授闽南方言与文化课程的老师的虚心学习和刻苦努力,再经过多年的教学锻炼与经验积累,各校涌现出一批优秀老师,负责教学和负责组织开展校内闽南文化相关活动,受到学生的称赞。

第五,安排好"闽南方言与文化"课时。厦门市语委办关于推动闽南方言与文化进校园在小学、初中义务教育阶段尤其是小学阶段的要求和安排,主要是着重闽南方言的训练;课程目标里提出需要掌握一定数量的闽南方言词语和句子,做到能听会讲会用,这相当于义务教育学校语文课的教学目的和要求。为达到这个目的,厦门市语委办原初建议闽南方言与文化课程至少每周能安排有一节课的课时。但实施起来并不理想。根据调查得到的数据,一周保证一个课时来上课的学校很少,不少学校只能两周挤出一节课来上,有的甚至一个月才能安排上一次课。学校普遍反映不是学校主观上不愿意安排"闽南方言与文化"这门课,而是实在难以安排出时间来。教育主管部门规定学校每周要有三个课时用来安排上地方乡土教材课,可是内容实在太多,法律知识要安排,交通安全常识也不能丢,时事政治还不能少,道德教育、卫生知识教育等不准放松。三节课要安排这么多内容,无法保证每周挤出一个课时来安排给闽南方言与文化这门课。据了解,目前小学每周可上课的课时是三十节左右,而要上的课程多达十余门。其中,语文课是各年级的必修主科,一周有五六节,天天要上,在各科中所占课时比例最高。此外,学校还有数学、英语、体育、音乐、美术、信息、科学、思想道德、综合课及班级少先队活动课;有时,还有配合形势或其他需要的临时课程。这些课程压得学生喘不过气来,学生的负担实在很重。上级教育主管部门三番五次要求给学生减轻负担,社会、家长减负的呼声不断,现在又提出要推进闽南方言与文化进学校进课堂,而闽南方言与文化这门课要求学生通过学习后能懂得听和讲闽南方言,初步了解闽南文化,这跟语文课要求学生通过学习后能听能说普通话又能了解中华文化差不多。可语文课的课时那么多,而闽南方言与文化课连安排一节课的课时都困难,这怎能不叫学校的领导左右为难而压力特别大!

有关部门、领导,专家和在教学第一线的广大的老师们想出两条办法:一是积极向有关部门反映、建议;二是向其他学科找出路,向课外找措施和办法。

厦门市教育局语委办以及专家学者曾多次向福建省教育主管部门、国家语委和教育部反映过这个问题,有的学者还在全国性学术会议上呼吁解决这一问题。我们认为,既然国家的语言政策已明确推广普通话不是要禁止方言,既然国家发布了关于建立闽南文化生态保护区的决定,既然2017年中共中央办公厅、国务院办公厅在《关于实施中华优秀传统文化传承发展工程的意见》中强调在保护传承文化遗产中要"大力推广和规范使用国家通用语言文字,保护传承方言文化",那么,各级政府和教育主管部门就应该闻令即行,深入基层,认真做好调查研究工作,倾听基层单位和人员的意见和要求,认真解决困难和问题,保证中央的指示落到实处。全国人大早期制定的《中华人民共和国国家通用语言文字法》建议进行适当的修改完善,以适应形势的发展与需要。建议教育部、国家语言文字工作委员会等相关部门制定正确处理普通话和方言关系的具体实施办法,在保证推广好普通话的前提下,为方言及其文化的学校教育,为方言区方言及其文化的生存和发展创造良好的环境。目前这个急需解决的问题还没有得到解决,仍需通过上下齐动员,通过各种途径不断呼吁,求得尽早而妥善的解决办法。

  关于其他办法,首先是把闽南方言与文化课的内容及教学的手段和方法向其他学科延伸。例如,音乐课除按教材规定的内容教学外,引进闽南方言歌曲教学,比如教唱闽南童谣,还可以让学生欣赏南音、歌仔戏。又如,体育课除按教材规定的内容教学外,让孩子们熟悉闽南童玩等。闽南童玩中的"揾呼鸡[$ng^1 koo^1 gue^1$]"、"觅相找[$bbih^7 sio^1 ce^6$]"、"踢罐仔[$tat^7 guan^3 na^3$]"、"遨铁圈[$ggo^2 tih^7 kuan^2$]"、"走相掠[$zao^3 sio^1 liah^8$]"等项目都带有很强的体育游艺特性,"跳格子(跳厝仔)[$tiao^5 geh^7 a^3 (tiao^5 cu^5 a^3)$]"、"遨珠仔[$ggo^2 zu^1 a^3$]"、"放手巾[$bang^5 ciu^3 gun^1$]"、"拍手歌[$pah^7 ciu^3 gua^1$]"等游戏也要来回走动,这些游戏项目可与体育课结合,起码能让学生走出狭小的教室,呼吸新鲜的空气,活动活动身子,增加互动和交流,增进感情。再如美术课,可以结合欣赏闽南地区的风景古迹及生产生活画面,甚至结合了解闽南民间工艺来增进学生对闽南文化的认识。如道德法律课,可以结合讲述闽南古今英雄人物的故事,教授闽南俗语中立身处世、修身养性的俗语,以生动活泼的形式让学生理解课程内容。厦门市公园小学在这方面有许多成功的经验,值得推广。许多学校也做了有益的尝试,可以好好总结与交流。其次是向课外活动要时间要课时。如利用周会、班会、队会穿插举行闽南方言快板、讲古、答嘴鼓、演讲、拔河、演戏及闽南童玩等活动,既能活跃课外活动内容,又能增加趣味性。厦门市何厝小学在课间广播体操的配乐歌曲上做文章,也是可资学习的好经验。厦门市何厝小学领导组织该校的音乐老师为广播体操的音乐谱了一首具有闽南曲调和闽南歌词的广播操配乐,一周五天的广播操时间,三天放普通话歌词的配乐曲,两天放闽南方言歌词的配乐曲,真是一举两得。每天上下午学生入校放学,在学校操场或学生经常出入活动的搭建平台悬挂的大屏幕上,经常播放教材里的闽南童谣、闽南方言诵读的古诗词、闽南方言歌曲及闽南方言新闻、小故事、戏剧小品片段等。总之,利用一切可利用的时间,播放闽南方言的歌曲、影视节目。这样做弥补了课时的不足,大大增加和扩充了学生与方言及其文化接触的时间与空间,日积月累,能使学生有难以想象的收获。

第六,社会、家庭与学校紧密结合,扩大学生学习的环境和视野。闽南方言与文化进校园是根据当前闽南地区方言与文化存在着程度不同的危机而采取的带有补救性的重要措施。闽南方言与文化虽然进了校园并开设了专门的课程,但只凭如此之少的课时学习,就要求学生懂得听又会讲闽南方言,还要初步了解闽南文化,那不可能。要知道,语言与文化是社会现象,与社会广大群众的生活紧密联系,单靠在学校的小天地和所接触的环境、对象,脱离社会环境和广大群众,很难学好用好闽南方言和了解闽南文化。因此,应紧密结合课堂、校园和社会,采取走出去请进来的方法,扩大学生学习闽南方言与文化的环境和视野。

走出去有三种途径。一是组织学生参加省、市、区等各级各种有关闽南方言与文化的比赛与交流活动，这可以培养和锻炼学生闽南方言的表达能力、表演能力；可以通过比赛的互相观摩、交流学习，取长补短，扩大学校和学生的视野；还可以活跃学生的课余生活，促进学生德、智、体和美（艺术）的发展。厦门市广播电视集团闽南之声广播从2006年开始举办全市性的读册歌（即闽南童谣）比赛，参加比赛的对象主要是全市各幼儿园、小学和初中的学生。每次参加比赛的学校将近百所，参加人数达数千人。这个比赛至2022年已举办十六届，多次邀请泉、漳两地以及台湾小学生，马来西亚华侨华人后裔来参加和交流。表演节目多种多样，有诵读，有歌曲，有歌舞，有短剧、小品等。不少参赛节目由学校老师或社会人士参与创作。每次比赛，不仅学校的领导、老师和学生都参与其中，学生家长也积极参与。比赛还通过电视直播吸引全市以及泉州、漳州地区许多家长、学生观看，反响很大。全市各区小学纷纷响应，经过各区选拔赛挑选出来的选手参加市一级的决赛。历届讲古大赛涌现出一批优秀的小讲古手，其中不少人成为市电视台讲古节目的嘉宾，他们的精彩表演在全市引起强烈反响。参加市、区比赛的选手，不但方言水平迅速提高，而且成为传播闽南方言和闽南文化的能手。厦门市每年六一儿童节前后，都由团市委、市教育局等单位举办"鹭岛花朵"文艺汇演。汇演节目丰富多彩，除普通话的节目外，也有不少用闽南方言表演的童谣、说唱、歌曲、歌舞、短剧小戏等，许多学校都来参赛，人数也以千计。此外，结合闽南文化进校园，厦门六个区近十年来举行的幼儿园和中小学生的文艺会演、调演，各校定期或每逢节日在校内举行的文艺表演活动更不在话下。这几年，有些学校在市级区级文艺比赛的优秀节目，还被市文化部门选送参加福建省或全国的文艺会演、调演。厦门市金山小学重视闽南方言与文化进校园的工作,他们在这方面有许多骄人的成绩,特别在组织学生参加以闽南文化内容为中心的文艺体育活动中下了很大的功夫。该校组队参加厦门市电视广播集团闽南之声广播举办的读册歌比赛,多次获得一等奖。2017年金砖国家领导人第九次会晤在厦门举行,厦门市金山小学为各国领导人献演的闽南歌舞童谣《月光光》,引起强烈的反响。此外,厦门还组织以小学生为主的文艺演出团到马来西亚参加闽南文化节的交流活动,表演了许多闽南方言的文艺节目,受到当地百姓的热烈称赞。

二是组织学生实地参观非物质文化遗产场所或展厅,开阔学生眼界。厦门市申报的,先后列入联合国教科文组织的南音、送王船有关人与海洋可持续联系的仪式及相关实践等非物质文化遗产名录(名册),这是宝贵的文化财产与资源。各学校配合闽南文化进校园的工作,利用春游、秋游或结合课程的需要组织学生参观非物质文化遗产的实物和场所或展厅,访问非物质文化遗产的代表性传承人。例如参观厦门的名胜古迹,看歌仔戏、高甲戏,听南音,观看拍胸舞、五祖拳武术表演,参观闽南红砖古厝民居、惠和石雕园、漆线雕展馆……如此安排延伸了学生的学习空间,加深和巩固了学生对闽南非物质文化遗产、闽南方言及其文化的理解。

三是与台湾地区交流,学习可取之处。由于历史与地缘等原因,台湾地区大多数居民是明清时期闽南厦、漳、泉三地移民的后代,所以当地大多数居民都会讲闽南方言,闽南文化也在他们的生活中深深扎根,真可谓血缘相亲、文源相同的骨肉同胞。直至现在,台湾地区人民保留的闽南文化并不比大陆逊色。他们在保护、继承闽南方言及其文化方面所积累的经验也值得我们学习和借鉴。闽台交流,彼此学习,相互借鉴,对促进闽南文化生态保护工作,共建中华民族光辉灿烂的文化,增进两岸人民感情,促进海峡两岸和平统一十分重要。除了国家、政府和民间要做好两岸文化交流的工作外,充分利用闽南文化进校园的活动,开展学校之间、学生之间的闽南文化交流也很重要。厦门市何厝小学多年来多次组织学生文艺队到厦门对岸的金门岛的小学表演闽南方言节目;厦门市海沧延奎小学的学生乐团到台湾台北市的小学进行文艺演出,双方学校还建立相互联系机制;翔安区马巷中心小学的学生演出队到金门的小学进行童谣表演。这些活动,不仅对学校闽南文化的教学有促进作用,扩大了学生的视野与知识面,也促进了两岸在少年孩童这一层次上的互动和感情交流,非常有意义。

请进来也有三个途径。一是聘请包括台湾地区专家在内的专家学者来学校上课、做讲座,比较多的是为学校教师授课。内容是多方面的,如有关闽南方言与文化教学的,包括如何实现教材教学目的与总体的目标和要求,如何制作课件;又如有关于闽南方言知识的简介和要点把握的,古诗词闽南方言诵读的以及闽南文化具体方面知识的,如饮食文化、建筑文化、节日民俗文化、婚丧礼仪文化、民间戏曲文化、先贤名人的介绍等等。或者把这些内容用简洁通俗的语言介绍给学生。假期举办的学生夏令营活动,请校外的人进校园宣传闽南方言及文化的讲座比较多。针对教师的讲座提高了教师对闽南方言与文化的认知水平,推动了闽南方言与文化进校园。针对学生的讲座开拓了学生的视野,增长了他们的知识,培养了他们的兴趣,增强了他们保护、继承闽南方言与文化的信心和自觉性。

二是邀请学生家长进校园,感受闽南文化学习的浓厚气氛,与学生共同分享学习闽南文化的成果,请家长提意见,共同参与。许多家长,不论是否为闽南籍,看到学生学习闽南文化的浓厚气氛和收获,深受感动,纷纷表示支持。有的还参与活动,提供指导。家校配合,有力地推动了建设闽南文化生态保护区的工作。

　　三是积极开展非物质文化遗产进校园的工作。非物质文化遗产和物质文化遗产是闽南文化主要的表现形式。闽南非物质文化遗产代表性项目是闽南文化的精华之一。保护和继承闽南非物质文化遗产代表性项目是建设闽南文化生态保护区的重要工作。其中,重点是做好青少年相关工作,让他们自幼就对闽南非物质文化遗产代表性项目有所接触和认识,有所参与,感兴趣,促使他们将来接棒闽南非物质文化遗产代表性项目保护与弘扬发展的工作。所以,针对《办法》第二十七条"鼓励非物质文化遗产代表性项目保护单位与学校开展闽南文化传承合作办学",三地文化、教育部门联手,在学校的积极配合下,已选择将南音、歌仔调、高甲戏、歌仔戏、答嘴鼓、讲古、五祖拳等非物质文化遗产带入校园。各学校的领导十分重视此项工作,不少学校根据自己的条件和所处的区域位置,选择一至两项非物质文化遗产代表性项目,主动联系所选项目保护单位及代表性传承人,跟他们签约,请他们派员指导学生的学习。有的学校将其纳入课程,有的学校则以课余兴趣组的形式开展活动。学生们踊跃参加,报名人数多超过原定计划的人数。学校在经费上也给予大力支持,调配老师协助组织和辅导。这些活动,又与培育社会主义核心价值观相结合,与"美丽厦门(或泉州、漳州)·共同缔造"相结合,与构建现代公共文化服务体系相结合,活动逐步深入。闽南非物质文化遗产代表性项目进入校园的活动,不仅使校园闽南文化的氛围更加浓厚,也培养了传承接班的幼苗。有的学校组织学生使用学到的技艺,如组织歌仔戏、高甲戏、南音、讲古、答嘴鼓、莲花褒歌、歌仔说唱、拍胸舞、五祖拳等表演队,参加市、区的文艺会演、调演和比赛,获得名次,为学校争得荣誉。

第四节　大力营造全社会参与保护闽南方言及其文化的生态环境

吸引青少年学生，推动闽南方言与文化进校园，这固然重要，但这还只是在小范围里保护闽南方言与文化，显然不够。社区、农村的人口比学校多得多，闽南文化生态保护区的保护工作不能忽略社区、农村，应该把它们作为系统工程里的重点对待，认真而又持之以恒地做好社区农村闽南文化的各项工作。在推进闽南方言与文化进校园的同时，必须发动社区、农村各个阶层、各个领域，让全社会都参与行动，才能营造全社会保护闽南方言及其文化的生态环境。在这方面，厦、泉、漳三地各级政府都取得了共识，也都很重视。虽然各地的起步和条件有所差异，进展情况不尽相同，但都在努力工作着，得到许多宝贵的经验。

这里主要以厦门市为例介绍经验。

第一，闽南方言与文化保护走进社区、农村。社区、农村是社会的基层单位，其居民、村民的组成，从性别年龄看，包括男女老幼，从人群职业看，包括工农商学兵（离退休人员），百工百业，有在职的，有退休的，有无业的。这些生活在厦门社区、农村的人群，有本地人，也有外地人，特别是改革开放后，由于城市发展的需要，引进或吸收了许多外来人员。根据调查，城市中心的社区，总的说来，本地人口所占比例较高；偏于城市中心区的社区，有些社区外来人口的比例高于本地人口。本属闽南地区的我市社区，长期以来是闽南方言及其文化占绝对优势的地区，但近几十年来由于受到推广普通话的强势影响，现在生活在社区、六十岁以下的本地人，已有相当数量闽南方言说得不太好，加上外来人员所占比例如此之大,这些外来人员来自四面八方,日常交际只能说普通话。这样一来,闽南方言及其文化面临衰弱危机。另一方面,青少年学生在校内有限时间内学到一些闽南方言后,回到家庭及社区,就有可能被强势的普通话所淹没。调查中就有不少学校的领导、教师和学生反映说,回到家里,家长说普通话,不说方言(可能一些家长方言说不好,怕丢丑)。那么,孩子在学校学到的闽南方言,非但在家庭和社会中得不到有效的巩固、充实和扩展,反而会被普通话强势淹没。抓好闽南方言及其文化进社区的工作,实际上是对闽南方言及其文化进校园工作的支持和推动,也是巩固青少年闽南方言学习不可或缺的重要措施。为此,《办法》第二十八条规定"文化、民政等主管部门和街(镇)应当开展闽南文化进社区活动,实施社区文化提升工程",这是非常正确和必要的。

这条规定,首先明确闽南文化进社区的工作主要应由文化、民政等部门负责。市、区、街道(镇)各级文化、民政等部门要责无旁贷地担负起做好闽南文化进社区工作的责任。目前,厦门市各级文化、民政部门虽然都在开展相关活动,如张贴宣传画,制作宣传标语,邀请专家、学者进社区开展有关闽南方言与闽南文化的知识讲座,举办在家长陪同下学龄或学龄前儿童参加的夏令营,开设闽南童谣、闽南俗语和闽南方言等闽南方言与文化培训班,设立社区小型书院、图书馆(室),组织闽南文艺演出和讲古、闽南方言演讲等比赛,但总的看来,闽南文化进社区的工作刚开展不久,加上各社区的条件不同,所以,目前社区闽南文化的氛围还不及校园。

其次,开展闽南文化进社区活动可以吸收闽南方言与文化进校园的经验,但要根据各社区的具体情况进行改造,找到社区的模式和方法。对社区来说,闽南方言与文化进校园的经验起码有以下四条。一是要有热心和有责任感的领导小组。这个小组的负责人由闽南人担任在工作上会有方便,但不一定非要闽南本地人担任。只要热心,肯担当,能认真又会想办法,就可以承担这个重任。二是要制定好适合本社区特点的又较全面的规划。保护闽南文化是系统工程,工作很多,单打一收效不大;做好各种工作,相互协同配合,才能取得较好的效果。三是要网罗各种人才,以做好闽南文化各种工作或事务。四是要有资金的保障。

再次,由于社区不像学校那样,主要的对象不是年轻而单纯的学生,而是阶层复杂,需求不尽相同,年龄、文化程度、素质也很不相同,组织活动要灵活机动,形式多样,大小结合,见缝插针,甚至零敲碎打。比如举办同一个闽南文化主题的讲座,就要考虑到会者的年龄、职业、程度,到会人们的时间(有的要买菜做家务,有的要看顾孩子,有的有事外出不在家,有的希望白天,有的要求晚上)、地点(嫌地点远,嫌交通不便等),还有对课题的看法和要求(如有的已熟知,有的一无所知或知之甚少;有的要求讲得浅显一点,有的要求知识的容量要大;等等);有的人要求用普通话来讲闽南文化,有的则希望用闽南方言来讲,等等。这就要求事先考虑好用不同的方式方法来满足不同群体的需求。在学校可以只用一个时间、一种方式解决的,在社区可能就要用多场次、多地点、多种不同的宣讲方法来解决。

最后,调动社区人才,举办各种他们能发挥作用的活动。闽南大多数社区都有本地居民居住。这些居民中,有年纪较大的在职或退休的干部、职工、农民,还有家庭妇女。这些人长期在本地或其他闽南地区生活,都会讲闽南方言,而且基础不差,多少熟知闽南文化,有的还相当有水平,现多已退休。这些年来,他们积极参加社会活动,有的能歌善舞,能说会写,是活跃的骨干。他们愿意发挥余热,为社会做贡献,特别是政府提出保护闽南文化生态后,他们热情很高,愿为闽南文化生态保护区的工作做贡献。不少人还参加市语委举办的闽南方言水平测试培训班,通过闽南方言水平等级考试,获得优良的成绩,成为我市闽南方言水平测试员。社区应该调动这批人的积极性,发挥其所长,放手让他们担任闽南文化的各项工作,如办闽南方言培训班,举办讲座等。相信调动好社区本地人的积极性,依靠他们,定能助力社区闽南文化的保护和传承。当然,生活在本社区里的学校教师、干部以及在闽南文化方面有一技之长的各种人才,都可以聘请来为社区闽南文化的各种活动贡献力量。同样,也可以聘请其他社区、本市各区及至市里的专家、学者以及闽南文化各种专业人才,发挥其所长,为本社区开展闽南文化各种活动提供有力的支持和帮助。目前有些社区跟社区内的中小学结对,组织社区人员到学校参与和支持闽南方言与文化进校园的活动;学校也定期派老师来帮助社区举办闽南文化的各种活动,如教唱闽南语歌,用闽南方言宣讲政策等,组织学生排练节目到社区为群众演出。这些做法取得了互帮互学、相得益彰的良好效果。

第二,抓好外来人员学习闽南方言及其文化的工作。改革开放四十年来,闽南厦、泉、漳三地吸引了大量的外来人员,这些外来人员有干部、教师、各种专业人才和工人以及随行眷属。闽南三地的外来人口中,以厦门地区的外来人员为最多,在厦门各区中,又以中心市区的外来人员为最多。这些外来人员来自全国各地,他们努力工作,为闽南地区经济、文化的发展做出贡献。闽南是移民社会,现在的闽南人,绝大多数都是古代各个历史时期从中原地区迁徙过来的移民的后代。中原移民来到闽南,在这里垦殖发展,就成了这里的居民,创造和发展出闽南文化。现在从外地来闽南地区的人,只要肯扎根下来,认同本地的闽南文化,融入闽南社会,与闽南本地人一起为建设闽南而努力奋斗,很快会成为新闽南人。

为了更快更好地融入闽南社会,就要懂得闽南方言,就要学习并熟悉包括闽南风俗习惯在内的闽南文化。正如《当前文字改革的任务》所说的,"只会说普通话的人,也要学点各地方言,才能深入各个方言区的劳动群众"。

针对外来人群,《办法》第二十六条写道:"市、区人民政府应当将闽南文化宣传工作纳入年度工作计划,把闽南文化纳入干部学习、培训必修课程。"学习闽南方言,是学习闽南文化的基础,如果外来干部能带头学习,势必将在广大群众中形成巨大的影响,成为推动广大群众学习闽南方言及其文化的强劲动力。在这方面,海沧区教育局提供了很好的经验与启示。海沧区教育局非常重视闽南文化进校园。全市还在进行闽南方言与文化进校园的试点工作时,海沧区教育局局长就表示,海沧区不必先找几个学校做试点,全区公办小学可以一步到位,全面展开《闽南方言与文化》进校园的工作。教育局局长亲自坐镇指挥,召开全区公办小学领导人会议,部署这项工作,全数订购各小学所需的教材,连续办了全区两期《闽南方言与文化》进校园师资培训班,亲自来上课。她本身是老厦门人,还亲自编了闽南方言口语五百句,用微信给每个学校每天发一句闽南方言,要全区教师,特别是外地来的教师利用空余时间抓紧学习。为了鼓励和督促大家学习,每晚她还会给几个学校的几个老师打电话检查学习情况,辅导帮助教师学习。这样坚持了一年多,收到了很好的效果,外地来的教师的闽南方言水平有了不同程度的提高。据了解,厦门市语委办已组织专家编写好了外来干部(人员)学习闽南方言常用句的学习手册,共三本,分初级班一百句,中级班三百句,高级班八百句。三本小册子曾分别在闽南方言社区学习班以及公交、消防、驻军等单位试用,反映不错,学完初级、中级两册后,可初步对付社会日常用语所需,三册学完,可打下简单的基础,为进一步深入词汇和句子的学习提供方便。为了做好外来干部的学习工作,各单位也应该制定计划,有专人兼职抓,还要制定必要的制度和措施;在单位里发动闽南本地人来帮助外来干部学习,组织各种有趣的活动来巩固学习的成果。当然,外来干部所学的这些东西,也可进一步在社区推广,但要根据对象的实际情况,制订切实可行的措施。

第三,调动全社会各种力量,运用各种方法和手段,营造文化环境,促进闽南文化进社区活动的开展。

一是媒体的力量。充分利用媒体的优势,加强宣传和造舆论的广度和力度。

闽南三地可资调动的媒体相当多。

首先是报纸。闽南三地都有自己地区的报纸。厦门报业传媒集团旗下拥有的报纸有厦门日报(厦门市委党报)、厦门晚报、海西晨报、海峡生活报、双语周刊,福建日报报业集团在厦门拥有海峡导报,厦门广电集团旗下有厦门广播电视报。此外,还有东南快报(厦门编辑部)、鹭风报、海峡都市报(厦门消息专版)、东南早报(厦门消息专版)、海峡财经导报(厦门消息专版)、香港文汇报(厦门消息专版)、中国贸易报(厦门消息专版)、人民日报(厦门消息)、中华工商时报(厦门消息)、中国经济时报(厦门消息)、中国食品质量报(厦门消息)、国际商报(厦门消息)、法制日报(厦门消息)、经济日报(厦门消息)、香港商报(厦门消息)、福建日报(厦门消息),此外还有同安报、集美报。泉州有泉州日报、泉州晚报、东南早报(泉州消息版)、东南晚报(泉州消息版),此外各县市如石狮、晋江、惠安、南安、安溪、永春、德化也都有自己的报纸。漳州有闽南日报,此外各县市如龙海、漳浦、云霄、东山、诏安、南靖、平和、华安也都有自己的报纸。闽南地区有这么多的报纸,说明报纸的资源很丰富,可为宣传闽南文化提供很好的平台。据调查,单是厦门日报、厦门晚报和《海西晨报》在闽南地区每年订阅的份数就很多。这些年,厦、泉、漳三地地方一级的报纸在宣传闽南文化相关的活动、会议、非物质文化遗产项目,闽南文化相关人物采访,闽南方言普及等方面做了不少工作,推动了闽南文化生态保护工作。中央级一类的报纸,由于所承担的报道任务不同,在宣传闽南文化方面,自然不如地方级的报纸。但从总的方面来看,闽南地区报纸宣传闽南文化的力度有待加强,形式上还可以更加活泼接地气。可以多反映闽南文化各个方面,晚报类的报纸可以定期拨出小板块,连载闽南方言与文化的内容,如开辟俗语、掌故、笑谈、街头巷尾拾趣拾零等专栏,文笔可以更加活泼风趣;还可适当展开讨论和争鸣,摘编历史资料或典故,拍摄有关的图片,让人有直观的感受;适当刊发用闽南方言书写的地方文艺作品,以及用闽南方言翻译的外地作品。要做好这些工作,需要抓紧培养和训练一批精通闽南方言与文化的记者和编辑。

其次是广播和电视。广播通过语音诉诸听众听觉器官来传达信息。电视全方位展示活生生的画面,让人全身心直接感受而获得信息。它们都是现代科学文明的产物,是宣传和造舆论的先进手段和工具。厦门市政府《办法》第二十九条规定写道:"市属电视台、电台等媒体应当开展闽南话新闻播报、制作闽南话专题节目。鼓励市民学习闽南话,公共场所、公共交通工具应当逐步推广普通话和闽南话双语广播。"

闽南三地的广播、电视资源同样相当丰富。厦门卫视是联网通达邻近几个省份,特别是通达台湾地区和东南亚的重要宣传媒介。除此以外,厦门、泉州、漳州都有自己的广播电台和电视台。各县(市)区也都有自己的有线广播和有线电视。根据调查,闽南地区三地的广播、电视台都有相当的时段用闽南方言编播新闻节目、制作闽南方言的专题节目。如厦门卫视有坚持办了多年的《闽南通》《趣味闽南方言》等节目,还播出闽南地方戏曲曲艺节目如高甲戏、梨园戏、歌仔戏、南音、答嘴鼓、讲古等,受到观众的广泛好评和欢迎。泉州市电视台的讲古节目、介绍闽南方言与文化知识的节目,由于主持人和嘉宾在闽南方言和文化方面的修养比较高,所讲内容又很接地气,特别受到百姓的喜爱,据说这些节目是泉州电视台收视率最高的节目。他们的宝贵经验值得总结和推广。特别是厦门市广播电台、电视台组织的"读册歌(闽南童谣)比赛"、"青少年讲古电视大赛"以及"闽南话听讲大会",不仅参与人数多,节目质量也不断提高,吸引了许多观众。这些比赛节目在闽南三地社会引起了相当大的反响。营造闽南方言与文化的氛围或环境,大的地方要做,小的地方也不要忽略。举个例子,厦门市公交线路的布局可谓密而广,目前只听到岛外一些线路的公交车用普通话和闽南方言在播报站名,但岛内许多线路的公交车只听到用普通话报站名,没听到双语播报站名。机场和长途车站的出入口处、大型商场的出入口处,可以用普通话和闽南方言双语播放招呼语。把这些林林总总的时段和地方充分利用起来,长期坚持下去,可以收到预期不到的效果。

闽南三地广播和电视在闽南文化的宣传方面,虽然成绩不少,但普遍存在问题——节目内容和形式还不够生动活泼;播放时间总量还可以增加;播报人员闽南方言水平还不够好,群众的意见比较大。解决这些问题的关键,在于解决记者、编辑、主持人和嘉宾后继乏人的问题,提高其方言水平。这同样要从抓人才培养和抓节目质量做起，制定有效的措施，尽快解决这些问题，以便更好地发挥广播、电视这两个重要宣传媒体的功能和作用，更好地为闽南文化生态的保护工作服务。

最后，闽南三地出版的地方性刊物，尤其是文艺刊物，如厦门市文联的《厦门文学》、厦门市文化馆的《厦门文艺》，泉州市文联的《泉州文学》、泉州市文化馆的《泉州群众文艺》，漳州市文联的《闽南风》、漳州市文化馆的《漳州群众文艺》以及三市下辖各县（市）区的文化馆出版的地方性文艺刊物，可以也应该成为闽南文化生态保护的主力军。这些年来，它们刊登了不少反映闽南地域生活的小说、戏剧、电影、电视、曲艺等作品，还组织本地作家创作了许多反映本地人民生活的文艺作品，其中不少作品荣获国家、省、市级的奖项。当然，多数作品还是用普通话的思维模式并用普通话表现，如果今后发表的作品能用闽南方言思维、能用闽南方言表述，那更值得鼓励。近年来互联网的发展，又使媒体的传播增添了一支生力军。互联网在传播信息的快速、方便和节省人力、物力方面都显出比其他媒体手段更加优越的特点，我们应该充分利用这些优势，把媒体宣传闽南文化的工作做得更加广泛而深入。近年来，三地有不少闽南文化相关的音像制品，美术动画、音乐创作等方面也出现不少宣传闽南文化的作品，值得肯定。不过，有关部门应该加强合作，有意识地把制作单位组织起来，联合规划音像、美术、动画、音乐的创作，扩大宣传领域，避免重复和浪费。

二是文化部门和各专业剧团、业余文艺演出团体应发挥专业特长，经常进入社区，深入广大群众，用生动活泼、群众喜闻乐见的文艺形式为营造闽南文化生态环境造声势，为闽南文化生态的保护服务。

闽南三地人民的文化生活相当丰富活跃。近些年来,由于互联网的迅猛发展以及手机广泛普及的冲击,百姓中许多人,尤其是青少年,对如观看地方戏、欣赏南音、听讲故事等闽南传统的文化活动渐渐失去兴趣。闽南三地文化部门虽然规定各专业剧团每年必须要拨出一定时间公演、下厂下乡下社区,但次数比过去少,许多业余剧团、业余文艺队也不如从前。这是我们不愿看到的。应发挥剧团和文艺演出队的作用,充分利用这支生力军,营造闽南文化生态环境。例如,厦门、泉州南音乐团每周都定期免费为公众演出、厦门的歌仔戏、高甲戏剧团每年都规定要深入到农村、工厂、学校和社区免费为群众演出若干场次,至于逢年过节三地举行的群众文艺演出活动,内容与形式都丰富多彩,其中不乏用闽南方言编写排练的节目。这对营造闽南文化生态的环境,做出更多更大的贡献。

三是举办闽南方言水平测试。2015年,厦门市语委办提出要开展闽南方言水平测试工作。当时,闽南方言与文化开始进校园,厦门社会宣传学习闽南方言与文化的各种活动已经进行多年,群众对闽南方言与文化也有了认识。越来越多孩子学习闽南方言,不少外来人员也对闽南方言产生兴趣,要求学闽南方言;各种培训班,如厦门晚报举办的街头闽南方言学习班,也相当活跃。加之受全国进行普通话水平测试工作的影响和外地如广州、上海等地民间自发进行方言测试的尝试,还有厦门市一些政协委员和群众来信来电的建议和鼓励,为了激发厦门人和越来越多的新厦门人对闽南方言的热爱,继续倡导的活动,厦门市语委办决定开展闽南方言测试工作,从专业角度回应闽南方言热爱者的支持与认可,从而更好地为传播闽南方言服务。

为此,厦门市语委办首先召开厦门、泉州、漳州人和龙岩新罗区教育、文化有关部门负责人与部分专家学者的会议,共商进行闽南方言水平测试的可行性和具体操作方法。会上大家发言热烈，一致认为此举是保护闽南方言与文化的亮点，对调动全社会成员参与闽南方言与文化生态保护工作具有积极作用，有望提高全社会闽南方言与文化的水平。参会人员表示，可由厦门先带头进行这项工作的试验，待取得经验再在泉州、漳州等地全面铺开。之后，厦门市语委办组织有关专家到泉州、漳州、龙岩新罗区、漳平等地进行实地考察和征询各方面的意见。接着，厦门市语委办成立了闽南方言水平测试工作领导小组和闽南方言水平测试大纲编委会，由有关部门的领导组成。编委会确定了测试工作的目的要求、测试大纲编写的一些具体原则以及测试的实施细则。编委会下所设的测试大纲编写工作小组具体负责拟定和执行闽南方言水平测试大纲的编写工作。编写小组由专家学者、学校有经验的闽南籍教师和社会贤达等组成，经过近一年的努力，完成了厦门市闽南方言水平测试大纲的初稿，又经向上向下的广泛意见征求和反复修改，测试大纲便作为试用本交由海峡文艺出版社出版。测试大纲分五部分。其中第一部分是总论，就闽南方言水平测试大纲的性质、内容和范围，试卷构成和评分、闽南方言水平测试的管理规程、测试等级标准的确定以及测试证书的颁发等问题做了详细的规定和说明。第二部分是测试指导纲要，包括闽南方言语音、词汇和语法的简介。闽南方言测试常用词语20 000条左右，这是参考了普通话水平测试词汇的内容，并补充闽南方言特有的方言词形成的。闽南方言测试常用对话句子300句，用于常见场景。闽南方言测试朗读作品50篇以及闽南方言测试说话题30个，还有闽南方言注音方案等6个附录。测试大纲的闽南方言读音以厦门音为依据，但考试时并不排斥使用泉州音或漳州音。2017年年底，厦门市举行了全市第一次公开报名，报名参加考试的有200多人，多数为本市 6 个区的中小学教师以及部分老知青、社会人士。厦门市语委办对应考人员举行了两天半的辅导培训。应考人员认真备考,考试成绩相当不错,合格率达 80％。其中 90 分及以上(优秀)有 65 人,占应考人员的 33％左右。经严格口试,从成绩优秀者中选聘了部分作为厦门市闽南方言水平测试的测试员。凡测试合格以及被聘为测试员的,都有厦门市语委办颁发的相应证书。这次考试,在全市也引起了反响。从 2017 年至 2018 年,厦门市闽南方言水平测试共举行了 3 次,每次报名参加考试的人员都在 150 人以上。闽南方言水平测试的成功举行和在社会所收到的良好反响,得到了市政府的认可和支持,所以在厦门市政府制定的《办法》第二十九条写道:"支持市语言文字管理部门开展闽南话水平测试工作。"目前,厦门市语委办正在总结测试工作的经验与不足,正组织力量修订闽南方言水平测试大纲,还计划今后在着重抓好在职中小学、幼儿园教师的培训工作、鼓励他们参加闽南方言水平测试的同时,继续把闽南方言水平测试工作推向社会。

　　四是建设专项博物馆、展览馆、陈列馆、非物质文化遗产展示馆。闽南厦、泉、漳三地地方政府,都在地方文化建设中投资建造了一批专项博物馆、展览馆、非物质文化遗产展示馆。例如:厦门市的华侨博物院、厦门市博物馆、厦门市非物质文化遗产保护中心的展览厅,泉州市的泉州市博物馆、中国闽台缘博物馆、闽台关系史博物馆、泉州海外交通史博物馆、泉州伊斯兰文化陈列馆、晋江市博物馆,漳州市的漳州市博物馆。闽南三地这些博物馆以珍贵的实物、图片展示地方文化,让人们直观感受闽南地方文化灿烂辉煌的历史;它们传承、传播、普及地方文化知识,是培养国民道德品质的教育基地。这些博物馆、展览馆、陈列馆、非物质文化遗产展览厅在闽南文化生态保护工作中发挥积极作用,今后需增加投资,收集更多的实物,丰富内容,尤其是非物质文化遗产方面的内容。

  闽南方言保护是闽南文化生态保护工作中的重中之重,是基础性工作。在闽南地区,作为传统口头文学载体的语言指闽南方言。事实上,闽南方言同汉语其他方言一样,不单是口传文学的载体,绝大多数传统文化的表现形式程度不同地与方言有密切的关系:地方戏剧、曲艺就密切依附于方言,歌仔戏、高甲戏、梨园戏、提线木偶和布袋戏以及南音、说唱即如此。独具特色的闽南中草药及医治部分疾病的特殊技艺也依附于方言。节庆、民俗中的许多名称,如天公生、普度、七娘妈生、度晬、送定、博饼、刻龟,它们负载的丰富文化内容也离不开闽南方言。闽南建筑中许多构件的名称,饮食文化中许多菜肴、食品的名称不用闽南方言就无法表达。文化和语言相依为命,正因如此,保护闽南方言是闽南文化生态保护工作的重中之重。因此,有必要设立闽南方言博物馆。这方面,广东省的做法可资借鉴。2017年11月23日,全国首个省级实体语言类博物馆——岭南方言文化博物馆开始建设。岭南方言博物馆是广东省优秀传统文化传承发展重点项目,由佛山市委宣传部与广东广播电视台合作共建,以"打通内外、打通古今、打通雅俗、打通文商"为理念,把丰富的粤语言资源——岭南地区的各类方言以多种形式,如视频、音频、读物等呈现给群众,让粤文化能更好地传承。闽南方言的音系比粤方言复杂,闽南方言的词语也很丰富;闽南文化的底蕴可与岭南文化比美;闽南方言流播的范围,尤其在海外的使用人数,也可与粤方言媲美。现在广东省已先走一步,福建省的闽南地区应紧紧跟上,不落人后。很明显,尽速建立闽南方言博物馆,将能更好地保护闽南方言,更有助于保护闽南文化生态,让闽南文化得到更好的继承和弘扬。对于闽南方言博物馆的建设和初期布局,本书有六点建议。一是概述好闽南方言。主要简介闽南方言的历史形成与发展,突出它是以中原汉语为主体并融合古闽地少数民族语言因素,更在吸收海洋文化和外来文化中发展起来的别具特色的汉语方言;简介闽南方言语音、词汇、语法方面的突出特点;展示闽南方言在国内与国外流播的分布图与使用人口概况。二是展示闽南方言与闽南文化的关系,用图文并茂的形式让人们认识到,闽南文化深厚的底蕴正是通过闽南方言来积累和表达的,闽南方言与闽南文化密不可分。三是提供学习闽南方言的平台,可用录音、广播、视频等多种手段学习闽南方言。四是通过视频资料,让参观者看到闽南文化的多姿多彩。五是介绍保护传承闽南方言及其文化的方法。可介绍闽南方言与文化进校园的情况与经验,可介绍闽南非物质文化遗产代表性项目,传承、研习场所和保护中心及传承人,可介绍闽南方言与文化研究的成果、普及读物等,可介绍闽南地区与国内外进行闽南方言与文化交流的情况。六是安排闽南方言与文化演讲、表演、研习的沙龙和定期的讲座与学术讨论、交流活动。七是开展闽南话区级、市级、省级比赛,挖掘抢救一批已失传或散存于民间的闽南方言俚语、俗语、歇后语、谚语……总之,做到贯通古今,内外交通,雅俗共赏,学用结合,让参观者深深感受到闽南方言和闽南文化的魅力。

第五节　做好闽南地区非物质文化遗产的保护工作

闽南地区非物质文化遗产不但内容丰富,而且底蕴深厚。闽南地区国家级、省级、市级和区级非物质文化遗产代表性项目,见证了闽南优秀传统文化的历史传承和当代保护、弘扬的成果。它们把闽南方言与闽南文化的内容密切联系在一起,是闽南文化突出的象征,也是闽南文化最耀眼最亮丽的名片。做好闽南地区非物质文化遗产的保护,是闽南文化生态保护不可忽视的重要工作。2011年2月25日第十一届全国人民代表大会常务委员会第十九次会议通过的《中华人民共和国非物质文化遗产法》是我国非物质文化遗产保护领域的一部重要法律,为非物质文化遗产保护、保存工作提供了坚实保障。

厦门、泉州和漳州三地的人民政府都根据国家的非物质文化遗产法和各地的实际情况制定出管理办法。《厦门市闽南文化生态保护区建设办法》第六条规定:"市文化主管部门组织开展闽南文化遗产调查工作,并建立闽南文化遗产档案及相关数据库。除依法应当保密的外,闽南文化遗产档案及相关数据信息应当公开,便于公众查阅。"第十一条规定:"公民、法人和其他组织认为某项非物质文化遗产具有保护和传承价值的,可以向文化主管部门提出列入非物质文化遗产代表性项目名录的建议。"这些集机关和群众之力的摸底和调查就是为了使非物质文化遗产保护工作做到透明、公开,并尽可能不遗漏不受糟蹋和不受损失。《办法》第十二条规定:"非物质文化遗产代表性项目的认定实行专家评审制度。市、区文化主管部门应当组织专家进行评审。评审工作应当遵循公开、公平、公正的原则,评审结果应当公开征求公众意见。文化主管部门应当根据评审意见和公示结果,拟定本级非物质文化遗产代表性项目名录,报本级人民政府批准并公布。"第十一条指出:"市、区人民政府可以从本级非物质文化遗产代表性项目名录中,向上一级文化主管部门推荐列入上一级非物质文化遗产代表性项目名录的项目。"第十三条要求"文化主管部门应当对濒危的非物质文化遗产代表性项目开展抢救性保护工作。抢救性保护应当在专家指导下进行，采取下列主要措施……"。这几条，体现了厦门市人民政府对非物质文化遗产代表性项目的审定的严格要求：明确规定非物质文化遗产代表性项目审核、定级以及抢救濒危性项目的程序、要求和措施。《办法》提出，专家评审工作必须持守公开、公平和公正的原则，保证评定出来的项目具有权威性、可靠性并得到群众的认可。至于非物质文化遗产代表性项目的管理和保护及非物质文化遗产代表性项目传承人的申请、确认、管理、扶持，《办法》第十四、十五、十六、十七、十八条等相关条款都一一明确规定。这些规定，使非物质文化遗产的工作能依法行事，保证非物质文化遗产的工作沿着规范、健康而又富有成效的轨道快步行进。

闽南三地非物质文化遗产的工作取得了很大的成绩。截至2022年1月，厦门、泉州和漳州三地评定的世界级非物质文化遗产代表性项目共有6项，国家级67项，省级206项，各地区下的县(市)区级也都开展了非物质文化遗产代表性项目的认定工作。三地非物质文化遗产代表性项目具体分布情况如表4-1所示：

表4-1 厦门、泉州、漳州非物质文化遗产代表性项目分布

市别	世界级	国家级	福建省级
厦门市	独立1项+厦门、泉州共同1项	15项	48项
泉州市	独立1项+泉州、宁德共同1项+厦门、泉州共同1项、漳州、泉州共同1项	35项	92项
漳州市	漳州、泉州共同1项+漳州、宁德共1项	17项	66项
合计	6项	67项	206项

注：统计数据截至2022年1月1日。

毋庸讳言，目前闽南三地的非物质文化遗产保护工作还存在一些待解决问题。一是各地非物质文化遗产代表性项目虽经

过多次的普查,成果丰硕,但要做好普查和申报。第一是要以非遗保护中心为主体,第二要广泛发动人民群众参与,充分调动群众的积极性和创造性,把群众用血汗创造出来的非物质文化遗产都尽可能地挖掘出来并加以保护、传承。

二是要建立相应的机构与组织。《办法》第十八条:"鼓励非物质文化遗产代表性项目保护单位和其他社会组织、个人以代表性传承人为核心建立非物质文化遗产代表性项目传习机构。非物质文化遗产代表性项目传习机构应当依法登记,并积极开展非物质文化遗产传习活动。"但非物质文化遗产一些项目的现实状况的保护传承仍存在一些问题。例如有些本应依靠口传身授方式承传的非物质文化遗产的传承,目前单纯用集体上大课方式来传承,讲课者讲的是抽象的道理和规则的效果并不理想。师徒一带一面授、指导,既能根据师傅的技艺特长和徒弟的天赋、才艺和接受程度等量身定制一对一的传帮带办法,效果反倒更好。再如有些濒临消亡的传统技艺,虽然名噪一时,然而时过境迁,现在的年轻人并不愿意学不愿意继承,因为逐渐脱离现实的价值,必须改革和创新;大量有历史、文化价值的珍贵实物与资料遭到毁弃或流失,随意滥用、过度开发非物质文化遗产的现象也经常可见。另外,与保护相关的一系列问题需要系统解决。保护标准和目标管理以及收集、整理、调查、记录、建档、展示、人员培训等工作相对薄弱,用于保护和管理的资金和人员不足的困难也普遍存在。泉州市根据本地区非物质文化遗产的特点,设立泉州海外交通史博物馆和中国闽台缘博物馆等专项博物馆。这些博物馆具有一定历史和文化价值,对内可提供具体形象的实物和资料,便于市民参观、学习,提高社会对非物质文化遗产的认识,对外便于交流和扩大影响。作为闽南龙头城市的厦门,在这方面就显得落伍。建议厦门建立闽南非物质文化遗产展示馆、鼓浪屿世界文化遗产展览馆、闽南方言博物馆。

三是非物质文化遗产的保护与传承,最重要、最根本的办法,就是培养接班人,让保护与传承工作后继有人、薪火相传。培养接班人,应该实行普及与提高相结合的原则。所谓普及,就是要让更多的人知晓非物质文化遗产代表性项目,懂得一些知识甚至掌握一些技艺。所谓提高,就是在普及的基础上选拔基础好、感兴趣并且有天赋的人,通过专门的培训,获得更深入的知识,掌握更复杂的技艺及至成为接班人。这里,泉州市对南音的做法值得借鉴和推广。泉州本是南音的故乡,城乡多数百姓,不论男女老少,不管文化程度高低,操何职业,平时闲来无事,嘴里都会哼上几句南音。可是,由于各种原因,到二十世纪九十年代,厦门专业文艺团体南音社每周一次的免费公开演出,居然很少有人去听。南音专业人才也青黄不接,南音面临濒危境地。为了扭转这种情况,泉州市领导高瞻远瞩,支持市教育部门和文化部门联手,采取紧急的抢救措施。他们组织专家编写南音课本作为地方乡土教材,规定全市各公办小学每周都要上一节南音课。在局、校领导,专业队伍和各校师生的努力下,由学校带动社会,经过几年的工夫,很快就出现可喜的面貌。如今,全市不但培养了一大批南音的爱好者,而且带动广大市民重新热爱上有千年历史的南音,为南音乐团输送了一批从群众中脱颖而出的后备军。现在的泉州,每天晚上,都可以听到大街小巷传出南音,美妙的南音曲调萦绕泉州城;碰到节假日,各种南音的表演活动热闹无比,让人目不暇接。濒临危机的南音就这样被抢救并保护传承下来。这就是政府重视,群众配合,非物质文化遗产保护传承工作中贯彻普及与提高原则结成的丰硕成果。现在,闽南三地市的文化、教育部门,陆续选择高甲戏、歌仔戏、皮影戏、布袋戏、傀儡戏、闽南童谣、南音、答嘴鼓、讲古、拍胸舞、五祖拳、南拳等非物质文化遗产代表性项目进校园。许多小学根据自己的条件，选择其中一项或两项，进行普及性的宣传、推广和传授。各项目的代表性传承人也主动协助学校，身体力行地助力非遗项目进校园活动，激发学生的兴趣，甚至还根据学生可接受的程度，编写相应的辅助教材，帮助学生学好这些技艺。相信经过一段时期的努力，各项目都一定会涌现出许多爱好者，也一定会培育出有前途的后备接班人，切实解决好非物质文化遗产保护传承的难题。各校应对已经进入校园、进入课堂的非物质文化遗产代表性项目进行认真总结，制定更加规范、更加多样的非物质文化遗产项目进校园计划，做实做好非物质文化遗产项目的普及工作，并在此基础上进行提高，培养更多的接班人，促进非物质文化遗产项目的高精尖人才源源不断涌现。

与非物质文化遗产保护工作相配套的重要工作是划定与建设非物质文化遗产重点区域。以厦门市为例。所谓非物质文化遗产重点区域，就是《办法》所指的"文化生态保持较为完整、自然生态基本良好的街道、社区或者乡镇、村落，以及文化遗产密集、特色鲜明的区域或者各种展馆、展示场所较为集中的区域，包括闽南文化生态保护区总体规划确定的重点区域以及经市人民政府认定公布的其他重点区域"。

重点区域的保护对象内容广泛，它们构成的整体环境可以反映特定历史时期的风貌。如大家熟知的鼓浪屿、集美学村，不言而喻，都是重要的遗存，都属于重点区域的范围。当然，重点区域的认定工作要充分尊重当地群众的意愿，并经闽南文化生态保护区专家委员会评审。这是一项细致的工作，要关注容易被忽略的遗迹。重点区域应该保留原来的闽南方言地名，因为这些地名背后隐藏的文化和历史很宝贵。闽南三地区有相当一些地名利用方言谐音或其他方法进行雅化,如泉州的"御史巷",原来叫"牛屎巷";厦门的"文灶",原来叫"麻灶";漳州的"长福路",原来叫"塘北里";等等。这些雅化过的地名都应该揭示原来的地名及其所含有的文化历史典故。这对研究闽南地区的人文历史有一定的帮助。

第六节　加强闽南方言与文化的研究工作

闽南方言是汉语重要的方言。国内人士写闽南地区方言的第一本书,是泉州人黄谦在嘉庆五年(1800年)写成的《彙音妙悟》。这是一本记录泉州话的字典。它用汉字来记录当时泉州话的声母、韵母和声调。作者说到他编这本字典的目的是给当地士农工商各阶层的百姓查汉字在泉州话里是怎样读、怎样写的,实际上就是给广大百姓用的字典。后来,漳州人谢秀岚也写了一本记录漳州话的字典,叫作《汇集雅俗通十五音》。这本字典同样也是用汉字来记录当时漳州话的声母、韵母和声调。这两本字典先按韵部,再按声母和声调的次序排列,所以人们通常都用"韵书"来称呼它们。这之后,因受泉、漳这两本韵书影响,又陆续有闽南方言的韵书韵图编写出版,如《渡江书十五音》、《八音定诀》和台湾沈富进编写的《汇音宝鉴》。《渡江书十五音》,著者与著作年代不详。现存一本手抄本,是厦门人于1958年在厦门旧书摊购得,后中国社科院语言研究所李荣作了序,1987年在东京外国语大学亚非语言文化研究所影印发行。该书所反映的音系性质,学者多有分歧:有人认为作者是长泰县人,但与厦门有深厚关系;有人认为该书以厦门音为主,补充不少长泰音;还有人主张该书的音系与长泰音有密切关系;还有说是介于海澄(龙海区)与厦门之间的语音;也有人经过细致的比较,认为该书深受《汇集雅俗通十五音》的影响,所反映的当以漳州音为基础。

也就在十七世纪至十九世纪这段时间,一些外国商人、传教士先后来到闽南地区,以及闽南人所在的东南亚国家。这些外国人出于经商或传教的需要,编出不少各类的字词典和学话读本等。如目前能看到最早在1620年西班牙人用西班牙语写的《漳州话语法》、麦都思的《福建方言字典》(1837)、荷兰人编的《厦荷词典》(1882)、杜嘉德的《厦英大辞典》(1873)、甘为霖的《厦门音新字典》(1913)、马约翰的《厦门方言手册》(又名《英华口才集》)等等。读本有各类闽南方言译本。由于当时教育不普及,本地许多百姓不识字,无法读《圣经》,唱《圣诗》。为了宣教需要,这些传教士用通俗易懂的方法,创造了以拉丁字母为基础的拼音文字,叫闽南白话字或厦门话罗马字。这种拼音文字不但可用来编写字词典,还可用来翻译闽南方言本的《圣经》全书或其中的一些篇章。这是外国传教士在闽南方言研究中的一些贡献。因为用拼音文字,解决了传统汉字在音形义上造成的困难,使繁复的闽南方言字词的音形义变得简便,容易为人们掌握和运用。周恩来总理1958年曾在《当前文字改革的任务》报告中给予相当高的评价:"他们还用拉丁字母拟订了我国各地方言的拼音方案,其中如闽南的白话字(即厦门话的拉丁字母拼音方案)影响最大,曾经出版过许多书籍。据说至今厦门一带还有很多人懂得这个方案,许多侨眷还用这套拉丁字母跟海外的亲属通信。"此外,由小川尚义主编的《日台大辞典》(1907)和《台日大辞典》(1931—1932)收集了台湾闽南方言大量词语。进入二十世纪后,出现不少研究闽南地区的闽南方言的著作。如罗常培的《厦门音系》,作者通过实地调查,运用西方语音学的理论和方法,详细地描写厦门音的声韵调系统与音节结构的特点,还把厦门音与北京音、中古音进行纵横的比较,使用价值与学术价值都相当高。二十世纪五十年代末至六十年代初、中期,根据中共中央、教育部的统一部署,在中国社会科学院语言研究所的指导下,福建省教育主管部门设立省汉语方言调查指导组,对省内县及以上行政单位开展方言普查工作。该组后编写《福建省汉语方言概况》(内部铅印本)(讨论稿)1962一书,其中闽南方言部分采用描写的方法,忠实地记录了以厦门话为代表的闽南方言语音、词汇和语法的语言事实及其内部的主要差异,并附有闽南方言的俗语、歌谣、故事等语言材料。此外还有《厦门话》(1952)、《方言与普通话集刊第一本:闽广方言与普通话》(1958)以及一些普及性的读物,如学话课本。台湾地区也相继出版了《闽南方言考》(1929)、《台湾俚谚集》(1930)、《台湾语法》(1934)、《台湾语典》(1922)、《福建语研究导论》(1948)、《厦门方言音韵》(1957)、《四个闽南方言》(1960)、《闽南语在台湾的分布》(1967)、《台湾语言源流》(1970)、《闽南语研究》(1975)等等。

　　二十世纪下半叶至今,闽南地区闽南方言的研究仍继续出现不少成果。词典、韵书主要有《普通话闽南方言词典》《厦门方言词典》《闽南方言大词典》《闽南方言俗语大词典》《闽南方言韵书》《南音字韵》等,论著方面有《厦门方言研究》《泉州方言研究》《漳州方言研究》《台湾闽南方言纪略》《闽南方言与文化》《泉州方言与文化》《闽南方言与古汉语同源词典》《福建方言志》等。特别值得提出的是,这个时期中央有关部门部署开展了两个重要的全国性文化工程。一个是根据中央有关部门的部署,各省县(市)区都要编写各县(市)的民间歌谣、谚语和故事三本书,由这三套书组成的文化丛书称为民间三套集成。关于第一个工程,闽南三地各县市的文化部门都组织班子,深入田野向民间的工人、农民和居民以及有关人士做了调查,收集了闽南民间歌谣、谚语和故事的丰富材料,编成专书,但由于各种条件的限制,多印成内部铅印本。略显不足的是,当时这套丛书编写时,由于主客观等原因的限制,在记录整理时,不完全用方言来记录,而多译成普通话,因此,就不能较好地展示闽南方言语音、词汇和语法的特殊韵味。但不能否认,它为闽南方言及其文化保存了大量可贵的材料。另一个工程则是根据中央有关部门的部署,全国县(市)区及以上的行政区域单位都要编写地方志,这些地方志都要立专卷或专章撰写本行政区域方言概况。经过多年的努力,目前,闽南三地区二十四个县(市)区及以上的行政区域都完成了地方志的编写出版工作,都有设专卷或专章叙述当地方言,内容包括语音、词汇和语法等的概况。近年来,各县(市)区又进行二轮修志,其中不少县(市)区对原来志书中的方言卷或方言章进行修订补充,这也是了不起的贡献。闽南三地的语言学工作者和社会人士也有不少闽南方言的论著。其中,有的是对闽南方言形成、发展历史的研究;有的是对闽南地区各县(市)区方言的研究;有的是把闽南方言和汉语其他方言或其他语言做横向的比较研究,如吴闽方言关系的研究、客闽方言关系的研究、闽语与少数民族语言关系的研究、闽南方言与马来语关系的研究;还有的是将闽语和古汉语做纵向比较研究。过去的研究,主要偏重于方言的语音,而这个时期,不但继续注意方言语音的研究,还比较深入地对闽南方言的词汇和语法进行研究。其中不少论著有新的视角、独特的见地,颇为精彩。不过,闽南方言及其文化的研究尚未结束,还有许多课题需要开发地名文化、侨批文化、郊商文化等。闽南文化的领域和内容广阔丰富,研究工作可以大有作为。研究工作要坚持党和政府制定的方针,要继续坚持为现实生活服务、为广大群众服务,坚持普及和提高相结合的原则。要继续深入调查,跟国家"一带一路"倡议相结合;挖掘深藏在群众中丰富多彩的闽南方言材料,抢救已经消失或即将消亡的闽南方言及其文化内容。做好研究工作,视野必须宽阔。闽台之间具有地缘相近、血缘相亲、文缘(包括方言)相承、商缘相连、法缘相循的"五缘"关系,研究应该也必须加强与台湾地区的合作与交流,还要与属于大闽南方言区域的广东潮汕地区、粤西南地区,浙江的浙南地区,江西的赣东北地区、海南省,以及海外,特别是东南亚各国的闽南籍华侨华人的居住地区等加强沟通、交流与合作,也要加强国际的交流与合作。研究工作既要实事求是,又要敢于创新,敢于突破。要注重培养研究工作的接班人。要出版更多更好的闽南方言及其文化的成果。要做好普及工作,出版更多更好的普及性读物。要把研究中取得的成果转化到实际运用中,想社会和群众之所需,做社会和群众需要我们做的事,为闽南文化生态保护区的工作做出实实在在的贡献。

第七节　加大闽南方言及其文化对外交流合作力度,助推闽南文化生态保护

早在南朝,泉州港便有大船与南洋通商往来。随着泉州人口的逐渐增加与社会生产力的发展,泉州港的影响力在唐朝有了较大的提升。那时,政府实行对外开放政策,鼓励海外贸易,所以,至宋元时期,泉州港的海外交通贸易相当鼎盛,有"东方第一大港"之誉,与埃及的亚历山大港齐名,成为中国古代"海上丝

绸之路"的始发港。当时的泉州已跟世界一百多个国家和地区通商贸易,呈现"四海舶商,诸番琛贡"的热闹场景,呈现"市井十洲人""涨海声中万国商"的繁荣景象。闽南人也随着对外经贸的发展而走出闽南,到东南亚、印度、阿拉伯,甚至欧洲、非洲各地。不少人带着方言与文化到海外扎根,繁衍生息。至今,他们的子孙后裔,仍然忘不了闽南方言和文化。新加坡"新电信－佳乐台"制作的,由新加坡人陈建彬、黄靖伦主持的八集系列电视节目《你是福建人吗》(新加坡把他们说的闽南方言称为福建话,把闽南人称为福建人),走透新加坡全岛,寻找有关新加坡闽南人的林林总总,用轻松有趣的方式介绍新加坡闽南人的生活,从早期南来的闽南人的聚集地说到传统行业,从美食文化说到节日习俗。其中绝大多数习俗内容仍然继承闽南家乡的传统,遗憾的是闽南地区始源地不少传统习俗已消失。例如春节的"弄狮",是长期以来闽南地区的重要节目。闽南地区"弄狮"的花样很多,有弄白狮、弄乌狮、弄青狮等等。其中弄青狮还有典故。弄青狮或斗青狮在闽南地区已为罕见,但却是新加坡闽南籍华侨华人春节民俗的重要节目。新加坡华侨华人还保留着闽南文化中的美食文化、建筑文化、节俗文化、戏曲曲艺文化、婚丧文化中的许多内容,至且都为原始风貌。闽南籍华侨华人认为方言文化是根是魂,是与家乡联系的重要桥梁。在二十世纪的半个多世纪中,台湾地区的闽南方言戏曲曲艺、闽南方言歌曲等在东南亚许多国家颇为流行。近些年来,闽南地区与海外华侨华人在闽南方言与文化交流方面也做了不少工作,闽南地区的歌仔戏、高甲戏剧团,南乐团经常到新加坡、马来西亚、菲律宾等地演出,产生了很好的影响。

　　明清以来闽南人大量移居台湾地区,开发台湾地区。这批移民多以宗亲形式聚居,他们带去闽南方言及文化,世代相传。

由于闽南籍移民在台湾地区占有绝对优势,因此闽南方言及其文化在台湾地区的影响极大,连非闽南籍的台湾地区的当地人也多会讲闽南方言。虽然有一段时间里,由于某些原因,闽南方言遭受到当局的排斥而出现衰退现象,青少年一代,已有相当多人讲不好闽南方言;但这些年兴起保护闽南方言及其文化的热潮,从幼儿园、小学直至初中多开设闽南方言与文化的课程,要求授课教师必须通过培训并取得资格才能上课。民间用闽南方言创作的作品也不少。近几十年来,关于闽南方言的学术研究与讨论会轮流在两岸召开,双方互相邀请对方的专家学者来授课;双方还进行电视节目、电影、歌仔戏、闽南童谣、高甲戏的互访演出与交流,甚至同台共演,受到双方百姓的欢迎与支持,极大推动了双方闽南文化生态的保护工作。

厦门市人民政府在《办法》的第三十二条有明确的规定:"支持机关、企事业单位以及其他社会组织与台、港、澳及境外的单位和个人开展闽南文化交流活动,共同保护、传承和发展闽南文化。鼓励开展以闽南文化为内容,建立二十一世纪海上丝绸之路沿线国家和地区的交流合作平台。"按这个规定,闽南地区闽南文化生态保护区工作在对外交流方面还有许多潜力,还有许多工作。近年来,在文化和旅游部、福建省文化和旅游厅的指导下,闽南地区的厦门与马来西亚合作,联合向联合国申报送王船——有关人与海洋可持续联系的仪式及相关实践的成功案例,是合作共赢的良好开端。

第八节 加大资金的筹集力度和经费投入

闽南文化生态保护区的工作需要有一定的专项资金作为保

障。《办法》第九条规定:"市、区人民政府安排闽南文化生态保护资金,纳入财政预算,用于本办法所规定的与闽南文化生态保护区建设相关的各项工作。"这主要指政府的财政支持。要做好闽南文化生态保护区的工作,政府的财力支持是根本的保证。闽南文化生态保护区的许多工作,如非物质文化遗产的保护,都归属政府文化建设。政府的文化建设,有不少是公益性的,是全民共享的,而非营利性的。这里以闽南文化进校园这一工作为例。要落实闽南方言与文化进课堂,首先要求编写闽南方言与文化的教材。组织编写班子需要经费,因为义务教育阶段的所有教材都由政府支付费用免费提供给学生使用。作为乡土教材的《闽南方言与文化》,其编写出版费用也由市政府财政支付。目前的具体的做法是,按课本的标价,市政府和区政府的财政各付三分之一,学校再付三分之一,但闽南方言与文化教材的教师参考用书则由学校购买。教师的培训工作,如培训班、配合课堂教学举行的一系列活动,如闽南方言的讲古比赛、闽南文化艺术会演、教学观摩和经验交流活动、闽南非物质文化遗产项目参观活动、闽南方言水平测试等都由市财政专款支持。闽南文化生态保护是系统的大工程,要全面做好这项工作,所需资金不少。尽管这样,闽南文化生态保护也仅是政府文化建设工作之中的一部分。况且,闽南厦、泉、漳三地政府除了要做好文化建设的工作外,还有其他许多重要工作,也需要投入资金。所以,闽南文化生态保护工作,除了政府的财政投入外,还要广开门路,争取多渠道的支持,吸纳社会资金的投入。为此,《办法》第三十四条规定:"鼓励涉及闽南文化的行业成立行业协会。支持行业协会开展闽南文化遗产的宣传、展示、教育、传播、研究、出版等活动。"不仅是行业协会,还可发动民间对闽南文化事业热忱的人士以及全社会各种可以调动的积极因素来共同做好闽南方言与文化的宣传、展示、教育、传播、研究等工作,海外民间团体和侨胞,都可以争取支持和帮助。例如厦门一些民间人士兴办书院,举办读书班,在宣传、普及闽南方言与文化方面做了许多有益的工作,得到社会的关注,值得肯定。

闽南文化是中华文化的地域分支,是中华文化不可分割的一部分。它是地方性的,是闽南人民在长期历史发展过程中创造出来的智慧结晶。它有着闽南地域人们的血脉,有温度,有情感,是地域人民的精神家园。它也是世界性的,是世界文化根基中的一块奠基石。闽南方言更是闽南地区、台湾地区、闽侨地区重要的社会资源。语言的多样性对增进文化交流和构建人类命运共同体创造了有利条件,在这当中闽南方言的价值和作用不容忽视和低估。对这样一个有着从汉魏至今近两千百年历史,至今仍长存不息的地域方言与文化,我们有保护、传承的权利和责任,决不能让它遭受到消损和磨灭的厄运。闽南方言与闽南文化是相互依存、不可分割的统一体,方言文化必须依附方言而生存,没有方言也就没有方言文化。保护传承闽南文化,首先要保护和传承闽南方言。因此,要做好闽南文化生态保护区的工作,必须把保护闽南方言放在极其重要的位置。这个问题,长期以来,并不是多数人都了解和清楚的;这个问题,过去也鲜有比较详细的调查研究和论述。

近几十年来,国家为推广普通话做了许多卓有成效的工作,因而普通话的推广与普及取得骄人的成绩。闽南地区也是如此。但由于过去闽南地区各级政府在执行国家推广普通话的政策中,未全面而正确地理解国家的语言政策,即推广普通话不是要消灭方言,因而出现一些偏差和错误,采取了一些压制、排挤和消损闽南方言的措施和做法,再加上普通话的强势影响,使闽南方言的保护与传承受到很大的冲击。自然,闽南文化的保护与传承也受到很大的影响,导致目前闽南方言与闽南文化的保护传承遭遇危机。

闽南方言的保护与传承,是自上而下全方位的复杂而长期的工程。要做好闽南方言的保护传承工作,首先要纠正人们在认识上的模糊观念和思想上对闽南方言的一些错误观念和偏见,要凝聚共识,共享资源,增强对闽南方言保护和传承的自信、自觉和责任感。领导要重视,加强领导,层层落实,明确责任。要研究在新时期新形势下,如何根据自身的特点与优势,广泛发动群众,依靠群众,群策群力,创造性地采取因地制宜、切实有效的措施和方法,创新性地推动闽南文化生态保护区的保护工作持续、有序、卓有成效地开展。要在不断总结经验的基础上,持之以恒推进工作。

中国民族众多,目前已经确定的五十六个民族,造就了我国多种语言并存的局面,这与联合国教科文组织提倡的文化多样性相吻合。我们相信有党和政府的领导,有中央对于实施中华优秀传统文化传承发展工程以及做好方言文化传承的政策支持,闽南方言及其文化的保护传承一定能做强做大做好。让我们携起手来,将全世界闽南人团结为一个闽南文化共同体,保护闽南话,传承闽南文化。

参考文献

[1]国家语言文字工作委员会.中国语言政策研究报告(2022)[M].北京:商务印书馆,2022.

[2]罗常培.语言与文化[M].北京:北京大学出版社,2004.

[3]刘登翰,陈耕.论文化生态保护:以厦门市闽南文化生态保护实验区为中心[M].福州:福建人民出版社,2014.

[4]林华东.闽南文化:闽南族群的精神家园[M].厦门:厦门大学出版社,2013.

[5]刘魁立.论全球化背景下的中国非物质文化遗产保护[J].河南社会科学,2007,15(1):25-34.

[6]李荣启.非物质文化遗产科学保护论[M].北京:中国文联出版社,2021.

[7]王文章.非物质文化遗产概论[M].北京:文化艺术出版社,2006.

[8]吴玉章.关于当前文字改革工作和汉语拼音方案的报告[J].语文建设,1958(3):6.

[9]周长楫.闽南方言与文化[M].北京:中国国际广播出版社,2014.

[10]周长楫.闽南方言大词典[M].福州:福建人民出版社,2006.

[11]周长楫.闽南方言俗语大词典[M].福州:福建人民出版社,2015.

[12]周长楫.闽南方言韵书[M].厦门:鹭江出版社,2016.

[13]周长楫,欧阳忆耘.厦门方言研究[M].福州:福建人民出版社,1998.

[14]周振鹤,游汝杰.方言与中国文化[M].上海:上海人民出版社,2015.

[15]周振鹤.随无涯之旅[M].北京:生活·读书·新知三联书店,1996.

[16]周振鹤.地方行政制度志[M].上海:上海人民出版社,1998.

[17]周振鹤.现代汉语方言地理的历史背景[J].历史地理,1990(3):69-80.

附　录

一、访谈专家学者与社会人士

1.洪卜仁(1928—2019),男,文史专家。历任厦门方志办副主任、福建省文史研究馆馆员、厦门大学兼职教授,原厦门市非物质文化遗产保护中心专家组成员。多年来,作者曾经数次到洪老师工作室请教、采访,借阅、复印相关文史资料。

2.周长楫,男,1938年7月生,闽南方言专家。历任厦门大学人文学院教授。现为厦门市闽南文化保护发展专家委员会成员、厦门市非物质文化遗产保护中心专家组成员,国家级非物质文化遗产项目"闽南童谣"省级代表性传承人。

3.曾学文,男,1964年3月生,厦门市台湾艺术研究院院长,一级编剧,福建省文联兼职副主席。厦门市闽南文化保护发展专家委员会成员、厦门市非物质文化遗产保护专家组成员。

4.朱水涌(原名朱水永),男,1949年10月生,历任厦门大学人文学院教授、博士生导师、厦门大学国家级教师教学发展示范中心常务副主任、厦门大学人文学院副院长。现为厦门市闽南文化保护发展专家委员会副主任、厦门市非物质文化遗产保护中心专家组成员。

5.杨彦杰,男,1951年5月生,福建省社会科学院研究员,中国闽台缘博物馆原馆长。现为厦门市闽南文化保护发展专家委员会成员、厦门市非物质文化遗产保护中心专家组成员。

6.吴晶晶,女,1964年8月生,一级演员,二十一届梅花奖获得者,国家级非物质文化遗产代表性项目"高甲戏"国家级代表性传承人。厦门市金莲陞高甲剧团团长。

7.范寿春,男,1928年3月生,高级编辑,文史专家。原厦门人民广播电台副台长,现为国家级非物质文化遗产代表性项目"讲古"国家级代表性传承人。

8.何炳仲,男,1946年1月生,研究馆员,文史专家。原厦门市郑成功纪念馆副馆长,现为厦门市非物质文化遗产保护中心专家组成员。

9.廖何树,男,1960年2月生,厦门市语言文字工作委员会办公室原副主任。

10.庄海蓉,女,1971年6月生,一级演员,国家级非物质文化遗产代表性项目"歌仔戏"省级代表性传承人,第九届中国艺术节表演奖获得者。厦门歌仔戏研习中心副主任。

11.郑勇明,男,1964年2月生,厦门市思明区人力资源和社会保障局副局长。

12.涂志伟,男,1955年3月生,福建省闽南文化研究会副会长,漳州市闽南文化研究会会长。

13.陈日升,男,1943年9月生,泉州市民族民间文化保护工作研究会会长,泉州市南音艺术家协会主席,泉州历史文化中心副理事长。

14.蔡宇飞,男,1976年7月生,漳州市图书馆馆长。

15.陈劲奋,男,1988年2月生,国家级非物质文化遗产代表性项目闽南传统民居营造技艺省级代表性传承人,也是剪瓷雕市级代表性传承人。

16.陈和永,男,1961年4月生,国家级非物质文化遗产代表性项目"闽南传统民居营造技艺"国家级代表性传承人。

17.陈雅惠,女,1976年7月生,厦门出入境边检总站东渡站一级警长。

18.周燕玲,女,1969年10月生,中国人寿保险股份有限公司厦门市分公司高级业务经理。

19.余丽云,女,1966年7月生,厦门市湖里区鑫鑫顺发美发特级美发师、高级美容师。

20.邱向清,男,1967年10月生,福建省龙岩市永定区大溪乡联和村八组,泥水师傅。

21.谢新红,女,1970年3月生,福建省龙岩市永定区大溪乡联和村八组,泥水小工。

22.钟强,男,1973年4月生,福建省武平县永平镇昭信村,瓷砖销售商。

23.曾继聪,男,1987年2月生,福建省漳州市漳浦县前亭镇桥仔头村,防盗网安装师傅。

(注:以上仅遴选部分访谈专家、学者与社会人士录入)

二、田野调查详细情况

附表 1 田野调查详细情况

地区	学校名称	参与问卷学生总数	作废问卷数	有效问卷数	教师	监督教师
泉州	泉州市实验小学	33	0	33	1	倪著铭副校长
	泉州市丰泽区实验小学	46	0	46	1	王玉泽书记
	泉州市第六中学	53	0	53	1	陈进火主任
	海沧区延奎小学	33	0	33	1	周建梅老师
厦门	前埔南区小学	32	0	32	1	洪秀老师
	集美区杏东小学	33	0	33	1	林玲老师
	漳州市第二中学	53	0	53	1	林群鸣校长
	漳州市北京小学	31	0	31	1	陈进春校长
漳州	漳州市北诵中心小学	40	1	39	1	陈和水副校长
	漳州市实验小学	31	1	30	1	曾永强副校长
	漳浦县第一中学	35	0	35	1	谢宝达老师

· 附 录 ·

271